生活因阅读而精彩

生活因阅读而精彩

汉高祖秘史

钟鸣◎著

中国华侨出版社

图书在版编目(CIP)数据

汉高祖秘史 / 钟鸣著. —北京:中国华侨出版社,2014.6

("翰林书院"帝王史系列)

ISBN 978-7-5113-4688-9

Ⅰ.①汉… Ⅱ.①钟… Ⅲ.①汉高祖(前256~前195)–传记

Ⅳ.①K827=341

中国版本图书馆 CIP 数据核字(2014)第113402号

"翰林书院"帝王史系列:汉高祖秘史

著　　者 / 钟　鸣

责任编辑 / 若　溪

责任校对 / 高晓华

经　　销 / 新华书店

开　　本 / 787 毫米×1092 毫米　1/16　印张/20　字数/259 千字

印　　刷 / 北京军迪印刷有限责任公司

版　　次 / 2014 年 8 月第 1 版　2020 年 5 月第 2 次印刷

书　　号 / ISBN 978-7-5113-4688-9

定　　价 / 68.00 元

中国华侨出版社　北京市朝阳区静安里 26 号通成达大厦 3 层　邮编:100028

法律顾问:陈鹰律师事务所

编辑部:(010)64443056　　64443979

发行部:(010)64443051　　传真:(010)64439708

网址:www.oveaschin.com

E-mail:oveaschin@sina.com

总序

滚滚长江东逝水,浪花淘尽英雄。是非成败转头空。青山依旧在,几度夕阳红。
白发渔樵江渚上,惯看秋月春风。一壶浊酒喜相逢。古今多少事,都付笑谈中。

这首词是明代杨慎《说秦汉》的开场词,深沉悲壮,意境高远。后来罗贯中
将其收入《三国演义》,更被广为传诵。

虽为《说秦汉》的开场词,但作者的视野却没有局限在秦汉两代上,而是高
屋建瓴地从历史事件和人物经历中,概括出一些始终能让人产生共鸣的思想感情,
比如"空"。古来多少英雄是非成败,犹如大浪淘沙转眼成空。字里行间抒发了对
历史变迁、英雄故去的感慨:无数英雄豪杰长眠地下之后,生前的所有是非得失、
荣辱成败又有什么意义呢?在横亘古今的"青山"面前,"夕阳红"不过是人生
短暂的美好时光而已。一个"空"字,无限感慨,几多惋惜,尽在其中。

本序言为何以这阕词为引子?是因为笔者认为这阕词可称为"史论"。它综观
历代兴亡盛衰,以英雄豪杰的成败得失抒发感慨,体现了一种旷达超脱的人生观
和历史观。在这种人生观和历史观指导下,我们认识和了解本套书的诸多帝王才
更有宏观感和穿透力。

中国正统朝代的皇帝,加上一些农民起义建立的政权,皇帝总数不少于四百
位!如何在这么多君王中选出十二个,实在不是简单的事。丛书撰写组最终在名
气、正史、评价等综合因素考虑下,遴选出了如下十二位帝王,作为"帝王秘史"

的第一辑。这十二位帝王分别是：

统一六国，结束战国乱世的秦始皇嬴政；

起于亭长，击败西楚霸王项羽的汉高祖刘邦；

平定内乱，北击匈奴的汉武帝刘彻；

统一北方，奠定魏国基业的魏武帝曹操；

一统华夏，被西方称为"中国最伟大皇帝"的隋文帝杨坚；

文武双全，堪称帝王典范的唐太宗李世民；

毁誉参半的历史上唯一一位女皇帝武则天；

弯弓射雕，横扫欧亚的一代天骄成吉思汗；

乞丐出身，推翻元朝残暴统治的明太祖朱元璋；

开创明朝辉煌时代的明成祖朱棣；

南征北战，在位61年的康熙皇帝玄烨；

在位60年，有"十全老人"美称的乾隆皇帝弘历。

这十二位帝王，毫无疑问都开创或推动了一个时代的文明与繁盛。无论是时势造英雄，还是英雄改变时代，他们都是华夏星空中熠熠生辉的历史"明星"。本丛书的每一分册，都在有限而真实的史料基础上，以生动的语言和独特的视角，叙写他们百转千回、波澜壮阔的一生，展示了他们的成功与失败、高潮与低谷、坚定与疑惑、气魄与迷茫……

每位帝王都曾抒写过一段历史，或雄壮或悲戚，给后人无穷的想象和感叹。你可以击节，可以唏嘘，更可以和篇首那阕词中通晓古今、豁达潇洒的"白发渔樵"一样，把古今多少英雄的是非恩怨、成败荣辱都化作可助酒兴的谈资，纵论古今、品评人物，笑谈之中，人生不亦乐哉！

是为序。

目录
Contents

中篇 楚汉争雄

下篇　大汉王朝

上篇／秦殇

第一章 ／ 出游

会稽之行

初夏，震泽（今太湖）东岸的驰道上车声辚辚。一支庞大的车马队正在缓缓南行，旗帜在空中翻飞。一辈子没有见过这种阵势的男女老幼都翘首以望，希望一睹大秦皇帝的尊容。但是，那个异常华美的马车驾始终没有任何动静。

车队前行的目的地是会稽山。南方并不缺山，但会稽山无疑是最神圣的那座。会稽山还有另外一个名字，叫作栋山。栋者，镇也，会稽山的重要位置可见一斑。《绝越书》里对这座山是这样描述的：山形四方，上多金玉，下多珢石。珢石就是像玉一样的石头。依据古书的记载，黄帝曾在这座山中留下了金简玉字的谶书，不过书里究竟做出了什么样的预言，至今没有人知晓。

这些并不能吸引始皇帝的眼光，真正让会稽山扬名的是远古的治水英雄大禹。从这座山的名字来说，传说大禹在治水成功后在此山大会诸侯，计功封国，因此这座山最初的名字就成了会记，后来就演变成了会稽。此外，会稽山也是大禹逝世和埋葬的地点，并且在山上面建造有大禹陵。《水经注》对这里的大禹陵是这样记载的："山上有禹冢……有鸟来为之耘，春拔草根，秋啄其秽，是以县官禁民不得妄害此鸟，犯则刑无赦。山东有湮井，去庙七里，深不见底，谓之禹井。"

秦始皇嬴政前往会稽山的目的是要祭祀大禹。

传说中有三皇五帝，为什么嬴政要千里迢迢跑到会稽山来祭祀大禹呢？他这样做，自然有他这样做的道理。禹被后人冠以"大"字，完全是因为他有足够的功绩配得上这一称号。他能够三过家门而不入，治水成功后划九州而治，分封诸侯，创建国家雏形，设立天子并建立常备军队……可以这样说，华夏族群从部落时期迈入到了国家时代，大禹功不可没。

已经横扫六国的秦始皇执意祭祀大禹，除了一般意义上的宣教外，其实也是在寻找远古的知音。同样作为中华文明大厦的奠基者，他对大禹的尊敬无疑是最为真诚的。在进行完必要的祭祀步骤后，秦始皇执意登上了会稽城外最高的一座山峰。这座山并不容易攀爬，但此时身体已经羸弱的嬴政还是努力爬上了这座山。到了山顶，嬴政将目光投向南海诸郡，久久不肯离去。这座山峰在后来就被称为秦望山。

南方，始终是萦绕在秦始皇心中的一道阴影。

秦灭六国，南方的楚国给秦国造成的麻烦是最多的。当年秦军将领李信夸下海口20万军队即可灭楚，但被项燕所率领的楚军打得大败。最后秦始皇不得不亲自出面请王翦出山，并答应了他提出的"非六十万人不可"的条件。就这样，名将王翦加上秦国的倾国之兵才最终灭了楚国。

放眼当时的整个秦帝国，长期扰乱帝国安宁的北方已经基本安定了。宏伟的长城也即将竣工，它将成为阻止那些游牧民族入侵的重要防御工程。唯有南海郡让他感到忧虑，凭借着敏锐的政治直觉，他总是感觉到暗中有一股力量在涌动。秦始皇感到有些不安，却又无可奈何。

当时的方士一再宣扬"东南有天子之气"，而秦始皇对此一直深信不疑。方士又叫作方术士，在我国历史上记载的时间很早，传说中的彭祖、素女等基本上可以看作是我国最早的方士了。秦时期的方士主要来自于燕国和齐国临海的地区。在《史记》中，司马迁将他们叫作"方仙道"。方士们认为，在皇帝出现的地方，天空中会有一种特殊的云气。这种云气具有"无色具而不雨"的特点。因此，这次来到南海郡巡游，还有一个重要的原因就是嬴政试图压住东南的"天子气"。

入夜后，秦始皇阅读了李斯写下的宣教文，并且诏令将其刻在石头之上。这篇祭文被后世称为《会稽刻石》：

> 皇帝休烈，平一宇内，德惠攸长。卅有七年，亲巡天下，周览远方。
>
> 遂登会稽，宣省习俗，黔首斋庄。群臣诵功，本原事迹，追道高明。
>
> 秦圣临国，始定刑名，显陈旧章。初平法式，审别职任，以立恒常。
>
> 六王专倍，贪戾傲猛，率众自强。暴虐恣行，负力而骄，数动甲兵。
>
> 阴通间使，以事合从，行为辟方。内饰诈谋，外来侵边，遂起祸殃。
>
> 义威诛之，殄熄暴悖，乱贼灭亡。圣德广密，六合之中，被泽无疆。
>
> 皇帝并宇，兼听万事，远近毕清。运理群物，考验事实，各载其名。
>
> 贵贱并通，善否陈前，靡有隐情。饰省宣义，有子而嫁，倍死不贞。
>
> 防隔内外，禁止淫佚，男女絜诚。夫为寄豭，杀之无罪，男秉义程。
>
> 妻为逃嫁，子不得母，咸化廉清。大治濯俗，天下承风，蒙被休经。
>
> 皆遵度轨，和安敦勉，莫不顺令。黔首修絜，人乐同则，嘉保太平。
>
> 后敬奉法，常治无极，舆舟不倾。从臣诵烈，请刻此石，光垂休铭。

这篇祭文虽然是李斯所做，但深得秦始皇之心。从另外一个角度讲，这篇祭文基本上可以算作是嬴政和大禹之间的一次隔空对话。

纵观这篇祭文，有些行文中的细节是值得读者玩味和注意的。首先是通过祭文的方式全面回顾了山东六国的暴政，并且提出了秦灭六国的起因和宗旨："内饰诈谋，外来侵边，遂起祸殃。义威诛之，殄熄暴悖，乱贼灭亡。"这与其说是一种总结，倒不如说是对那些暗自涌动势力的一次警告。

说起巡视，这并不是秦始皇的第一次，从他回到咸阳一直到年近40岁统一天下的30年的时间里，嬴政的活动范围其实是很有限的，也很少有远游的习惯。完成天下的统一耗费了秦始皇很大的心血，长年对政务的操劳让他的体力和精力也不可避免地走向了下坡路。但让所有人没有想到的是，从统一后的第三年起，秦始皇反而进行了一系列巡幸天下的活动。

在他生命的最后九年时间里，秦始皇至少进行了四次长途巡幸活动。很多人认为，秦始皇之所以进行大规模的巡幸，就是为了游乐以及显示自己至高无上的权威。这样的说法其实是值得商榷的。如果说为了显示自己的权威勉强能够说得过去的话，那游玩其实就没有必要了。因为在那样的环境下，单纯为了游玩而跑那么远实在是没有必要，更何况秦始皇巡幸的地方都是当时最不稳定的齐楚两地。

在了解完这样的背景后，我们对秦始皇巡幸的目的就不难看出了。

这是一个未曾有过的大帝国，东起辽东，西至陇西，北至长城，南到南海。在此之前，从未有任何一个政权对这样广袤的地域进行过有效管辖。秦始皇统一六国后也曾犹豫过，但后来还是下令在全国范围内实行郡县制度，将当时全国划分为36个行政区域，统一叫作郡，每个郡设有行政长官的郡守、军事长官郡尉以及负责监察的郡监。在每个郡的下面设置县，县里设有县令。所有的地方官吏均由中央政府直接任命并进行相应管理。

　　但这种理想化的治理模式在六国的占领区内出现了当初制度设计者都无法预料到的情况，那就是横扫六国的速度实在是太快了，特别是在距离秦本土较远的齐、楚、燕等国，占领后的将领们根本无暇进行长时间的教化和管辖。在那个交通并不方便的时代，试图强制推行中央的法治政策，难度是非常大的。这次秦始皇选择南巡，其中还有一部分原因就是视察自己推行郡县制度的成果；始皇帝不得不以自己的皇帝声望来让这些地方尽快纳入到统一的中央集权政体之中。

　　夜已深，天地间陷入到了无尽的黑暗之中，只有初夏的早虫偶尔发出短暂的鸣叫，然后不见。秦始皇睡着了，整个帝国的人都睡着了，但这种平静在太阳出来后将会被打破。

　　在白天围观的人群中，有一双眼睛紧紧观察着眼前发生的一切。也正是那充满仇恨和不屑的眼神葬送了秦始皇建立起的这个帝国，这个人的名字叫作项羽。

彼可取而代之

　　项羽并不是一个简单的人。首先从名字上我们就可以看出一些端倪。项羽其实不叫项羽，而应该叫作项籍。羽并不是他的名字，只是他的一个字。按照当时贵族的习惯，婴儿在出生三个月之后要挑选一个良辰吉日剪一次头发。如果是男孩的话，长大后要举行冠礼，其实就是相当于成人礼，表示他已经是个大人了。除此之外，贵族人家还会邀请有身份的客人给他取一个字号。所以说，一个贵族人家的孩子的名字和字号都是非常有讲究的。

项氏家族，世世代代都是楚国的将军，这在当时是非常难得的。不过项氏一族能够在楚地获得尊重更多凭借的是自身的实力。

尤其是到了战国末年，项氏家庭更是有了一位不世出的名将——项燕。当时的楚王室早已经没有了当年问鼎中原的霸气，能够自保就很不错了。当秦军大举南下之时，楚国危在旦夕。此时的项燕临危受命，指挥着组织松散的楚国各部落打败了秦国的南征军团。在这之后，无论是对手还是楚国人都对项氏一族充满了敬意。

然而好景不长，秦军很快就卷土重来，秦王嬴政请出了已经退休的名将王翦。王翦没有选择正面作战，而是采用了坚壁清野的战术，以此来消耗楚军的实力。很快，项燕所率领的楚军粮食供给就出现了问题，其他部族也纷纷撤军。就在撤军的途中，秦军击败了项燕所率领的主力部队，项燕则在苦战中壮烈殉国。

楚国灭亡后，项氏就开始了流亡生活。所以对项羽来说，项氏与秦国之间存在着不共戴天的家仇。事实上，除了家仇之外，项羽的愤怒还来自于国恨，来自于楚国和秦国之间纠缠数百年的恩恩怨怨。

而事实上，在更早的历史当中，秦国和楚国之间的关系是非常好的。自春秋中期开始，秦楚两国就曾结盟抗晋，甚至秦国还直接派兵协同楚国军队进攻中原。两国王室为了巩固彼此的关系，互相通婚更是常有的事情。

但是到了战国时期，两国的关系急转直下，这其中以两件事最为明显。秦大将白起在攻陷了楚国的国都以后，为了逼迫楚国迁都，烧毁楚国皇族的坟墓，这一事件被楚人视为宗族的大耻。另外一件事就是张仪欺骗了楚怀王，断绝了与齐国的军事联盟。楚王发现上当后再次与秦军交战，然而被秦军打败。楚王听信谗言到秦国和谈，但却被扣押成为了人质，最终死在了秦国。这所有的一切都让楚地的人们对秦国产生了刻骨铭心的仇恨，而这种仇恨在世代为楚国效力的项氏家族中尤为明显。

带着国恨家仇，在项燕战死的时候，嫡长子和其他几个年龄较大的儿子都随着父亲殉国了。族人便护送他的幼子逃到了山区。

10年之后，在秦始皇最后一次巡游的会稽城附近，出现了两个人，一位自称是项燕儿子的项梁，另一位是项燕嫡长孙项羽。

史书对项梁的记载并不是很多，他是否真的是项燕的后代已经无从考证了。但是他的外貌和举止都显得十分雍容典雅，项燕本人也精通兵法，韬略很深。因此当他自称为项燕的后代时，楚人毫不犹豫地相信了。

但是人们最感兴趣的还是他的侄儿项羽。根据史书记载，项羽身长八尺，按照现在的测量单位，其身高应该在175公分到180公分之间。这在身高普遍偏矮的南方人中间来说无疑是一个彪形大汉了。

祖上武将的血统，加上幼年困苦的环境，培养了项羽超乎常人的领袖气质。而他的叔父项梁也对他非常看重，希望尽自己最大的能力将这位将门之后培养成材。首先就是文化知识。毕竟在那样的一个时代，拥有文化知识可以轻易地与很多人拉开差距。然而，项羽学过一段时间就觉得太麻烦了，没有继续学下去。

既然学书不成，那就习武吧。于是项梁便教项羽基本的剑法，由于项羽的力量实在是太大了，练习了一阵就找不到对手了，没过多久他便对习武也没有兴趣了。项梁很生气，觉得项羽这样长大后很难成材，有点对不住他项燕后裔的身份，于是责备他："你做什么事情都这样没有耐心，将来自己到底想要做什么呢?"

项羽听完后理直气壮地说:"识字只不过能够记住一些人的姓名,一人的剑术再高明也只能击败一个对手。这些都不是我想学的,我想学的是成为万人敌的本事。"

项梁感到非常惊奇,于是便开始教项羽兵法。对于兵法这方面,项羽显示出了良好的天赋,学习的速度很快。如果说项羽在这方面的学习有什么缺点的话,那就是没有耐心,学习掌握几个大的原则后就不肯深入学习了。

逃亡的道路是充满危险的。其中就有一次因为遭人出卖,项梁在栎阳地区遭到了逮捕。万幸的是,蕲县的狱掾曹咎深知项梁之身世,于是暗中通知栎阳的狱掾司马欣,设法营救出了项梁。项梁也因为这件事与这两个人结为至交。

不久,有仇必报的项梁杀死了出卖他的仇人。在政府的追捕下,项梁带着项羽逃到了吴中地区。吴中地区也就是今天的苏州一带。当时这里属于会稽郡的管辖范围。

前面我们已经说过,虽然秦政府实行了中央集权的郡县制,但在这种偏远的地方,本地的部落势力依然很强。项梁和项羽在这里受到了很高的礼遇。一方面是因为他们是项氏后裔,是为楚国流血牺牲的人,另外一方面项梁的学问很好,为人又十分慷慨,所以立刻就得到了吴中这一地区地方长老的拥护。每当遇到当地政府征发大规模徭役或者有丧葬之事的时候,项梁一般都被推举为主办人。

想要做到这一点,并不是非一件容易的事情。在我国古代,尤其是在南方的楚地,人们对于丧葬之事是非常重视的。一般情况下,能够主持这种事情的都是当地最有名望的人。除此之外,项梁还趁机组织吴中的楚人弟子,暗中传授他们兵法。

秦始皇的会稽之行自然少不了项梁的围观。年轻气盛的项羽看到始皇帝出行的架势后，当场说了一句让项梁大跌眼镜的话："彼可取而代之。"项梁连忙捂住项羽的嘴，说道："这话不能乱讲，是会杀头灭族的"。但是项羽依然是天不怕、地不怕的样子。

其实，在那个时候，像项羽这样对秦不满的贵族还有很多。要知道，秦灭六国，不单单是让一个国家消亡，更是让六国的贵族失去了赖以生存的条件。

在秦始皇以前，贵族的传承主要是来自于血统，即便是一个国家的国王也不能随意侵犯贵族的利益，更不能随随便便就剥夺贵族的封地。虽然名义上贵族在国王的管辖之下，但是贵族具有相当大的独立性和自由性。

但是现在不一样了，秦始皇灭六国之后，对六国的贵族大多采取杀戮、流放，将贵族降为奴仆等方式。这样的举措对整个贵族阶层产生了毁灭性的打击。贵族阶层在历史上已经存在了将近八百年的时间，突然的变化和屠戮让这些人对嬴政恨之入骨。因此，他们便成为了各式各样地下反秦势力的组织者。

大丈夫当如此也

热闹的咸阳城街道平整，车辆行人井然有序，虽然没有鼎盛时期的临淄和大梁繁华，但作为整个秦帝国的核心，这里无时无刻不透露出一种秩序井然有序的景象。

一个乡下来的亭长正痴痴看着眼前的一切。在他过去几十年的人生经历中，他见到的最繁华的地方也就是沛县了。眼前的这一切让以前无所顾忌的乡下人陷入了沉思。突然，人群中传来一阵骚动，人们纷纷朝向最宽阔的驰道跑去。原来是秦始皇又一次准备出巡了。

一般来说，始皇帝出巡时，全城往往戒备森严，是要禁止老百姓随意观看的。但是偶尔也放开禁令，在老百姓面前显示皇帝无上的神威。按照当时的礼仪，巡视车队最前面的是兵车，兵车之后是副车，副车之后才是秦始皇乘坐的銮驾，也叫作"金银车"。銮驾用六匹清一色的高头大马驾驶，这就是所谓的"天子驾六"。銮驾后面依次跟随的又是副车和兵车。

当这个车队浩浩荡荡地从这位乡下人的眼前经过时，那种令人快要窒息的威严气势让他大为震撼，他的心头不禁涌上来一股豪情壮志，内心说道："大丈夫当如此也。"

在他心中这样想的时候，他或许并没有想到自己真的有一天会成为咸阳城的主人，更没有想到有一天他会坐到那样豪华的銮驾上，接受臣民的顶礼膜拜。这个乡下人不是别人，他的名字叫作刘邦。

无论是在司马迁的《史记》还是班固的《汉书》中，我们都找不到刘邦名字叫作"邦"的说法。由此可见，这个名字是他在日后才取的。在《汉书音义》中，苟悦诠释道："讳邦字季，邦之字曰国。"也就是说，刘邦在成功以后，才取了"邦"这个名字。但是取名的时间是在他被封为汉王的时候还是称帝之后就很难考证了。

在前面我们已经说过，一般的平民是没有名字的。根据《史记》记载，刘邦的父亲被称为"太公"，母亲刘氏为"刘媪"，翻译成现代语言，其实就是刘爷爷和刘老太，并不是很高雅的名字。至于刘邦的字"季"，也不是他真正的字。因为在古代，兄弟间排行的顺序就是伯、仲、叔、季。刘邦的大哥叫作刘伯，二哥叫作刘仲，因此排行老四的刘邦被叫作刘季也就理所当然了。

细心的人或许会发现，按照正常的排行顺序，刘邦应该排行老四，但是史书记载他只有两个哥哥。在刘邦和他的两个哥哥之间，可能刘邦还有一个哥哥，只不过这个哥哥不幸早死了而已。这并不奇怪，在那个医疗水平和生活质量都不怎么高的年代，人口的死亡并不是一件稀奇的事情。

　　在史书的记载中，刘邦的出生是充满了传奇色彩的。

　　传说中，刘邦的母亲在大泽边上睡午觉，梦见与神仙相遇。当时雷电交加，天昏地暗，等刘邦的父亲跑过去看的时候，看到一条蛟龙伏在刘媪的身上，后来刘邦的母亲便怀孕生下了他。

　　这段传奇故事一直被人们认为是后人附会。但是从中我们也能看出一些深层次的东西。蛟龙是一种水蛇的神化形象，其实换句话说，刘邦的先祖是属蛇的部族。

　　说到这里，我们不得不回到刘邦的出生地——沛县。

　　沛县是秦朝才建立起来的一个县制，而丰邑则是沛县的一个乡邑，具体的位置在今天江苏省的北部，是非常重要的产粮区。

　　"沛"本身就有水源充沛的意思。在战国时期，这里是楚国和齐国的边疆，深受楚国文化的影响，以蛇为图腾。

　　在研究完刘邦的离奇身世后，我们再来看看史书中是如何记载他的外貌特征的。

　　司马迁在《史记·高祖本纪》中对刘邦的相貌是这样记载的："高祖为人，隆准而龙颜，美须髯，左股有七十二黑子。"

　　"隆准"的意思就是鼻子高挺，两颊之间十分端正，这的确是高贵美男子的长相。那"龙颜"又是什么意思呢？文颖《集解》里是这样诠释这一词汇的："高祖感龙而生，故其颜貌似龙，长颈而高鼻。"

从这样的解释中我们可以看出，刘邦除了鼻子长之外，脖颈也比较长，所有会有一种鹤立鸡群的感觉。那刘邦的身高究竟是多少呢？正史里并没有明确的记载，野史中有记载说刘邦身高七尺八寸，折合成现在的测量标准差不多是 176 厘米到 180 厘米之间，这种身高在南方人中算较高的了。

在刘邦的外貌特征中，最引人注意的恐怕就是胡须了。

在我国古代，胡须一直都是判断一个人是否称得上美男子相貌的重要标准之一。古代的男子大都留有胡须，胡须长得既长又好看的人通常被称为"美髯公"。刘邦的美须髯，一则让他看起来有贵族相，另外一方面还能够让人觉得他办事牢靠，容易得到他人的信任。

刘邦最明显的特征就是左腿上长了七十二颗黑痣。从生理学的角度来说，刘邦长这些痣完全是有可能的，但是究竟是多少颗，那就无从考证了。

我们在前面说了，沛县这个地方水源充沛，土地肥沃，百姓们的收成都很不错。尤其是作为农民的儿子，家里的老大和老二必须从小就跟随父亲到田地里工作。而作为老四的刘邦则幸运得多，天生不用做这样的事情。

虽然刘邦出生在农家，但是他并不是一个没有接受过教育的文盲。事实上，刘邦是受过教育的。《史记·卢绾列传》里是这样记载的："卢绾者，丰人也，与高祖同里。卢绾亲，与高祖太上皇相爱，及生男，高祖、卢绾同日生，里中持羊酒贺两家。及高祖、卢绾壮，俱学书，又相爱也。"

"俱学书，又相爱也"。因为有了共同学习的伙伴，家庭的经济条件也都还可以，这两家人就让这二人一同去接受教育。我们无法从史料中知晓刘邦接受了多少教育，但是从他日后的表现来看，他确实也受过一定的教育。这在当时的乡村是十分难得的，与其他埋头种植的农村青年相比，刘邦无疑是幸运的。

泗水亭长

刘邦在当地结识了一些官吏。这其中就包括两位对他影响深远的人：萧何和曹参。

萧何所受到的教育明显比刘邦要多，不然他也不会做到沛县主吏掾的职务。这一职务主要是管理人事和文书，基本上可以算得上县令的得力助手了。

萧何个性温和又宽容体贴，工作也十分认真。上级官员对萧何十分欣赏，准备提拔他到朝廷去任职。这对于地方官员来说是一个千载难逢的机遇，但是萧何以父母年迈需要照顾而婉言谢绝了。

萧何的举动让所有人都大惑不解，他勤勤恳恳工作，不正是为了能够加官晋爵吗？事实上，萧何作为一名官员，如果说不向往更高的职位显然不太可能。但是萧何是个谨慎的人，他通过观察已经看到了整个大秦帝国蕴含的种种危机，预感到将有一场更大的风暴即将到来。他并不崇信明哲保身的方式，但他绝不愿当一个无谓的牺牲品。

除了萧何之外，刘邦在沛县还有另外一名好友曹参。曹参是沛县的狱掾，也就是主管监狱的一名小吏。曹参为人豪爽，遇事很善于决断，后来他成为继萧何以后西汉的第二任相国，当然这都是后话。

既然已经成为了朋友，那萧何就要为朋友的未来出主意了。在萧何的举荐下，刘邦做了泗水亭的亭长。

亭在秦朝是一个基层行政单位。裴骃的《史记集解》上说："秦法，十里一亭，十亭一乡，亭长，主亭之吏……民有争讼，由亭长调节或审判……"由此可见，当时亭长的主要工作类似于现在派出所所长兼治保主任的工作。

按照当时秦律的设置，一个亭长大约能够管理250户的人家，权力也不算小了。在亭里面，除了亭长之外，还有数十名下属。只不过这些下属都属于平民身份，只有刘邦属于"吏"。

刘邦上任后，第一件事就是为自己制作了一顶"冠"。不要小看简单的"冠"，里面可是有很多的礼仪和讲究的。抛开繁复的制作形式不谈，就说当时能够有资格戴"冠"的人也绝非一般人。因为按照当时的礼仪，"冠"在当时是"士人"以上的阶层才能戴的，一般的平民只能用"巾"来束发。所以说，一个人一旦能有"冠"，则说明他的地位和身份非同一般。

为了制作这顶与众不同的"冠"，刘邦没有少下工夫。他再三考虑后，决定用竹皮制作类似于楚国贵族戴的那种长冠，并特意派人去制冠水平一流的薛县定制。刘邦戴上这顶冠后威仪相更加明显，不认识的人很难看出他的身份只是一名小小的亭长。

据说，刘邦一直非常喜欢这顶冠，即便他成为西汉的开国皇帝后，只要一有闲暇，他就会戴这种"冠"，因此当时的人称这种冠为"刘氏冠"。

在《史记》里，司马迁谈到了刘邦的"好酒及色"。这其实很正常。作为一名亭长，要处理的公务本来就有限，再加上他又不是那种安分守己、肯在琐碎小事上耗费时间的人。刘邦成为亭长后要交际和应酬的人也多了，所以说他呼朋唤友到酒楼喝酒基本上是他生活的一种常态。

刘邦经常光顾的地方就是附近王大妈和武大娘的小酒馆。刘邦个性十分豪放，而且经常喝醉，一喝醉就睡在酒铺里。时间一长，这两位酒馆的老板娘就发现了这样一个现象：每次刘邦到来的时候，酒就卖得非常好。这是因为他结交的朋友太多了，他来喝酒的时候，很多人也会跑到酒馆喝酒，所以无形中就增加了酒馆的销售额。

也正是这个原因，每年年终结账的时候，酒馆的主人便会将刘邦平日里所欠的酒账一笔勾销。

刘邦拖欠酒馆的酒账，并不是因为他小气。作为一个底层的亭长，他享有的并不是朝廷按时发放的俸禄，而是按照规定派一个人替他耕种分给他的一小块土地，而这块土地的收成就是他的工资。

关于刘邦的好色，估计是史学家为了避讳不愿多谈，但是我们依然可以找到一些蛛丝马迹。在《史记·齐悼惠王世家》里有这样的记载："齐悼惠王刘肥者，高祖长庶男也。其母外妇也，曰曹氏。高祖六年，立肥为齐王，食七十城，诸民能齐言者皆予齐王。"

从这段记录我们可以看出，刘邦在与吕氏结为夫妻之前，至少有一个经常往来的情人，并生有一个儿子。后来刘邦当上皇帝以后把刘肥这个"私生子"立为齐王。

吕公的眼光

男大当婚，转眼间刘邦已经打了近40年的光棍了，这在当时早婚的时代十分罕见。或许，这就是上天在冥冥之中给予他的安排吧，刘邦遇到了吕公。

吕公是单父县人，单父县与沛县相邻。吕公为人仗义疏财，在地方上也有着很大的影响力。但因为一些事情得罪了本地的豪强势力，不得不为了避祸举家迁到沛县。吕公和沛县县令是故交，对于吕公的到来，沛县县令自然要大摆筵席，为好友接风洗尘。

沛县县令要请客的消息传开以后，想要参加这场筵席的人数就多了起来。

从宴席开始的那一天，为了避免不必要的麻烦，县令请一向比较能干的萧何作为这次活动的主事。萧何很聪明，把宴会的座位分成两个等级，并宣布贺金在千钱以上的人是贵宾，可以有资格直接进入到内厅会见县令和吕公，其余的人只能在前庭以及外厅等候。

当一切都井井有条地进行着的时候，一个洪亮的声音响起来了："贺金万钱!"

此时正在屋内的吕公大吃一惊，赶忙跑了出来。要知道，在当时万钱绝非一个小数目。根据出土的睡虎地秦简记载，当时一个普通工匠每顿饭的伙食只要一钱，每天的工资只有八钱。刘邦身为亭长，所得的收入折合下来也不过每月五六百钱，这一万钱在当时不说是一个天文数字也绝非一般人能拿得出的。

吕公来到门口，看到刘邦的第一眼就被他吸引住了，不禁对他仔细打量了起来。

萧何是知道刘邦的底细的，他觉得刘邦此次的玩笑开得有点大了，只能替他进行解围。他对吕公说："刘季这个人就是喜欢说大话，做事也没有分寸，您就不要和他计较了。"

吕公却笑着说："没事，他来也算是有诚意的了。"

就这样，刘邦就被吕公引入到了内厅，并且坐在了最尊贵的位置上。在众多的贵宾中，刘邦毫无惧色，和吕公谈笑风生，把酒言欢，吕公也暗使眼色，表明将有事相告。刘邦在喝完酒后就留了下来。吕公对刘邦诚恳地说：

"我还有一个女儿尚未婚配，倘若你不嫌弃的话，我愿意将她许配给你，伺候你的生活起居。"

刘邦虽然平时有些玩世不恭，但是对于这样重要的事情表现得却是非常认真。他答应了吕公的请求，并定下了迎娶的日子。

对于吕公的举动，吕公的妻子非常愤怒，指责丈夫说道："你平时总说咱们的女儿是个贵人，不肯轻易许人，前些日子县令想要娶女儿为妾，你当面拒绝了。现在怎么昏了头，把女儿嫁给一个不学无术的人呢？他刘季又算得上是什么贵人呢？"

吕公也不和妻子争辩，只是说："这种事情，你们妇道人家是不会明白的。"

于是，在吕公的坚持下，刘邦就娶了比他小十几岁的吕雉。吕雉虽然是在富贵人家长大，但是嫁给刘邦后并没有多少架子，而是尽职尽责地为这个家操劳着，不久便替刘邦生下了一男一女，这就是后来的汉惠帝和鲁元公主了。

第二章 ╱ 乱象

始皇求长生

秦始皇累了，他第一次在黑暗里感到自己是如此地渺小，尤其是看到那些跟随他打天下的人一个一个从眼前消失的时候，始皇帝的内心深处萌发出一种对死亡的恐惧。这种恐惧并不能因为一场战争的胜利或者是美酒妇人而有任何消减。虽然明知死亡不可避免，但是秦始皇并不甘心，他一直认为自己已经成为天下的主宰，要想尽一切办法让自己活得更长久一些。

这时，秦始皇想到了一个特殊的群体——方士。

在上文中，我们简单介绍过这个群体。其实，秦始皇对方士的态度是有些矛盾的。这个群体人人都有几分神秘，人人都宣称自己有特异功能。但经过实际考察之后，很多所谓的方士都被秦始皇杀掉了。这就是在《史记》中记载的那样："秦法：不得兼方。不验，辄死。"在这种情形下，很多方士就糊里糊涂地丢掉了性命。

但是从另外一方面讲，始皇的心中又始终希望有那么一两个真正有能力的方士来为他寻找所谓的"长生不老药"。

在这种矛盾的心态下，有一个名叫卢生的人出现了。卢生是个方士，一直以来的任务就是替秦始皇寻找仙药。但是几年过去了，并没有取得很好的成果。为了逃避始皇的追究，于是他趁机先向秦始皇建议："臣等为皇上求取仙药，数次而不能获取，这其中的一个重要原因就是在皇宫的内部有不好的因素。作为人主，要让自己的行为避开恶神，这样仙人才能够到来。现在皇上的居行都被臣下所知晓了，这样就会妨碍神明的降临。希望以后皇上的起居行为不要随便让外人知道。"

卢生的这番话可以说是恰到好处地掌握了始皇此时的心态。对于一向缺乏安全感又多疑的皇帝，最恐惧的事情之一就是害怕别人在私底下窥视他的言行。

没过多久，发生了一件让秦始皇非常不安的事情，他在新建成的梁山宫上看到宰相李斯的车骑阵容很庞大，便随口埋怨了几句。但没有想到的是，侍从人员将此事告诉了李斯，李斯立刻就减少了随从。这种看似聪明的做法事实上恰恰戳到了秦始皇的痛处，他觉得自己是不安全的，于是便将当时在场的太监和侍从人员全都杀死了。这件小事足以说明秦始皇内心的不安和焦虑了。

始皇三十六年（公元前211），齐地的东部出现了天上掉下的陨石，陨石上刻有"始皇死而天下分"的谶语。在我们这些现代人看来，陨石上出现文字肯定是人为的，但是在那个时候，人们对此深信不疑。根据现代人的推测，这可能是秦始皇的健康状况已经极度恶化，被地下的反秦势力得知后制造出来的现象。

为了平息谣言，秦始皇决定作一场长途巡游，这也就出现了本书最开始的那一幕。巡游的队伍离开会稽山到山东的时候，已经是隔年春末夏初的季节了。此时，秦始皇的身体已经到了崩溃的边缘。

但秦始皇还是没有撑到回到咸阳的那一天，在行进到河北沙丘的时候，秦始皇不得不下令进行休整。沙丘并不是一个普通的地方。相传，商纣王帝辛曾经在此建造沙丘苑台，设置"酒池肉林"，最终亡国；后来的赵武灵王因宫廷内斗而困于沙丘行宫之中，既难以脱身又没有足够的食物，最终活活被饿死。

秦始皇最终也没有能够逃脱厄运，临终之前，他对赵高说了一句话："兵属蒙恬，与丧会咸阳而葬……"

还没待将后面的话说完，秦始皇就耗尽了最后一丝力气，无力地倒下了。创古今传奇的一代帝王就此陨落了，留给了后世一个看似巍峨实则摇摇欲坠的庞大帝国。

李斯的选择

沙丘湖畔一片沉静，这个自古以来就以夏风闻名的避暑胜地在李斯眼里并不平静。依靠着过人的政治直觉，李斯隐约感觉有事情要发生。

果然，没过多久，李斯便被紧急召进了秦始皇的寝宫，看到的正是在一旁哭泣的赵高和尸体已经僵硬的始皇。

待旁人散去，赵高拿出始皇的遗诏，对李斯说："如今皇上不幸逝去了，留下了这样的遗诏。如今这封遗诏并没有发出去，也没有人知道。皇上赐给扶苏的诏书和玉玺都在胡亥那里，这件事我想和丞相商量一下。"

李斯有些奇怪，赵高只是一个内侍，这种事情他是没有资格来谈论的。李斯对赵高的态度并不是很热情。

赵高也并不恼怒，只是问李斯一句："丞相，你和蒙恬，谁的功劳大？"

"蒙恬对内能制定可行的国策，巩固的国家的根本，对外驱除了北方的隐患，他的功劳比我大。"

赵高又问："丞相和蒙恬相比，天下人对谁的怨气比较大？"

李斯想了想那些被坑杀的儒生和方士，很平静地说："天下的人对我怨声载道，而都称蒙公贤明。"

"天赋才情，丞相和蒙恬相比又如何？"

李斯有些不耐烦了，但是还是耐着性子回答道："蒙恬兵政皆通，这是我不能的。"

"那丞相和蒙恬谁更得公子扶苏的信任呢？"

"这已经很明显了，蒙恬和扶苏是亦师亦友的关系，自然是外臣李斯不能相比的。"赵高继续问道："谋划长远而不失误，丞相和蒙恬谁更强呢？"

李斯终于忍不住了，他说了一句："你今天来就是为了奚落我吗？"

赵高连忙说："我当然不敢这样，不过就刚才的回答来看，蒙恬在不久之后肯定会替代丞相的位置，这是很明显的事情了。"李斯沉默了一会儿，点了点头。赵高趁机又说："不知丞相是否想过，一旦扶苏即位的话，丞相你很快将有灭族之祸。"

李斯有点儿气恼了，准备质问赵高。只见赵高依然不慌不忙，而是缓缓地说道："始皇帝开创了烁古震今的伟业，但也留下了暴政的恶名，假如让扶苏、蒙恬当政，为了平息民怨，肯定要寻找替罪羊。而这只替罪羊也只能是丞相了。丞相可以想想自己所做的事情：力主郡县，得罪了那些可以分封领地成为诸侯的贵族，焚书坑儒，虽事出无奈，但得罪了天下的士子。如果说天下人恨秦政，源头都会指向丞相您的。"

一席话说得李斯冷汗直流，他已经预想到赵高想要说什么了。他对赵高说："古往今来，变更储君的人无一不是邦国危难，这种事情我做不来。"

赵高亮出了最后的撒手锏："目前的形势丞相也十分清楚，如果胡亥做了皇帝，必定会听从你的计策，丞相世世代代就可以为卿相。如果不这样，丞相则只能给子孙招来祸患。其中的得失，还请丞相自己衡量吧。"

李斯陷入到了沉思，他明白，这是一个千载难逢的机会。事实上，在李斯眼中，自己一直都是一个特别善于把握机会的人。

他出生在楚国，但从来没有想过为自己的祖国效力。他对自己的祖国甚至有着深深的鄙视情绪，他认为一个可以逼死屈原的楚国是不值得留恋的。更何况，连贵族出身的屈原对日渐衰败的楚国都无能为力，那他一个上蔡布衣又能有什么指望呢？他于是打点好行装，告别了自己恩师荀子，来到了西北的秦国。

来到秦国的李斯很快就投靠到了当时还能够左右秦国政治的吕不韦门下，并得到了他的信任，被任命为郎官。

既然已经成为了郎官，李斯也就有了游说秦王的机会。在与年轻的嬴政谈论的过程中，他极具煽动性地提出：当前是灭诸侯、成帝业，为天下一统的最好时机。这赢得了秦王的好感。

郑国渠事件之后，秦国的宗室大臣希望驱逐一切外地来的士子，这当然包括了李斯在内。于是李斯就写了那篇令当时秦王嬴政改变主意的《谏逐客书》。嬴政对他十分欣赏，官至廷尉。在这篇文章中，我们看不到李斯背后的人文背景和道德根基，看到的只是一种相当聪明的灭六国强秦国的策略而已。

秦始皇死后，李斯的内心陷入到了矛盾的挣扎中。对于那些王公贵族们来说，他这样的人就像是一只老鼠，现在他好不容易获得了大秦帝国的相位从厕鼠变成了仓鼠，就更加不想再由仓鼠变回厕鼠。更何况此时的赵高已经警告过他：一旦失去了仓鼠的资格，那他连厕鼠都做不成了。

在这种关头，李斯这个聪明人，选择了与赵高为伍。那赵高又是什么人呢？

赵高是个宦官，但不是一个普普通通的宦官。他的先祖和赵国王室有一定的亲戚关系，但是赵高家族的这一支很早就衰败了，不然的话赵高也不会选择做宦官这条道路。赵高进入秦宫以后，很快展示出了与其他宦官不一样的地方，他有着很强的思考能力和学习能力。到了后来，他便以能力卓著而被破格提拔为中车府令，并出任始皇幼子胡亥的老师，教胡亥学习法令制度。

伴随在君主身边并不是一件非常安全的事情。在赵高成为中车府令后没多久，他就被牵连到了一场重大罪行，由蒙恬的弟弟蒙毅负责审理。按照当时的律法，赵高当被判处为死刑。始皇怜悯他对皇室忠诚，工作又比较认真，特意下令对赵高进行赦免，不久他就官复原职。这件事在赵高的心中留下了很深的阴影，他也因此与蒙氏家族结下了仇怨。

到了始皇的晚年，嬴政接受卢生的建议，开始刻意隐瞒自己的言行。赵高成为了始皇帝和外界联系的重要工具，这其中甚至包括了始皇帝与李斯之间的沟通。这样一来，赵高虽然职位不高，但是权势却很大，他也第一次尝到了权力带来的美好滋味。手握始皇的遗诏，赵高突然有了将天下玩弄于股掌间的冲动。

而要实现他的目的，他必须要完全掌控两个人，一个是李斯，另外一个人就是胡亥。在一番威逼利诱之下，李斯选择了和他站在一起，那他又是如何说服胡亥的呢？

胡亥性格原本就很软弱，加上赵高又是他的老师，自然对赵高的话言听计从。有了胡亥和李斯的支持，赵高阴鸷的脸上透漏出一丝旁人难以察觉到的笑容。当李斯选择默认赵高的做法的时候，事实上李斯就已经成为了赵高手中的工具。虽然李斯可以在长达二十年的时间里为相，最终协助始皇统一六国，但是他绝不是赵高的对手。赵高和李斯相比，他更加深谙权力的操控，对权力也有着更加强烈的欲望。

自毁长城

在说服李斯后，李斯首先做的第一件事就是隐瞒始皇的死讯，这也充分体现出了李斯这个政客的精明之处。隐瞒死讯的好处是显而易见的，首先可以暂时迷惑天下的反秦势力，其次等到胡亥咸阳登基后，一切都已经木已成舟了。

对于赵高和李斯而言，地方上反秦势力的危害并不是那么严重。他们最担心的就是驻守在北方的扶苏和蒙恬的庞大北方军团。

扶苏作为始皇的长子，一向深得嬴政的器重。而从扶苏的身上也可以看到始皇帝年轻时的影子：倔强、果敢、富有包容心。但他们二人的执政理念几乎是相悖的，这使得他们父子间必然会产生矛盾。尤其是在焚书坑儒的事件中，两人的争执差点到了公开化的程度。始皇一气之下，便将扶苏派往了北方边疆。

除了扶苏，蒙恬更是横亘在李斯和赵高面前的一个异常强大的政敌。蒙氏可谓是秦国的老牌贵族。蒙恬的先祖是齐国人，祖父蒙骜在秦昭襄王时代就投奔到秦国谋求发展。因为秦国王室的先祖也来自齐地，所以对蒙骜有种特别的亲近感，加上蒙骜有着很好的军事才能，在秦国的对外战争中立下了赫赫战功。蒙骜的儿子叫作蒙武，也是一名名将。他曾经参加过王翦灭楚的战斗，当时击杀楚军统帅项燕的军队就是蒙武的军队。而到了这一代，蒙恬已经成为统领秦帝国最大的北方军团的统帅，并负责指挥修筑万里长城。

想要迅速铲除他们并不容易，但李斯和赵高并不是没有一点儿办法。

李斯几经思考后，写下了这样的一份诏书："朕巡行天下，祷祠名山诸神以延寿命。今扶苏与将军蒙恬将师数十万以屯边，十有余年矣，不能进而前，士卒多耗，无尺寸之功。乃反数上书直言诽谤我所为，以不得罢归为太子，日夜怨望。扶苏为人子不孝，其赐剑以自裁！将军恬与扶苏居外，不匡正，宜知其谋。为人臣不忠，其赐死，以兵属裨将王离。"

这是一道命令扶苏和蒙恬自杀的诏书。李斯不是不知道，无论从哪个方面来讲，将扶苏与蒙恬除掉都是整个帝国巨大的损失。但是他已经走到了黑暗的一面，已经无法再回头了。

扶苏虽然常与秦始皇意见不合，但毕竟是秦始皇的臣子，他在看到诏书以后，选择了自杀。而蒙恬先是被关进监狱，而后在狱中自杀。

除去了两个最重要的对手，赵高和李斯如愿返回到了咸阳，并为胡亥举行了登基仪式。只是李斯和赵高并没有想到，他们的举动已经彻底地将秦始皇建立起来的帝国带入到了无尽的深渊之中。

胡亥继承帝位的时候已经21岁了，但是他是秦始皇帝的幼子，政治经验可以说是零，他也从来没有想过自己能有继承皇帝宝座的这一天。虽然他有李斯和赵高伪造的诏令，虽然扶苏已经自杀，但是他依然无法让秦始皇帝其他的儿子们心服口服。尤其是在朝堂上与李斯和赵高为敌的秦王室重臣对扶苏的死一直觉得相当可疑。

胡亥即位后，将一切政事都委托给了赵高，甚至连宰相李斯都很少接见。在胡亥的眼中，当皇帝并不是一件好玩的事情，每天要处理那么多的政务。

赵高虽然精明异常，但也只限于权力的争夺。他长期在内宫作为宦官，对外面形势可以说不甚了解，对这个帝国真正面临的内忧外患，他缺乏整体的认识。此外，他所关心的也不是如何解决国家的种种危机，而是如何巩固自己的权力，如何像他熟悉的秦始皇那样拥有无上的权势。

赵高对于那些心怀疑心的重臣和公子采取了一个简单粗暴的方式，那就是——杀。我们从《史记》中的记载中可以看到赵高的原话："严法而刻刑，令有罪者相坐诛，至收族，灭大臣而远骨肉；贫者富之，贱者贵之。尽除去先帝之故臣，更置陛下之所亲信者近之。此则阴德归陛下，害除而奸谋塞，群臣莫不被润泽，蒙厚德，陛下则高枕肆志宠乐矣。计莫出于此。"

这段话的意思很明确，那就是摒弃当前的当权阶层，大量起用新人，通过这样简单粗暴的方式来维持自己刚刚打造的权力体系。

胡亥听从了赵高的建议，于是一场浩劫就这样产生了：无论是公子还是公主，都难逃被杀戮的命运。大量和秦皇室宗族有关系的贵族纷纷逃离咸阳。基于这个原因，不少军团因此解散了，大批的士兵因为这个原因被连坐为罪犯，最终被派遣到骊山陵去做苦工。自商鞅变法努力建立起来的军队和李斯几十年来辛辛苦苦建立起来的军事系统和官僚系统几近崩溃。整个庞大的帝国仿佛是被洪水包围的孤塔，而塔尖上的人始终看不到自己的危险。

不可能完成的征发

如果说当时的秦帝国是一桶一触即发的炸药的话，那陈胜、吴广的出现就是那个不起眼的小火星。这所有的一切都是从一次普通的征发开始的。

《史记·陈涉世家》里记载的很明确也很简单："二世元年七月，发闾左適戍渔阳，九百人屯大泽乡。"

在一般人的解释中，"闾左"是村中贫贱人居住的区域。事实上，这并不是非常准确的。秦国当时的风气是崇左的，所以说闾左恰恰是富贵人家居住的区域。这其中的区别不在于贫富上，而是贵贱上。自商鞅以来，秦人就崇尚军功，有功获爵的人尊为贵，无功无爵的人称为贱。在这里，贵和贱都是一种官方认定的身份而已，并不能和穷富直接画等号。

按照当时秦的征发习惯，如果是从军征发，一般是从闾左子弟先行征发，因为这是建功立业的重要途径；而要是徭役的话，则是带有某种惩罚的性质，一般先从闾右征发。当然，徭役的征发并不意味着绝不征发闾左，只是不到万不得已是不会这样做的。

但秦二世胡亥在完成秦始皇帝的葬礼后，继续修建阿房宫。在征发天下闾右的民力后，又将目光对准了闾左的人力。随着征发闾左之民的诏令发出，压死骆驼的最后一根稻草出现了。

虽然男丁已经很少了，但是还是凑够了将近一千人的队伍，而这支队伍里除了将尉外，还有两个屯长，他们的名字分别叫作陈胜和吴广。

根据史书的记载，陈胜字涉，吴广字叔，由他们的名字也可以看出这两个人绝非一般的普通农户。他们以前是多么地富贵早就已经无从考证了。但是陈胜在年轻的时候，无疑是很贫穷的，曾经有一段时间他不得不依靠为别人耕作来维持自己的生活。他在一次耕田时，看着大片的土地，在田埂上发了一阵呆，最后慨然对周围的同伴说："如果将来哪一天能够得志富贵了，千万不要互相忘了。"

　　在他身旁和他一起做工的人不禁笑道："我们这种做佣工的人，还能有富贵的一天？不要做梦了。"

　　陈胜看着他毫无希望的眼神，深深地叹了一口气："像燕雀这种小鸟，什么时候才能体会到鸿鹄遨游天空的雄心呢？"

　　陈胜、吴广就跟随这近千人的队伍出发了。目的地是渔阳，也就是今天的北京密云地区。而他们的出发地则是阳城，也就是今天河南郑州一带。这两者之间的直线距离将近800公里，实际上按照曲折路程计算，则大概要有接近3000里左右的距离。也就是说，这支徒步的队伍，每天至少要行走八十到一百里才能在规定的期限内赶到。按照一般人的步行速度，也就是每小时大约十里左右，这也就是说，每人每天至少要走八到十个小时。如果再加上歇息、做饭以及翻山越岭等因素，每日至少要忙碌十五个小时。

　　这几乎是一个不可能完成的任务。

　　战国有一本著名的兵法《尉缭子》有这样的话："故凡集兵，千里者旬日，百里者一日，必集敌境，卒聚将至。"也就是说，日行百里，这是久经训练的军旅部队的行军速度，而且仅限于千里之内的行军。而用行军的速度来要求需要长途跋涉数千里的徭役民力，这显然是过于苛刻了。

　　但命令是不能更改的。这支从出发就背负着不祥命运的队伍就这样出发了。他们的行进的路线也很有意思，他们没有选择直接北上，而是南下。《史记》中并没有交代原因，实际上应该是根本没有把这个问题当作问题，因为按照当时秦交通干道的分布，由中原走东南再北上，有中原驰道、齐楚驰道和燕齐驰道三条大路可走。

暴雨后的呼喊

六月底，陈胜和吴广带着这支九百人的屯卒向着东南方出发了。

七月是一个多雨的季节，当他们行进到了大泽乡，也就是安徽宿州的时候，遭遇到了大雨。大泽乡顾名思义就是一个河湖众多、水域广阔的地区。连日的大雨更是让整个大泽乡几乎成了一个泽国。望着依旧连绵不绝的雨天，每个人都忧心忡忡。因为秦律的严苛是众人皆知的。如果无法按时到达，那等待他们的将是死亡。

眼看无法按时到达了，陈胜便和吴广商量应对的办法。两人虽然不知道未来的道路该怎么规划，但是二人很快达成了这样的一个共识：按照目前的进度到达目的地是死，逃亡也是死，与其这样等死，不如揭竿而起成一番事业。

虽然这两个人已经决定起义了，但是现在面临的问题那就是如何让这几百人的队伍跟随着他起义。毕竟从律法上说，失期当斩只是一个人的事情，而一旦造反的话，那连累的将是一批人的性命。

陈胜对吴广说："天下人因为秦的暴政已经受了很多苦了。我听说二世皇帝是秦始皇的幼子，根本没有资格做皇帝。皇帝的真正继承人应该是扶苏。

扶苏因为进谏而和始皇帝意见不合，被派到了边疆成为了监军。二世为了夺位谋害了他，很多百姓都传闻扶苏是很贤明的，但是他最终是生还是死，百姓的说法并不统一。"

陈胜顿了一下，继续说道："楚国将领项燕曾经几次打败过秦军，对部下也十分爱护。在他的军团溃败之后楚人都感到十分怜惜，也有人认为他还没有死，只是转入地下继续抗秦而已。如果我们能够假借他们的名义起事，一定能够获得众人的支持。"

但二人还是有些心存疑虑，毕竟这是要对抗已经灭掉六国的几十万"虎狼之师"，于是二人行卜算命。卜卦的人大概是出于对他们反抗行为的理解和同情，或者是出于对秦暴政的憎恶，给了二人一个"有功"的吉兆，并且暗示他们可以利用鬼神的力量来制造舆论。

这两个人立即心领神会，于是便有了下面的怪事：

士卒在买鱼烹食的时候，剖开鱼腹发现了丹书，上面写着"陈胜王"三个字。士卒都认为这是天意，认为陈胜肯定是一个了不起的人。到了晚上，营地附近的土地庙中，时常可以听见狐狸的叫声，仔细一听却是："大楚兴，陈胜王"这六字。

通过这两件事情，众人都对陈胜刮目相看。但是此时的陈胜反而装得若无其事，让众人更觉神秘。殊不知，鱼腹中的丹书是吴广提前放进去的，而土地庙附近的狐狸叫声也是吴广提前潜入到那里扮演的。只不过唯一知道实情的就是陈胜了。

千万不要小看这种鬼神的作用。在那个时候，上至皇帝，下到普通百姓，对天命鬼神的信赖达到了一种极致。在今天看来，"鱼腹丹书"和"篝火狐鸣"的事情无疑是非常愚昧和可笑的，但是在当时却具有极强的组织力和号召力。这几百名士卒之所以能够坚定地团结在陈胜周围，除了基本的求生欲望外，陈胜身上的神秘色彩也起到了重要作用。

在一切都准备妥当后，陈胜和吴广开始实施他们的计划。陈胜做事一向很有计划，他想到了一个天衣无缝的计划，这个计划的名称可以叫作"激变"。

首先是激。根据《史记》的记载，陈胜的重要盟友吴广"素爱人，士卒多为用者"。于是，吴广趁带队的将尉喝醉酒的时候，扬言要逃跑，以此来挑衅将尉。带队的将尉哪知是计，对吴广不断地辱骂，甚至要拿出佩剑刺向吴广。

吴广终于等到了这个机会，他抢先一步，夺过将尉手里的佩剑，一剑挥了过去，将尉的头颅落地了。就在此时此刻，一直在旁边冷眼观看的陈胜冲上前去，手持宝剑将另外一个将尉也干净利落地杀掉了。

所有的一切仿佛都在电光火石间发生，众人都懵了，不敢相信眼前发生的一切。瞬间自己的两个头领被杀害了，并且就在自己的眼前。面对呆若木鸡的众人，陈胜立即召集起士卒，大声说道："诸位兄弟们，这场大雨让我们无法按规定的期限到达，事实上我们已经是死人了，即便是不被处死，能够从戍边活着回来的也就十之二三。壮士不死则已，死则要在天下留下大名。那些帝王将相，难道和我们不一样，天生就是贵人吗？"

众人十分激动，多日来积压在心头的愤怒和恐惧产生了一种奇怪的力量。这种力量就汇集成了一句话："敬受命！"

当众人又一次聚集在祠堂面前时，所有的人都坦露出了自己的右臂。这是要举行盟誓的仪式。当陈胜、吴广把将尉的头颅放在祭台上的时候，下面的人群发出了野兽般的呼叫声。祭台旁边的木杆上飘着一面大旗，上面写着硕大的两个字"张楚"。

陈胜在斩木为兵、揭竿为旗后的第一件事是"攻大泽乡"。

他们这么做其实是再好理解不过了，这支队伍需要粮食和武器。用"攻"这个字实际上也有点重了。实际上，在徭役频繁的秦末，村中的青壮年十之八九都不在了，这九百个人很快就席卷了数十个村庄，劫掠了一些粮食。

填饱肚子后，屯卒们在陈胜的带领下纷纷冲向附近的蕲县。当县卒们还不知道发生了什么事情的时候，这些手拿棍棒的人们便冲进了县署，县令很快就被杀掉了。整个县城一片混乱。没过多久，"张楚"的旗帜就插在了蕲县的城楼上，而陈胜王的欢呼声也在这座小小的城邑里回荡。

很快，陈胜就从蕲县的仓库里有了新的收获：他有了十几辆破旧的战车，有了几百支铜戈，而追随他的人也发展到了千余人。蕲县并不是一个久留之地，陈胜和吴广商议后决定：部队立即沿着通向中原的驰道攻占沿途的县城。毕竟，这么多人首先要有一个立足之地。于是，这支衣衫褴褛的徭役军就乱哄哄地上路了，首先攻占的是距离蕲县最近的锤县。在这个时候，大部分的县令都还在为了征发而忙碌着，压根儿也想不到将会有这样的一场巨变。

只用了不到十天，农民军便先后"攻"下了淮北的五座县城。收缴到的装备也迅速扩大到了五六百辆老旧的战车、数千匹的战马，此外，还征召了几千名士卒。这样的战果让陈胜、吴广异常兴奋，他们立即准备向淮北最大的陈郡进发。虽然在这中间有些许的不顺，但他们还是占据这座陈郡的首府。

陈郡既是吴广的老家，又与陈胜的故里颍川郡相邻，更是当年楚国末期的都城之一。为此，陈胜、吴广经过一番商量之后决定在陈城驻扎了下来，并接纳了一批前来投奔的文吏和儒生。在他们的建议下，陈胜在陈城正式称王，并且公开打出了"张楚"的国号。

陈胜立国称王，这无异于响彻秦国大地上的一声惊雷。

仅仅凭借着不足千人的徭役屯卒在绝望时刻的暴乱行为，在短短的时间内就可以立国称王，这从根本上暴露出了这个帝国的脆弱。这一让人惊诧的事实彻底摧毁了人们对秦帝国的信任。更重要的是，陈胜称王的行为激发了那些一直蠢蠢欲动的六国复辟势力，也助长了那些野心家的欲望。

一场惊天之变就要来临了。

一群逃犯

陈胜暴乱的消息很快就传播了开来，而第一个闻声而起的是早已逃亡隐匿在芒砀山的一群流窜犯。他们的头领正是刘邦。

刘邦什么时候从亭长成为流窜的犯人了呢？这事还得从头说起。在前文里我们提到过，刘邦能够在咸阳看到秦始皇的车驾，其实就源于他的一项工作。这项工作就是"常徭咸阳"。这项工作看似风光，实则充满了危险。如果是带领普通的农家子弟还比较容易管理，但是到了徭役的后期，男丁越征越少，最后只能是带着刑具的囚徒了。

刘邦最后推脱不过，带着囚徒出发了。这次服徭役的地点不是在咸阳城的东南建造阿房宫，而是在骊山（今陕西临潼县东南）脚下修建秦始皇陵。此时已经是秦始皇病死沙丘的前夕了。

刘邦深感前景不妙，但还是带着一帮囚徒出发了。刚刚离开沛县没多久，队伍中就有很多人逃亡了。囚徒逃亡的原因也很简单，那就是寻找一条活路。一旦真的到了骊山修陵墓，基本上就是死路一条，而选择逃亡的话或许还有一线生机。更何况，当时选择逃亡的人大有人在，而秦帝国的暴力机器对此往往很无力。因此，刘邦所带领的囚徒在路上逃亡是一件再正常不过的事情。

行进到丰邑，也就是今天江苏丰县的时候，刘邦开始面对他所面临的现实。作为底层的地方官员，他对秦律不可谓不熟悉。刘邦所带领的囚徒在到达骊山的时候如果逃亡过半，那刘邦依法是要当斩的；如果选择逃亡山林，说不定还能保住自己的性命。

刘邦于是拿出自己的旅费，买了酒肉犒劳众人。囚徒们虽然不明白这位押解者的心思，但面对酒肉，众人还是吃得很开心。酒酣之时，刘邦神色凝重地对囚徒们说："诸位都可以离去了，我也要离开这里到远方去了。"

囚徒们明白了他的意思，于是纷纷砸坏了刑具，很快就消失在黑夜里。其中有十多名青壮年被刘邦释放刑徒的行为所感动，觉得逃到别处也是生死难料，于是甘愿随从刘邦同行。

私自释放押送的囚徒并非一件小事。如果帝国不是处于风雨飘摇之中，刘邦肯定是在劫难逃的。然而，当时整个社会都处于动荡的前夕，各级官员也自身难保。如果将刘邦私放囚徒的事情上报朝廷，按照秦律，莫说是沛县县令，就是泗水郡的郡守都要受到不同程度的牵连。

刘邦选择逃亡的地点是芒砀山。芒砀山在今天安徽省砀山县的东南，与沛县相邻。芒砀两山在地理上属于苏北丘陵的东部边缘，海拔并不是太高。但这相对于周围都是水泽平原的苏南地区，也算是小有名气的高地了。更何况这两座山中树木密集，杂草丛生，在"山泽岩石之间"隐匿藏身是很容易的。

亡命的生涯并不是一种享受，可以说是惶惶不可终日的。与陈胜、吴广相比，刘邦的后路并好不到哪里去。他没有选择反抗，而是隐匿于山林。这其中的缘由也是值得后人琢磨的。

首先，刘邦是政府的底层官吏，他对秦律比一般人更加了解，他知道自己犯下的已经是死罪了，如果公然举事，累及的将是整个族人。其次，就刘邦的性格而言，没有把握的事情或者说成算不是很大的事情，他一般是不会做的。最后一个原因其实也很容易理解，芒砀山距离沛县很近，加之刘邦以前所经营的人际关系，只想活命的话也不是一件困难的事。

在流亡期间，还有一个刘邦斩白蛇的故事。在这个故事里，刘邦乘着酒意杀死了一只盘踞在路边的大白蛇，后来众人才知道这只所谓的白蛇是白帝之子，而刘邦则是赤帝之子。这段神话明显是后人炮制出来的。因为在刘邦整个的生涯中，逃亡这段时间应该是他最落魄和困顿的时期，也没有什么可讲的经历，于是就产生了这样的一段传奇神话。此外，也有人认为日后与项羽争霸天下的项羽起于江东，而江东之地盛产白蛇，白蛇或许象征着项羽。不管怎么说，刘邦也即将熬过这段最灰暗的时光，一个属于他的时代即将到来了。

陈胜造反称王的事情已经在秦国大地上传播了开来，各地的地方大员都非常紧张，生怕自己成为被造反后的替罪羊。于是县令立刻召集萧何与曹参等人商议应该怎么办。为了避免自己成为被革命的对象，沛县县令有意自己干脆背叛朝廷，率军响应陈胜。但是县令的智囊萧何表示反对："您原本就是秦朝的官吏，是外地人，如今却想背叛朝廷，恐怕沛县的子弟兵不会跟从您的。"县令赶忙问道："那我应该怎么办呢？"

此时曹参说话了："那不如由萧何来发号施令吧，他的影响力较大，相信沛县的子弟一定会响应的。"萧何连忙拒绝："我也是食朝廷俸禄的，在此出面也不是很合适，不如召回那些逃亡外面的沛县子弟，由他们领导抗秦，则必定保证本县城的安全。"

县令说："有谁可以担任这样的重任呢？"

萧何此时说出了自己心目中的理想人选："以前泗水亭亭长刘季，曾经因为押解劳役出现问题而逃亡在外。如今他已经聚集了数百人，为何不把他召集回来？以他的名义抗秦的话，大家才会跟着奋起。"

在这种情况下，县令想了想也只得同意萧何的建议。萧何立刻派樊哙到深山找刘邦。

樊哙是沛县的屠夫。这位屠夫力大无穷，生得虎背熊腰，是打架的高手，一般人很少敢去招惹他。除此之外，樊哙并不是一个粗人，他的剑术也非常高，办事粗中有细。他与刘邦的关系很好，并且对刘邦也非常敬重。

樊哙带来的消息让刘邦欣喜万分，他立刻准备好行装准备奔向县城。已经在外逃亡许久的刘邦实在不敢相信县令会放弃县城，将举事的领导权交给他这个小小的亭长。于是他先派樊哙回去，又联系沛县的父老作为内应。

在县城里，沛县县令想到萧何和曹参的态度有些怪异，对刘邦又是如此推崇，恐怕会对自己不利，于是下令坚守城门，并且想要捕杀曹参和萧何。此时此刻，另外一个重要人物出现了，那就是夏侯婴。夏侯婴曾经是县令的马车夫，在处理人际关系方面很有能力，与刘邦等人的关系也非常好。在这种紧急时刻，他发动县府里所有的马车，将萧何、曹参等人在城门尚未封闭之前都送到了城外。

萧何在见到刘邦后，告知了县令反悔的事情，但是刘邦早就是一副成竹在胸的表情。当刘邦率领着部下来到城门的下面时，城门早就已经紧闭了。

在萧何的建议下，刘邦亲自书写了数十封帛书，然后用箭射到了城内。帛书上是这样写的："整个天下因为秦的暴政已经很苦了，现在的父老虽然和县令共同负有守城的职责。但是目前的状况是：各路的诸侯都开始起兵抗秦了。如果选择与诸侯对抗，沛县肯定会遭受一场屠城之祸。既然是这样，父老们不如响应义军，擒杀县令，选取沛县子弟里可以做领袖的人带领大家和各路诸侯站在同一阵线上，这样才是保卫家园的正确方式。"

这封帛书的主要用意就是制造县令和沛县本地父老之间的矛盾。县令看到这样的帛书后自然要采取措施，在城内采取严格的管制措施。父老们看到县令的行为后，就越发担心自己的人身安全，于是发动了民变，县令也被杀害了。

这一事件之后，率先回城的樊哙打开了城门，刘邦等人也就进入到了县城。进入县城后，沛县的父老恳切请求刘邦出任县令。刘邦谦让地表示："如今天下大乱，四方诸侯并起，相互之间的竞争是相当激烈的。如果选取的领导不合适，可能会导致一败涂地。我倒不是爱惜自己的生命，只是怕自己的才能不足以担任如此重任，与众父老的期待有所不同。"

在沛县居民心中，萧何和曹参的地位虽然高于刘邦，但是这二位均不愿意承担这个责任。一是因为他们是文吏，对作战指挥没有任何经验。何况万一失败，依照秦法是要被满门抄斩的。因此他们也支持刘邦出任领导。沛县的父老更是恳切地表示："在小的时候，您就一直有很多让人惊讶的异象，注定要成为贵人。我们依照当前卜筮的结果，卜中指示刘季当领袖是最大吉相。沛县的安危都在您手中。"在数次推让后，刘邦承担起了领导人的任务。

刘邦以前最高的官位只是一个亭长，现在一下子成为了全县的主人，该怎么样称呼刘邦成了一个问题。在众人还在思考的时候，主意最多的萧何向大家表示："就改称刘季为'沛公'吧！这样既可以表示是沛地的领袖，又有贵族气质，这对于生具异象又有贵族气派的刘季来说，无疑是最合适不过的了。"

刘邦欣然接受了这个称呼，并且首先到大庙里对皇帝进行祭祀，以象征自己志在恢复天下秩序，并在广场上祭祀战神蚩尤。沛公至此完全加入到了反秦的浪潮之中。

造反的时机

在陈胜成为压倒大秦帝国的最后一根稻草后，天下响应的人众多。在这所有的人之中，最受人瞩目、势力发展也最快的就是会稽郡的项梁和项羽叔侄了。

在前文里我们说过，项梁和项羽在吴中这个地方避难。很快这二人就在吴中这个地方积累起来了自己的名气。当时，就连秦王朝派驻在会稽郡的郡守殷通，都对项梁刮目相待，引为自己的上宾。

会稽郡是秦帝国首屈一指的大郡。它统治的区域包括了春秋时代的吴国和越国，居民大约有 100 多万人。在这片辖区上共有二十六个大大小小的县城，可以说几乎是占据了中国东南的半壁江山。

在古代，交通并不是那么发达，一个地方首长想要完全掌握下属各县的准确情报，这是相当不容易的。因此要拉拢地方上有影响力的人是一个再正常不过的举措。而在当时的会稽郡守殷通眼中，项梁就是那个他必须拉拢的人。

随着殷通对项梁愈发尊重，项梁的声望也越高了。虽然郡守殷通知道一直这样下去并不是一件好事，但是他对这种状况也无可奈何。因为一旦没有项梁的支持，他的工作基本上是无法进行的。

陈胜、吴广的起义风潮很快就从江北向江南蔓延了，此时的会稽郡也是人心惶惶。打仗需要粮食，而会稽郡是重要的产粮区，起义的军队很可能已经瞄准这座粮仓。一旦大批的义军过来，整个会稽郡将自身难保。

在这种情况下，各地方上的长老纷纷集合，商量着组织部队自卫。至于领导人，毫无疑问就是项梁。但是项梁并没有轻易答应地方长老的请求，而是在等待一个最为合适的时机。而这个机会就是会稽郡守殷通给予的。

面对越来越无法控制的局面，殷通深知只要有一人响应叛乱，最终遭殃的肯定是他自己。指望着咸阳派遣军队来援救自己，那基本上是不可能的。几经思考后，殷通决定先下手为强，不如自己主动响应叛军，这样做或许还能够成为一方诸侯。

殷通也意识到了自己的弱点，自己并不是本地人，在乡土观念很重的会稽郡可以算得上是一个致命的弱点。他决定要拉拢几个重要的人，其中就有项梁。拉拢项梁是一把双刃剑，项梁的声誉太高了，一不小心就会被他取代。殷通想到了另外一个人，那就是另外一个逃往楚地的地方领袖桓楚。

殷通秘密找到项梁，和他商议起了起义的计划："现在长江北岸一带都完全被叛军所占据了，这是上天要灭亡秦的时机。我认为我们应该先发制人，在会稽城举起起义的大旗。当然，我会任命你和桓楚为左右两翼的大将。"

看到身为最高地方长官的郡守都对秦的忠诚度是如此低，项梁在内心深处鄙视了一下他。时机终于来了，项梁心中暗想。但是项梁依然不动声色地说："桓楚现在身在何处我并不是很清楚，他藏匿的地点只有我的侄儿项羽知道。要不我现在把他叫过来，由您直接命令他去找桓楚吧。"

殷通对此没有任何迟疑，立即答应了项梁的请求。

项梁很快来到郡守府邸的外面，看到了一直在外等候的项羽。项梁对着项羽耳语了几句，然后项羽就跟着项梁来到了郡守面前。郡守看到这对叔侄，表现出了很大的热情。不料，此前一直谨慎的项梁大喝了一声："是时候了！"

心领神会的项羽火速冲到了殷通的面前，拿起佩剑，趁着殷通还没有反应过来的片刻，一下子就将他的人头砍落在地。这是一次秘密会谈，周围除了项梁叔侄和殷通之外并无其他人。

项梁从地上拾起殷通的首级，拿下他身上的郡守印绶，然后和项羽走到门外。守卫看到滴着血的郡守人头，立刻认为项梁是凶手，并集体向项梁扑了过来。此时项羽立刻拔剑向前，斩杀了十余人。众人都十分吃惊，不敢再有任何举动。

郡府里的官员大多也是楚人，平时对项梁也十分敬重，见到这样的情形都表示支持项氏叔侄的举动。项梁也宣布会稽郡恢复独立，由楚人自行治理。

项梁立即召集人马，并且在各县城募集了8000多名追随者。在这些人中，吴中的长老选择了一些比较能干的人，封为校尉等职务。没过多久，整个会稽郡的军政体系都完全纳入到了项梁的手中。

在这中间还有一个很小的插曲，一位原属楚国贵族的地方领袖在这次分派工作中并没有获得重用。这位贵族很不满地向项梁表示了抗议。但是项梁对他说了这样一番话，让这个贵族再也不好意思提及重用的事情了。项梁说："在前些日子，我曾经派遣你去主办一件丧事，但是你的行为却显得你无法胜任。通过这件事我看到了你的领导才能是有问题的，所以这次我就不能再重用你了。"

这件小事充分说明了这样的一个问题：项梁在很长的时间内并不是碌碌无为的，而是做了长期的周密部署的。他清楚地知道每个人的能力，这也是他为什么能够得到地方领袖拥护的重要原因。

在一切安排妥当之后，项梁自认会稽郡郡守，项羽作为副将，叔侄二人开始发动和收编会稽郡的反秦力量。

这一年，项羽年仅24岁。

第三章 ／ 失控的导火线

陈胜的烦恼

据守陈城里的陈胜有了一定的粮食和兵器，但是各地响应并投奔而来的起义军也越来越多，此时的粮食问题已经成为了一个非常严重的问题。尤其是后期从外地集结而来的小军团在面临饥饿的时候，各种不满的情绪都产生了。

此时陈胜所面临的问题空前增多。

首先就是将领的缺乏。虽然在短短数月之内，陈胜的队伍从九百人迅速扩大到了近百万人。但是这些人绝大多数都是逃亡的囚犯和吃不饱饭的农民，基本上没有一个人拥有指挥大规模军事作战的经验。

其次就是训练和装备的问题。战争不是打群架，一支有战斗力的部队必定要经过严格的训练，培养士兵的组织能力，但这些每天日益增多的投奔者，显然很大程度上都是为了吃饱饭而来的。此外，这些义军还停留在"斩木为兵，揭竿为旗"的阶段，作战武器极度匮乏。最常见的武器都是农民手里的镰刀、斧头等农具。

但陈胜无法考虑这么多，他首先要解决的就是这些农民军的吃饭问题。

吴广建议陈胜："按照目前的状况，只能攻取荥阳了。"

荥阳地处河川汇集之处，又靠近中原的产粮区，自古以来就是重要的粮仓。陈胜以前也不是没有打过这座城池的主意，只是守城的官兵训练有素，装备精良，几次攻打效果都不是很好。

但陈胜已经没有选择了，在没有粮食的情况下，前来投奔他的人很可能会离去甚至反目成仇。陈胜决定封吴广为"假王"，也就是代理行使王权的意思，派遣吴广亲率主力向西攻打荥阳。

陈胜为了减轻吴广军团的压力，也做了很多其他方面的努力。陈国人武臣就在他的命令下结合了赵国著名的遗民张耳和陈余在赵地发动起义，汝阴人邓宗则攻击九江郡一带，制造声势。

此时，固守荥阳城的人正是秦王朝宰相李斯的儿子李由。他本来是担任三川郡也就是现在洛阳郡的郡守，在陈胜、吴广发起动乱的时候，李由便主动安抚境内的百姓，并且亲自率领军队驻守荥阳这座粮仓。

李由并不是一个无能的人，他的军事指挥能力远在吴广之上。虽然吴广率领大军将荥阳围得水泄不通，但是这并没有任何意义。荥阳城内有大量的粮食，打消耗战恰恰是他的优势。在不得已的情况下，陈胜派出了另外一支主力部队，由周文率领攻打三川郡，企图攻陷函谷关，威胁帝国的政治中心——咸阳。

应该说，陈胜的基本战略思路是没有多少问题的。但是他高估了自己也低估了对手。

周文是陈胜最为倚重的军事人才，但他实际上只是个文人，真正的实际作战经验少得可怜。他曾是楚国名相春申君的门客，在项燕举兵抗秦的时候，他在项燕的军中担任"日官"一职，职责是卜测时日的凶吉，并没有真正带兵打仗过。

此时的周文已经六十多岁了，凭借着在项燕军中的见闻，还是率领着陈胜给予的部队攻下了颍川，更是集结起了前来投奔的人马，浩浩荡荡直奔函谷关。此时周文的部下数量达到了十万人，战车也有了数千乘。

业余和职业的差别

此时函谷关内的咸阳仍然是歌舞升平，仿佛一切事情都没有发生。即便东方常有探马急报叛乱的信息，但是秦二世总是把这当作流寇处理，并没有引起足够的重视。秦始皇去世后，李斯开始反思自己以前执政的过错，曾决定停止大型工程的修建，向胡亥谏言轻徭薄赋，降低王室的开销。李斯试图通过这种方式平息民怨，重新招揽民心。

对于秦二世胡亥而言，其他的都好商量，唯有要他减少开支，降低自己的享受层次是万万不能的。因为在他的眼中，做皇帝的目的就是为了享受，如果不让享受了，那这个皇帝做起来也就没什么意思了。于是他对李斯的劝谏丝毫不以为意，并且总是有意无意地让赵高来应付李斯。为了迎合秦二世，赵高乘机说道："皇上本来就是尊贵无比的，应当远离这些世俗琐事。"

这样一来，胡亥就很自然地听从了自己老师的话，将一切政事都委托给了赵高。赵高是一个权力欲望很强的人。在掌管了帝国的实际权力之后，他事无巨细，日夜操劳，但并没有什么具体的成效。尤其是在平定流寇、重建秦帝国秩序方面，赵高拿不出一点的办法。为了树立自己的权威，他竟然下令在朝堂之上不可以讨论流寇的事情。

当周文率领着数十万的大军逼近函谷关外一个要塞时，赵高这才慌了神。久居后宫的胡亥也开始召集群臣商议对策。

满朝的大臣对义军情况了解最多的当属章邯。章邯的职位是少府，主管渔税和租税。因为一旦某个地方发生战乱，首先影响到的就是地方税的征收。自陈胜、吴广起事以来，关东哪些地方已经被义军占领，哪些地方依然在秦王朝的统治范围内，章邯是最为清楚的。

此外，章邯的职位虽然是文官，但是他是传统秦部落的后裔，军事修养也很高，加上他个性果敢，在朝廷众官员中人缘也很好。

在朝堂上，章邯仔细分析了当前的形势后认为，当前如果召集郡县的守军来抵抗敌人已经来不及了，不如赦免那些在骊山陵做劳役的罪犯，把这些人组织起来就足以对抗来犯的盗贼了。

说起这些在骊山做苦役的罪犯，其实绝大多数并没有犯罪，只是秦二世为了巩固自己的权力，制造了蒙恬案件和诸公子的案件，将一些武装力量编入到了罪犯劳役之中。这些人虽做劳役，但绝对是一支不可忽视的武装力量。

赵高虽然对章邯抢了自己的风头有些不满，但是李斯以及众大臣都强烈支持章邯。胡亥于是便大赦天下，免除了这些劳役的罪名，将他们组织成军队开赴前线。章邯有很强的组织能力，他打开了库府，将秦军传统的黑色战袍发给了前一天还在骊山做苦工的劳役们，甚至连战旗都是黑色的。整支大军都弥漫着严肃而凄厉的氛围。

骊山劳役们别无选择，他们中的大多数原本就是军人，在秦始皇横扫六国的时候就东征西讨，完成了一个军人的使命。只不过是因为政治斗争，他们成为了无辜的牺牲品。此时，前面进犯的人要攻破函谷关，直捣咸阳，这就让他们的冲锋陷阵有了保家卫国的意味。虽然是刚刚整编，但士气十分高昂。

反观周文所带领的军队，虽然也号称有十万，但一股骄傲和不自信的气氛在周文的军队里弥漫开来。骄傲是因为他们前期的胜利太顺利了，几乎是毫无阻碍。而不自信则是因为他们也知道自己的实力，很多人纯粹是为了混口饭吃才来投军，他们的职业是农民而不是士兵。

双方到了决战的时刻。

章邯将手中的令旗一挥，两翼的骑兵如同两片乌云席卷向周文的大军。而中央则是举着铁盾的步兵，步兵背后则是弓箭手。两军相遇，那些没有经受过军事训练的农民立即方阵大乱，四散奔逃。

周文见状，立即夺了一匹战马，在一队骑士的保护下拼命向东逃去。一口气逃到了曹阳，也就是今天的三门峡一带。周文在曹阳收罗了一些残兵，驻扎了下来。此时的周文不敢再战，他飞书禀报陈胜，请陈胜定夺下一步的计划。陈胜不敢将这一消息告知众人，而是号令周文寻找机会再度灭秦。

没过多久，章邯的军队西出函谷关，周文残军再次大败。周文再次逃跑，而秦军紧追不舍。在秦军的步步紧逼下，周文连战连败，最终自杀。这支原本计划进攻咸阳的军队就这样被秦朝的军队彻底碾碎了。

属臣自立

周文惨败并且自杀的消息传来，陈胜的阵营中立刻发生了骚动。他的领导地位和领导能力也受到了质疑，第一个对陈胜表示不服的就是最受陈胜敬重、学问也最好的张耳和陈余。

张耳是战国时期魏国大梁人，年轻的时候当过信陵君的门客，后来逃亡到了外黄县。当地的一个富豪不但将自己的女儿嫁给了他，而且用自己的钱财重建张耳的名声，最终张耳出任外黄县令，并且获得了贤良的名声。

陈余也是大梁人，他年轻的时候十分喜好儒术，曾长期在赵国游学。与张耳的家庭背景相似，他的岳父也是一名巨富。陈余比张耳年少，一直以父辈的礼节来对待张耳，二人很快就成为了忘年交。

秦国率军灭亡魏国的时候，张耳和陈余都因为在魏国的民望过高而受到通缉，并且对其悬赏的价格很高："凡是能够缉拿张耳者，赏千金；凡是缉获陈余者，赏五百金。"

在这种情形下，张耳和陈余不得已化名逃亡，隐藏在了陈城。在陈城，二人充当守门人来掩饰自己的身份。有一次，陈城的官吏责怪陈余办事不力，并用鞭子抽打他。陈余非常恼怒，准备起来反抗。张耳阻止了这一行为，并在官吏气消了以后把陈余带到了僻静之处，责备说："我们好不容易逃到这里，今天怎么能因为受到一点的耻辱就要和一个小吏拼命呢？"陈余觉得张耳说得很对，由此更加敬重张耳了。

当陈胜率领着数万起义军攻下了陈城以后，张耳和陈余到了陈胜的军帐，要求与陈胜见面。陈胜早就听说了这二人的大名，很高兴他们前来投奔，并将二人任命为自己的参谋。随着前来投奔陈胜的人数越来越多，陈城的豪杰和父老都劝说陈胜称王。陈胜就这件事询问张耳和陈余二人的意见。这二人对当时的现状看得还是比较清楚的：

"秦国不遵从道义，灭亡他人的国家，摧毁他人的社稷，也耗尽了百姓的劳力。如今将军不顾一死为天下人除害，现在到达陈城就选择称王，事实上就向天下人昭示了自己私心。这样做并不是很明智。希望将军暂时不要称王，快速率兵西征，派人恢复六国的后代，给秦人树立众多的敌人。当将军诛灭暴秦，占据咸阳的时候，六国诸侯必然对你感恩戴德，如此便可称帝于天下。如果在此时称王，恐怕天下的诸侯会离心离德。"

然而，此时自信心极度膨胀的陈胜并没有听从这二人的劝告，还是迫不及待地在陈城自立为王了。

陈余在陈胜称王后又开始劝说陈胜派兵经营赵地。因为赵人一向强悍，战斗力很强，对秦又有着刻骨的仇恨。如果能够得到赵国人的支持，就可以极大地牵制秦人。陈胜听从了这个建议，于是便派出了自己的亲信陈国人武臣作为将军，邵骚为护军，以张耳及陈余为左右校尉，率3000人北向经略赵地。

武臣率兵从白马津渡河北上，军队所到之处就鼓动当地地方豪杰杀掉县令，原先赵国贵族的后裔也纷纷响应，很快武臣就集结起了数万兵马，并且攻占了赵地的十余座县城。这种情况下，张耳和陈余联合说服了武臣自立为赵王。武臣以陈余为大将军，张耳为左丞相，邵骚为右丞相，并派人向陈胜提出报告。

刚刚接到周文主力被歼灭的消息，此时自己最信赖的武臣也自立为王。恼怒的陈胜立即下令杀尽武臣家人，并且准备发动大军袭击武臣。此时，一个名叫房君的人出来说话了，他劝谏陈胜说："秦皇室还没有灭，却派人杀掉武臣的家人，这不是等于给自己多树立一个敌人吗？不如先派遣特使祝贺让他安心，并且下令让他们发兵向西攻打咸阳。"

陈胜觉得有道理，便以此照做了。但是武臣并没有率兵西行，而是北上攻占其他城池，不断扩大自己的势力范围。陈胜虽然很恼怒，但却无可奈何。

陈胜吴广的背影

如果说周文的失败让陈胜军队的自信心大受打击，那吴广的遇害和吴广大军的溃败对张楚政权所造成的影响则是致命的。

吴广奉陈胜之命以"假王"的名号攻打荥阳，但是久攻不下。打败了周文的章邯也正在朝着荥阳的方向开来。吴广陷入到了两难的境地之中。无奈之下，吴广只好向陈胜请命退兵。但是陈胜非但不赞同吴广退兵，反而派出了使臣进行督战。

吴广一直对士兵都非常仁爱，实在是不忍心让士兵们打这种基本没有胜利可能的仗，于是便按兵不动。但并不是每个人都像吴广这样对现实有着清醒的认识，他也无法制约手下那群野心勃勃的将军们。他手下的这些将军只想着通过打仗立功，其余一无所知。这其中的典型代表就是吴广手下的将军田臧和陈胜派来的特使朱房。

在二人的密谋下，吴广被杀。

吴广的遇害不仅仅使这支最有战斗力的农民军失去了一个领导人，更让陈胜失去了一个头脑清醒的助手。这使得陈胜看不清自己的现在，更不要提未来。尽管陈胜对吴广的死非常痛心，但对田臧等人他依然无可奈何。只得将兵权交给田臧，并且让他领兵灭秦。

田臧等人兴致高涨，留下了少部分人继续围困荥阳，田臧自己亲率主力迎战章邯。这正是章邯求之不得的事情，两军一交战，毫无指挥才能的田臧被打得大败。章邯继续进攻荥阳，将留守的剩余部队也击溃了。至此，由吴广统领的这支最具战斗力的张楚主力部队也宣告了溃亡。

从此之后，章邯率领着骊山军团横扫中原，接连击败了张楚政权的其他军队，大军直逼陈胜的都城陈城。

陈胜把自己的政治中心放在了陈城，可以说是有百害而无一利的事情。首先，陈城并不发达，很难筹措到大量的军需用品。其次，陈城远离当时的政治经济中心，交通也不方便，对全国范围内的战事把握是一难点。最重要的一点，作为一支造反的军队，必须要考虑到正规军来袭时应该怎么办。而陈城地处平原，无险可守，一旦敌军大军进攻，很难进行持久的防御。

身在陈城的陈胜很快感受到了章邯的杀意，立即下书令各自领兵的六国世族将军回来援救。但是陈胜的号令已经不起任何作用了，那些派出去的六国将军们早就争先恐后地自立了，都在忙着抢占地盘，没有人顾及危境中的陈胜了。

除了在前文中提到的自立为赵王的武臣外，第二个背叛的是韩广，他本是武臣的属下，武臣派他去经营燕国故地。谁知韩广在那里颇得人心，在蓟城自立为燕王，打出了燕国独立反秦的旗号。

第三个背叛陈胜的是将军周市。周市率领着军队，趁着周文大军和吴广大军与秦军鏖战之时来到了魏地。在尚未攻下一座城池的情况下，便拥立了魏国王族魏咎为王，也打出了魏国独立反秦的旗号。

这些已经占据一方土地的将领们在收到陈胜的求助信息后，均选择了按兵不动的策略。他们的选择在陈胜看来是大不敬的，但这其实是陈胜自己一手造成的。

其实明眼人都可以看出，陈胜在攻占了陈城后就迅速称王，已经显示了他并不是一个有着卓越领导才能的人。在历史中有这样的记载：在陈胜自立为王的数月后，有不少早年和他一起做佣工的人来到了陈城，直接来到陈胜居住的宫殿求见。守门人坚持不让这些人进去，并将他们抓了起来。这些人一再表示自己是陈胜的伙伴，最终他们被释放了出来，但是仍然被赶出了大门。友人们并不甘心，他们就在陈胜出入的府邸外面等候。几天之后，陈胜外出巡游，友人拦住了道路并直呼陈胜的名字。陈胜便将这些人召到了宫殿里。

友人见到华丽的宫殿，禁不住地感叹了一句："陈涉呀，您如今称王，这个地方太华丽了，真是让人羡慕呀。"

当初的友人出入宫殿的次数多了，便不忌讳地谈起了陈胜当年那些不为人知的事情。陈胜身边的小人们听到这样的事情后，立即向陈胜进言："您的友人愚昧无知，总是胡乱说话，为了您的威严，希望对他不要轻饶。"陈胜便杀害了这个友人。

其他早期追随陈胜的人见此情况，纷纷选择离去。留在陈胜身边的就只剩下了那些溜须拍马的人了。原本就比较松散的组织很快就呈现出了崩溃的态势。

秦二世二年（前208年）九月，章邯向陈胜的大本营陈城发起了总攻。

陈胜在大军压境之下，只好率领着少数亲信逃离了陈城，来到了汝阴。章邯乘胜追击，陈胜只得落荒而逃。这一次，陈胜一口气逃到了城父县（今安徽省）。此时的陈胜率领着残余的力量，缺衣少食，将士们对此怨恨极大。

在陈胜的大本营外面都是要求得到粮食的散兵游勇，甚至一些将领也参与了其中。陈胜见势不妙，准备驾车逃跑。让陈胜万万没有想到的是，一向为他驾马车的庄贾拔出利剑直刺陈胜的腹部。不等陈胜反抗，庄贾就斩下了陈胜的首级，投降了秦军。

至此，从陈城称王到身首异处，中国历史上第一个农民起义军首领陈胜仅仅只坚持了6个月的时间。

项梁的打算

在章邯的矛头一直对准陈胜的时候，在会稽郡起义的项梁和项羽乘机扩大了自己的影响力。这里远离秦的政治中心，是众多起义军中不显山、不露水的一支。

与陈胜相比，项梁可谓是深谋远虑。虽然项梁很快将自己的势力扩展到了整个会稽郡，但是他并不着急称王，而是仍然以秦国官吏的名称郡守来称呼。项梁先是派出了自己异常勇猛的侄儿项羽，南下收编江南地区的起义军队，自己则在吴中坐镇指挥。江南是鱼米之乡，又很少有战火波及，这里也是绝佳的粮食存储地。

在得知陈胜称王的消息后，项梁便认定陈胜必败了。

项梁并不去理会陈胜铺天盖地的反秦起事，作为将门之后，他看重的是事实。在项梁看来，这是一伙处在绝望之中的农夫，想要凭借着一己之力绊倒秦始皇建立的大秦帝国，这无异于痴人说梦。没有经历过战争，甚至连一方立足之地都没有好好经营便四处出动，这很明显是把自己往火坑里推。

曾经与秦军血战数次的项梁对秦军的实力非常清楚。以秦军的军事素养，只要有一个靠谱点的大将率领，都将横扫这些乌合之众。哪怕陈胜拥有百万之众，但依然难逃失败的命运。

就在这个时候，一个名叫召平的人渡江来到项梁的大营，他自称是东陵侯，并且是陈胜的特使。

从内心来说，项梁是很看不起陈胜的，但是对于这位最早起义的呼喊者，项梁心中自有另外一番盘算。因此，项梁对召平的到来表示出了极为恭敬的态度。而召平对此也十分感动，决定为项梁的发展尽一份自己的力量。召平在分析完当前的时局后，向项梁建议：项梁暂时不宜称王，以免有楚王后裔出现时尴尬。他还建议假借陈胜的命令，封项梁为上柱国，这是以前楚国最高的官职，相当于宰相。

有了这个名分，项梁收编其他义军的速度就更快了。

对于项梁势力的扩张，感到最不安的当属已经自立为楚王的景驹和他的支持者秦嘉。景驹是楚国的贵族，而秦嘉原是陈胜的部下，在陈胜死后便拥立景驹为楚王。为了阻止项梁势力的扩张，景驹和秦嘉将主力部队集结在彭城的东面，想借此阻止项梁的势力向北发展。

项梁此时的身份是上柱国，在楚国的地方长老看来，他更符合正统王室礼仪，因此项梁在楚地所受到的支持远在景驹之上。项梁也正是抓住这一点，向楚军的将领发动了心理攻势："当初陈王（陈胜）最早率众起义，但是因为和秦军作战不利，至今生死未知，而秦嘉居然背叛陈王，私立景驹为王，这于情于理都是不合理的。对于这种东西大逆不道的行为，应该共同反对。"

在楚地各部落长老的号召下，景驹的阵营立即开始分化，很多将领拒绝为景驹作战。项梁乘机全力攻击秦嘉，秦嘉被迫撤退。在项梁的穷追不舍下，秦嘉最终兵败被杀。而景驹逃到了梁地，但最终也被当地的乱民所杀。

在这次战役之后，项梁收编了秦嘉和景驹的残余力量，而楚地的抗秦力量都在项梁的管辖之中了。

在项梁的预想中，此时还应该在继续积累力量的时期，这也是项梁迟迟不称王的重要原因。在项梁看来，只要有陈胜这个草头农夫王的支撑，秦军就不会将目光投向自己。毕竟，秦军的兵力有限，不可能四处作战。项梁最开始的计划是陈胜再不济也能够支撑一到两年的时间，到那个时候无论陈胜是生还是死，项梁都将率领自己的江东精锐北上，逐鹿天下。

但项梁万万没有想到，陈胜是如此脆弱。这个在夏季起事的草头大王当年冬天就被消灭了。当召平将陈胜大败出逃的消息传出后，项梁立即发兵渡江向西，希望阻截秦军，给陈胜一个喘息的机会。可不等与秦军交战，陈胜就死在了自己车夫的手中。

当项梁听说陈胜已死的消息后，立即命令部队在东阳驻扎，停止前行。项梁要改变自己的策略，此时正是关键时刻。

收编陈婴

东阳位于东海郡的西南部，位于长江和淮河之间，也可以算得上是一处兵家要地。项梁把军队驻扎在此，主要是基于两个原因。第一，率军西行已经因陈胜的死亡而失去了意义，他必须提前考虑未来与秦军之间的苦战。

其二，东阳这个地方也已经起兵抗秦了，项梁希望能够联合甚至是收服这股力量。

东阳县的义军首领是陈婴。为了说服陈婴，项梁派出了刚刚投奔自己的奇人范增。

陈婴以前是东阳县的一名官吏，个性也十分宽厚谨慎，在地方上有着很高的声望。东阳县的弟子们响应陈胜，在杀害了县令之后便推举陈婴为首领，此时，陈婴手下有两万多的兵力。

起初，陈婴也想和其他的起事者一样，准备圈地为王。但是陈婴的老母亲得知这一消息后却极力表示反对，她对陈婴说："自我嫁到陈家来以后，就从来没有听说过你们陈家的先祖中有大富大贵的人。如今你突然声名鹊起，如果不是天命如此，那将是一件很不祥的事情。不如找到一个具有真正实力的人当领袖，依附他。如果成了大事可以封侯，而万一失败，也能苟活下来。"

陈婴仔细想了想自己的个性，也认为自己确实没有成为"王"的资格和能力。在和地方长老进行商议后，陈婴表示要服从项梁的领导。就这样，范增没费什么力气就完美地完成了任务。

范增本是九江郡居巢人氏，当时已经快七十岁了，头发和胡须都已经雪白，一副仙风道骨的样子。他经常戴着楚国人的帽子，自称是楚国的遗民。也许在他年轻的时候曾经担任过楚国的官职，但这已经是很久以前的事情了。陈胜起义的时候，各地的豪杰纷纷响应，但范增对这些人一点儿也不热心，反而冷嘲热讽，断言陈胜无法成大气候。果然没过多久，陈胜就兵败身亡。

当项梁与前来投奔的范增交谈后，立马有了相见恨晚的感觉。项梁虽然对那些夸夸其谈的儒生很轻蔑，但对真正有才能的人还是相当敬重的。

范增对项梁分析了当时的时局：陈胜的失败是一种必然，这就无需再论了。而要想彻底摧毁秦帝国，需要得到六国世族的同心协力。而在这六国之中，楚国是最冤枉的。特别是楚怀王试图与秦交好，却被秦所欺骗，最终客死异乡。如果反秦，楚人必是主力。

此外，范增还给项梁带来了一份礼物。这份礼物是一个留言，来自楚国大阴阳家楚南公的言辞："楚虽三户，亡秦必楚！"起初，项梁对此很不在意，因为他一直是一个比较务实的人，对这类语言往往也不放在心上。但范增的一席话彻底让项梁对他刮目相待了。范增说："如果将这句话作为一种预言，那自然是可有可无的东西，也不必当真。但是，如果将这句话作为一种誓言和旗号，那激发起来的力量恐怕是十万大军也不能与之相比的。"项梁恍然大悟，当即起身向范增肃然鞠躬并求教日后的大计方略。

范增言道："将军在江东起兵，立刻获得了楚国各部族的拥护，这其中有一个很重要的原因，就是项氏一族世代为楚国的名将，如果将军能趁势拥立楚王的后代，将能够获得更大的公信力。"

项梁这一下就明白了范增的意思。如果能够找到一个无名少年作为楚王，并且打出了楚怀王的名号，既容易掌控形势，又能够使自己的出兵有了名正言顺的理由。此时，项梁又想起了中原五国那些老贵族们纷纷自立称王的行为，境界高下立判。

项梁很快就听从了范增的意见，派人寻找楚王的后代，最终找到了一个名叫"心"的年轻牧羊人，这个人据说是楚怀王的孙子。为了争取民间的支持，新立的楚王依然号称"怀王"，陈婴为上柱国（相当于宰相），而项梁则为武信君，统领军权。

双雄对决

在项梁不断扩充实力的同时，章邯的大军已经牢牢控制了中原的广大地区。

章邯率领着他的骊山军团，一路所向披靡，很快发展到了将近30万人。并且在这期间，他一路收编降军，力量也不断增加。反观项梁，军队的总人数只有10万左右。因此，乘着章邯尚未将这些人形成战斗力之前，与其决战是非常重要的。

但是集结兵力进行决战是需要大量粮食的。尤其是楚军是一支从江东而来的远征部队，当时南方的水陆交通也并不是很发达，在这种情形下，粮食的供应就成为了一个很重要的问题。更何况此时中原地区的主要粮仓和粮道都被章邯占得了先机，所有局面对项梁都是很不利的。

项梁想到了自己的另外一个优势——众多的盟军。为了减轻秦军对自己的压力，项梁开始发动诸侯的力量。而身处中原的章邯很快就感受到了来自四面八方的压力。章邯没有坐以待毙，他选择了主动出击。

章邯首先将目光对准了距离自己最近的魏国。他将魏国的主力逼到齐和魏交界的军事要地临济。魏王向楚和齐求援，项梁和齐王田儋都派遣军队来救援。章邯趁着齐楚两军尚未站稳之时便主动出击，大获全胜。在这场袭击中，齐王战死，魏王咎在和章邯签订完投降合约后自焚而亡。章邯亲自率军对齐国的残余军队进行追击。

为了稳定自己的粮食供给，在范增的建议下，项梁决定派出项羽亲率江东的主力一万人，长途奔袭章邯在中原的粮食基地襄城。这种孤军深入偷袭的战法无疑是具有很大风险的。但范增力主这样做也是有充分理由的，他分析道："如今其他诸侯在章邯的打击下意志消沉，要想鼓动我军的战斗力，最好的办法就是以奇兵突袭秦军的后方。这样做不论战果大小，肯定能够收到意想不到的效果。"

项羽于是亲率一万铁骑，千里奔袭襄城。项羽的突然出现让襄城的守军大吃一惊，由于守军中的主力都被章邯调走了，在项羽的猛烈攻击下，襄城宣告陷落。襄城的陷落让章邯的粮食补给出现了困难，章邯不得已暂停了对齐军的围追猛打。

休养生息后，章邯决定与项梁进行一场决战。

但还没等到战斗进行，李斯的死亡让章邯心底冒出一股凉气。正当章邯像救火队员一样四处灭火的时候，秦咸阳宫里正在发生一场巨变。章邯在中原的接连成功让曾经惶恐不安的赵高恢复了往日的专横和跋扈，他唯恐章邯与李斯联手威胁自己的地位，于是开始想办法除掉李斯。

没过多久，赵高得知李斯有重要事情禀告秦二世的消息。赵高开始设置了一个圈套。他首先假意到李斯府邸表示："关东地区现在盗贼纷起，当今皇上却仍然急于征劳役来建造阿房宫，搜集名马名犬等无用的东西，我也想劝谏他，只是因为自己的职位太低了。这应该是丞相您的职责，您为什么不去劝谏呢？"

李斯根本没有料想到这是赵高设下的一个阴谋，而是坦诚地说："我也很早就想劝谏皇上，但是最近皇上均不上朝，常常居住在深宫之中，我即便是想讲话也传达不到皇上的身边。"

赵高立马表示："的确只有宰相您才有资格对皇上进行劝谏啊，这件事就由我来安排吧。只要有机会，我会立刻派人向您来报告的。"

李斯万万没有想到，赵高故意等胡亥与嫔妃们戏乐的时候派人向李斯报告说皇帝有时间，而不知实情的李斯却连续三次呈报都没有机会见到胡亥。胡亥也大为生气："我平日里闲着无事的时候，丞相不来见我，而在我享乐的时候却一再干扰我。这哪里是真的有事，分明是来故意冲着我来的。"

此时的赵高又在一旁煽风点火，说李斯对自己现状不满，并且拿李斯儿子李由做文章，污蔑李由与陈胜等人有往来。

在这个关键的时候，一直在外与起义军作战的章邯要求增加军事援助，减少劳役。为了更快地将局势稳定下来，李斯再次进谏，希望削减赋税，停止阿房宫的建造。这样的提议让秦二世胡亥对李斯大为不满，于是找了个理由将李斯治罪入狱。

更让李斯雪上加霜的事情发生了，以前一直镇守三川郡的李由被楚军攻破了，李由战死。而使者将这一消息回报给咸阳的时候，赵高便牵强附会，表示李由已经投降了楚军。不明真相的胡亥大怒，立刻判李斯死刑，腰斩于咸阳。

李斯死后，赵高成为了新的宰相，事无大小，均由赵高一人做主。

咸阳的变局对前线的士气自然有着很大的影响。特别是主将章邯对赵高等人向来没有好感，也没有信心。在这一时期，项梁军队开始北上，章邯抵挡不住，只好撤退到了雍丘以西的地方。

楚军的早期胜利让项梁有些自以为是，在他心中，他自然认为自己就是项燕再世，有着出色的指挥能力。但在楚军中有一个人并不这么认为，这个人就是宋义。宋义同样也是楚国的名门之后，在他的家族中，曾经有不少人出任过令尹（楚国最高官衔）。此时的宋义年事已高，最大的心愿就是辅佐当今的楚怀王。

当项梁将自己的大本营迅速向北转移到定陶的时候，宋义看出了问题的所在。通过对项梁集结兵力的观察，宋义猜想到项梁可能会采用突击的战术。而这对于孤军深入的楚军来说则是面临着巨大的风险。他向项梁建议道："我听说打了胜仗但是骄傲的军队容易遭受失败，如今我军已经有些懈怠了，而秦军则在筹划着复仇。当今的情势正是我所担心的。"

项梁对宋义一直心存芥蒂，对于他的建议自然没有放在心上，不但没有加强军队的戒备，反而自己常去前线视察，显示出自己无敌的气概。为了支开宋义的干扰，项梁干脆派他出使齐国，联络齐国的军队对章邯实行夹击。

在前行的半路上，宋义恰好遇到了要去拜见项梁的齐国使者田显。宋义对田显说："我看武信君（项梁）近日来骄兵轻敌，迟早会被章邯所败。我奉劝你最好慢点前往，以免死于兵乱之中。如果走得太快，可能会有大祸啊。"

宋义的劝说在当时看来是非常具有前瞻性的。就当时的实际情况而言，项梁虽然打了几次胜仗，但与之交锋的都并非章邯的主力部队。反观此时的章邯，他看到项梁的举动后，认为这是一个千载难逢的时机。章邯亲率二十万骊山主力向定陶出发，准备与项梁决战。

在决战前夕，章邯有意隐藏兵力。这让项梁更加轻敌。在一个楚军毫无防备的夜晚，章邯发动了突然袭击。项梁战死，而他率领的数十万楚军也一并被消灭了。

雍齿的背叛

在项梁一直忙着北上寻找与章邯的主力部队决战的时刻，有一个人也从未闲着，他就是沛公刘邦。

起兵后的刘邦首先向北进攻胡陵，后来又据守在丰邑地区。刘邦率领的沛县义军相继又攻陷了薛县、戚县等地，形势一片大好。但是就当刘邦率军在前线打仗的时候，一个坏消息传来了：据守丰邑的雍齿背叛了刘邦，投靠了魏王。

这无异于在刘邦的背后狠狠插了一刀。

雍齿是何人，为什么要背叛刘邦呢？

雍齿和刘邦是老乡，同样也是沛县人。史料上记载他是"沛豪"，由此可知他在当地是有着一定势力的。但是他和刘邦的关系并不是很融洽，不过在另外一个"沛豪"王陵的调解下，二人关系得到了一定的缓和。

刘邦起事以后，不计前嫌，将固守大本营的任务交给了雍齿。这原本是刘邦用人大度，对其信任之举，但是雍齿对此并不领情，对昔日与刘邦的过节常常耿耿于怀，对刘邦的领导很不屑。在《史记》中就有这样的记载："雍齿雅不欲属沛公。"

而正在这个时候，一个说客的一番话让雍齿决定要叛变了。而派出这个说客的正是已经是扶持起了魏王的周市。周市本是魏国人，在陈胜派他"北徇魏地"的时候乘机独立。他要扩张自己的底盘，自然就会与刘邦发生矛盾。

周市并没有打算从武力上与刘邦抗衡，而是选择了挖墙脚。

他派人对据守在丰邑的雍齿说了这样的一番话："丰，故梁徙也。今魏地已定者数十城。齿今下魏，魏以齿为侯守丰。不下，且屠丰。"

这几句话是什么意思呢？首先，来着首先表明丰邑是魏王一度想迁都的地方，原本就是魏国的底盘。其次，现在魏国已经光复，魏王也占据了几十座的城池。最后给了雍齿两个选择：其一就是归顺魏国，魏王可以封他为侯，并且仍然可以驻扎在丰邑；其二就是选择抵抗，魏王将发重兵攻打丰邑，在城破的时候，丰邑将会被屠城。

在这种威逼利诱下，原本就和刘邦有矛盾的雍齿自然就选择了投降魏国。在雍齿心里，刘邦只是一个小小的亭长，一个地地道道的农民儿子，无论是从血统还是实际的兵力上，刘邦与魏王都不是一个等量级的。

当得知后院起火后，刘邦第一个反应就是马上回师攻打雍齿。丰邑对于刘邦来说并不是一个简单的城池，这对他有着十分重要的意义。

首先，丰邑是刘邦成长之地，自己的父母和妻儿现如今都在丰邑。可以说，丰邑是他安身立命的大本营。在自己的事业还没有开始的时候，大本营却被别人占领，这无疑会使自己成为无根的浮萍一样。一个连自己发迹地都无法保住的人，还有什么资格去号令三军呢？

最重要的是，丰邑的反叛形成了一股可怕的多米诺骨牌效应。根据《史记·曹丞相世家》记载，在丰邑的雍齿反叛后，驻守在方与、胡陵、薛县等地的刘邦的部将都纷纷投靠了魏王，等于说刘邦辛辛苦苦打下来的地盘转眼间都成了魏王的势力范围。此时的刘邦，除了一直不离不弃的萧何、樊哙等人，基本上快成为了一个孤家寡人了。

在这样的情况之下，刘邦无论如何也要把丰邑拿下。

但事情远比想象中复杂。在其他战场无往不利的沛县子弟兵在攻打丰邑时遇到了极大的困难。这种困难主要来自于两个方面。首先，雍齿既然决意反叛，那对丰邑的防守可以说是拼了命，再加上有魏王派出的军队协助，攻打丰邑实际上并不轻松。还有一个原因就是，刘邦所率领的军队大多数士兵原本也是丰邑人，与之交战的对手大多是熟悉的左邻右舍甚至是亲兄弟，这样的仗实在是很难打得赢。

一筹莫展的刘邦想到了借兵。而借兵的第一个对象就是当时的楚王景驹。但还没有见到景驹，景驹就被项梁打败了。而刘邦看到项梁此时的力量，选择了投靠项梁。

项梁对刘邦十分欣赏，在得知刘邦的遭遇后，立即借给了刘邦五千精兵、十名战将。带着这些人，刘邦终于收复了丰邑。

帝师之才

雍齿背叛的这段经历对刘邦来说可谓是相当重要。他选择投靠项梁，不仅让自己从割据一方的游击司令成为了抗秦武装的重要力量，更重要的是，他在这期间遇到了一个影响他一生的良师——张良。

说到张良，很多人都会想起刘邦的对他的评价，"夫运筹帷幄之中，决胜千里之外，吾不如子房。"而子房，正是张良的字。

在《史记·留侯世家》中记载，张良是韩国老牌的贵族。他的祖父张开地曾经是昭侯、韩宣惠王及韩襄哀王的宰相，其父张平则当过韩相里王及韩悼惠王的丞相。张平死后的 20 年，也就是公元前 230 年，韩国被秦国所灭。

在韩国灭亡后，张良的人生轨迹发生了巨大变化。他也从一个钟鸣鼎食的贵族公子成为了秦始皇统治下的庶人。身负国仇家恨的张良此时做出了一个惊人决定：刺杀秦始皇。

在张良看来，只要秦始皇一死，刚刚建立的秦帝国就会分崩离析，而韩国就能够趁机光复。事实上，这是一种极其鲁莽但也十分无奈的行为。

张良的这一计划不仅大胆，而且非常困难。为了求得适合的刺客，张良散尽家财。在这段时期，他的弟弟病死了，但是张良一心复仇，只是将弟弟草草埋葬了。在寻找刺客的途中，张良遇到了一个名为"沧海君"的贤人，这个人为张良的决心所感动，于是向张良推荐了一名超级大力士。这个大力士不但身材雄伟，而且擅长操纵重达 120 斤的铁锥，能够让这个铁锥近距离击中目标。用这种方式来刺杀秦始皇是一种再好不过的方式了。

张良选取的地方是博浪沙。博浪沙在三川郡阳武县的南面，位于洛阳到大梁的东西大道之上。这个地方在战国时期处于韩魏之间。张良本身就是韩国人，对韩魏之间的地形、山川都非常熟悉。当得知秦始皇要出巡后，张良判定博浪沙是车队的必经之地。

公元前 218 年，秦始皇西出咸阳，开始自己的第三次出巡。当浩浩荡荡的车队经过博浪沙的时候，大力士的铁锥准确击中目标，但可惜只是一辆副车。秦始皇大怒，下令在全国追捕刺杀者。然而，张良却神不知、鬼不觉地全身而退，逃到了秦国统治较为薄弱的下邳，也就是今天的江苏睢宁地区。

后世的苏轼在《留侯论》中有这样的一段话："古之所谓豪杰之士者，必有过人之节。人情有所不能忍者，匹夫见辱，拔剑而起，挺身而斗，此不是为勇也。天下有大勇者，猝然临之而不惊，无故加之而不怒，此其所挟持者甚大，而其志甚远也。"

用这段话来概括张良的遭遇是再恰当不过了。张良用刺杀的方式并没有杀掉秦始皇，反而差点自己丢掉了性命。这一次的失败，让张良即便是猛虎也要潜伏着爪牙忍受着。而正在这时，张良遇到了一个奇怪的老人。

一天，隐匿在下邳的张良在桥边散步，迎面走来了一个衣衫普通、须发皆白的老头。这位老人走到张良的身边，故意将鞋子扔到了桥下，对张良说："年轻人，下去把鞋给我捡上来。"

此时的张良正血气方刚，对老人的行为感到十分不满，甚至想要揍他一顿。但是看到他已经年老，张良忍住了自己的火气下去捡老人的鞋子。谁知老人得寸进尺，继续说："你给我穿上吧。"从未伺候过他人的张良忍住了心中的愤怒，跪下身来给老人穿上了鞋。

老人看到张良的行为，似乎觉得比较满意，于是大笑着离去了。张良突然有些吃惊了，只好目送着老人离去。但没过多久，老人回头看了看张良，又走了回来，对张良说："孺子可教，五天后天明的时刻，你到这个地方与我相会吧。"

张良虽然一头雾水，但还是答应了老人发出的约定。

五天之后，天刚刚亮，张良依照约定如期而至，但老人早已经在那里了。老人对张良十分不满，让他五天后再来。张良自知理亏，便向老人赔礼道歉了。

这一次，张良在鸡刚刚打鸣的时候就来到桥头，没有想到的是，老人比他更先一步。老人再次责备了他，并且相约五天后再度在此相见。

到了第五天，张良夜晚根本不敢睡觉，并且很早就来到了桥边。没过多久，老人也过来了，看到早到的张良，老人表示很欣慰，从怀中取出一册书，交给了张良。老人对张良说："读通这本书，你可以成为帝王的老师。13年以后，你可以到济北来看我，古城山下的那块黄色石头就是我。"

说完之后，老人便转身离去，也不再回头。

天亮以后，张良翻看老人留给他的书，竟然是《太公兵法》，这是一部相传为姜尚所作的兵家奇书。张良大喜过望，时时研读，他的韬略和智谋都有了极大的增进。

由人变成石头自然不可信，但是这位老人很可能就是战国末年黄老道家的传人。老人凭借着自己阅人的智慧，看出张良并非一般人。老人认为张良血气方刚，年少气盛，是一块未经打磨的璞玉。所以出于怜才，老人一而再、再而三地考验着张良的耐心。所幸的是，张良经受住了考验。

而学成后的张良，已经由儒家弟子转变成了道家弟子。他的血性还在，只是变成了一团和气而不是杀气。

有人说，一个二十多岁左右的人若是没有血性，注定是不会有出息的，而到了三十多岁还只有血性的时候，他依然是没有出息的。

张良已经在博浪沙证明了他的血性，而现在则是证明他头脑的时候了。

10年之后，陈胜、吴广等人起兵抗秦，张良认为实现自己抱负的机会已经到了。没过多久，楚国贵族景驹自立为楚王，而张良也准备投奔他。而在半路上，张良遇到了刘邦，两人一见如故。张良于是改变主意，投靠了刘邦。刘邦任命张良为厩将，也就是管理军马的人。

从这以后，张良和刘邦二人相辅相成，成为了后世君主和臣子的楷模。

第四章 ／ 硬碰硬

章邯的直觉

项梁战死之时，刘邦和项羽都不在，他们正分别率领军队与章邯的外围部队周旋。在接到项梁战死的噩耗后，项羽立即下令改变战略，转入到防御阶段。

很长时间以来，项梁都是楚地的实际领袖，是楚人抗秦的最重要领导人。项梁的意外死亡让楚地的反秦事业陷入了低谷。甚至可以说，楚地的义军到了生死存亡的时刻。按照正常的思维，章邯在打败了项梁的主力后理应一鼓作气，收拾楚地的残余反秦势力。但是一向谨慎的章邯犯了一个致命的错误：他没有继续追击楚地的义军，而是调转了方向，将矛头指向了此时盘踞在黄河以北的赵国军队。

那章邯为什么会犯下这样的错误呢？其实，章邯也并非一时糊涂。在他的眼里，项梁始终是支撑起楚地抗秦的最重要人物，而楚怀王只是一个摆设，并无多少领导能力。章邯认为项梁一死，楚地就会陷入群龙无首的境地，而各股反秦力量为了争夺地盘甚至会发生内斗。

从这个角度分析，章邯没有乘机荡平楚地的其余势力是可以理解的。但是他还是小瞧了楚怀王，或者说是小瞧了楚怀王手下的宋义。

在宋义的建议下，楚怀王立即将都城从盱眙迁到了彭城。这样等于是将都城从大后方挪到了前线战场。楚怀王的举动对稳固军心起到了很好的作用。项梁的战死严重打击了楚地义军的信心，而楚怀王的举动让整个局面有了明显好转。

除此之外，宋义还暗中劝谏楚怀王乘机夺回对军队的领导权，尽可能减少项氏一族在楚军中的影响。于是，楚怀王正式合并了项羽和吕臣的军队，自任总司令。项羽在范增的劝说下忍辱负重，交出了军权。楚怀王封项羽为长安侯，并以吕臣为司徒，其父吕青为令尹，从内部牵制项家军。对于刘邦，楚怀王将其封为武安侯，并且让他率领着自己的兵马驻守在砀阳郡，负责彭城西线的防御工作。

而此时，刘邦在楚军中的地位也因此极速上升。

章邯灭了项梁之后，将目光对准了赵国。在章邯的直觉中，六国之中除了秦之外，军事力量最强的当属赵国和楚国。既然已经击溃了楚军的主力，那下一个目标自然就是赵国了。他绝对不允许赵国继续扩充自己的实力，以免养虎为患。

几经衡量之后，章邯立刻集结起大军，渡过了黄河，对赵军的营地进行了猛烈攻击。按理说，章邯一支军队在四面树敌的中原很容易遭受到其他部队的围追堵截，但是章邯认为无论是齐燕还是韩魏，他们现在最忙碌的就是扩张领地。更何况章邯刚刚击败了不可一世的项梁，各地的义军对章邯军队的战斗力有种莫名的恐惧。

章邯不愧是常年和这些义军作战的将领，对那些自立为王的六国世族的心理把握得十分准确。在章邯大举进攻的时候，中原各地的诸侯国几乎没人出面援救。此时的张耳和陈余虽然在谋略上很擅长，但是真正到了行军打仗时，根本不是章邯的对手。赵军节节败退，甚至连首都邯郸也被秦军攻陷了。张耳无奈之下，只好护送赵王歇撤退到北方的军事重镇巨鹿。巨鹿城防十分坚固，里面又有充足的粮食储备。章邯派兵将巨鹿死死围住，巨鹿变成了一座孤城。

兵分两路

赵王歇派出使者向韩国、齐国、魏国等国寻求援助，但是收效甚微。当赵国的使者来到楚怀王的面前时，楚怀王有意派遣军队前去救援。但是这次救援到底以谁为大将，楚军的内部发生了一些分歧。

一些曾经是项梁手下的将军自然希望是项羽担当这个重任，但是与宋义结交的一些楚军首领并不愿意项羽势力膨胀。而正在此时，当初齐国使节田显已经到了楚军之中，他向楚怀王建议："您的眼前不是正有一位很好的人选吗？宋义曾经告诉我，武信君必败，没过几天，武信君就会兵败被杀。军队还没有开战就知晓胜负的人，这难道不是一名可以领兵的名将吗？"

楚怀王于是趁势召开了会议，公开推举了宋义为救赵的总指挥。此时的项羽只不过是一个二十多岁的小伙子，无论是声望还是能力方面，要统领庞大而复杂的楚军还是有一定困难的。虽然项羽对楚王的安排愤愤不平，但是范增暗中调解，让项羽最终同意由宋义领军。

楚王于是封宋义为上将军，项羽为次将，范增为末将，率领着楚军的精锐部队北上救援赵国。

除了北上的这支部队，楚怀王还做了另外一个大胆的决定，那就是派遣一支西征军进攻关中之地。这支西征军的领导人就是刘邦。

为什么是刘邦呢？这主要得益于刘邦的身份和性格。

刘邦自投奔项梁以后，跟随项梁打了几次仗，表现良好。但是他毕竟不是项家军的嫡系力量。此外，刘邦的出身也很低微，就算是立有战功，对原来的楚国贵族也无法构成实质性威胁。

在决定派刘邦西征之前，此前的陈胜和项梁也都做过类似的努力，但是这些军队都以失败告终。除了军事力量的差距之外，还有一个重要原因就是这些将领太注重攻城略地，对沿途的百姓总是烧杀抢夺，人们自然要进行反抗。

这种情形之下，楚怀王手下的贵族们开始联名建议："项羽为人彪悍，个性也十分残忍，他曾经受命攻打襄城，城破之日便坑杀了投降的秦军，没有人能够幸免。而沛公刘邦宅心仁厚，素有'宽大长者'之称，他应该是最合适的人选。"

那"长者"是什么意思呢？在《韩非子》里对长者有着这样的注解：重厚自尊，谓之长者。意思就是说宽厚并且自尊的人，可以称之为长者，而刘邦恰好符合要求。

于是楚怀王便正式下令，项羽随宋义北上对抗章邯，解赵国之危，而刘邦则率军西行，收编被章邯打散的各路军团，伺机直捣黄龙。

诛杀宋义

在北征的队伍中，项羽的内心是最复杂的。依照他的个性，他很想亲自率军与章邯的主力部队决一死战，以此为项梁报仇。但是此时的宋义已经成了楚怀王任命的上将军，而自己并没有对军队的绝对领导权。此外，他也没有机会成为西征军的领导人，这对于自尊心一直很强的项羽来说，早就憋了一肚子火。

此时，范增开始给他耐心分析各种可能的利害关系，项羽最终同意了楚怀王的任命。这支部队很快在宋义的带领下出发了。

在人员的安排上，宋义派遣项羽率领以骑兵为主的先锋部队在前面开道，而范增则被安排负责粮草运输。宋义之所以这样做，是因为在宋义的心中，范增是整个项家军的军师，一旦他和项羽结合起来将会对自己的地位形成威胁。

当大军行至安阳的时候，宋义突然下令全军在此扎营。

一心想为叔父报仇的项羽对宋义的举动大为不满，几次派人要求宋义加速行军。但是宋义不为所动，一直在此滞留。宋义一直自诩精通兵法，他这种反常的行为主要是出于以下三点考虑：

一是粮草的供给。北进楚军所需的粮草大多需要从遥远的楚地运输过来。在连续跋涉中，全军疲惫。宋义要等到粮草足够充裕的情况下再发兵救赵。

二是对章邯军队战斗力的恐惧。宋义对章邯研究越多，就越觉得对手可怕。为此，在宋义领兵救赵的前后，他数次派出使节游说齐国的田荣，要他共同出兵救援赵国。

三是渔翁得利的心态。宋义希望城内的赵军与秦军拼个你死我活，两败俱伤的时候，楚军再伺机出动。即便秦军取得胜利，但是已经是疲惫之师，楚军可将其很快消灭。

在这种种的小算盘下，宋义让这支北上救赵的大军在安阳停驻了四十六天。

转眼间，时间已经到了十一月中旬，此时的华北地区已经进入到初冬季节。习惯在南方作战的楚军对这种天气十分不适应。而楚军人员过于庞大，衣物和粮食的补给也出现了一定的困难，将士们的抱怨声也越来越多了。

项羽实在无法忍受了，他向宋义当面表示抗议："秦军围赵，楚军救赵。楚军应当立即离开安阳，与赵军里应外合，内外夹击共同歼灭秦军。"

但宋义依然认为现在不是和秦军主力决战的时候，他为此还打了一个形象的比喻："夫搏牛之虻不可以破虮虱。"意思是说楚军应该将目标放在灭秦上，而不能计较眼前的得失。

宋义一向能言善辩，一席话让众多只知晓打仗的将领哑口无言。宋义继续说道："老实说，如果披坚执锐，在前线冲锋，与敌人搏杀，我宋义不如鲁公（项羽），但是若讲究拟定谋略、决策判断、运筹帷幄的能力，鲁公你就不如我了。"

项羽听完，火气一下子就上来了，但是一时又找不出好的反驳理由。

宋义以为项羽服软了，为了显示自己是上将军的权威，宋义又当场下了一道命令："猛如虎，狠如羊，贪如狼，强不可使者，皆斩之。"

这是一道明显针对项羽和支持他的项家军的命令，宋义以为依靠着这样的命令就可以让项羽乖乖听话，但是宋义明显高估了项羽的耐心。

此时的项羽虽然只有二十多岁，但早已久经沙场，数次参加激烈的战斗，因此性情更加刚烈。而宋义虽然为此次北征的上将军，但是他在大军中并没有多少权威，也没有自己的嫡系力量。在这样的情况下，宋义试图靠一口命令来对项羽进行震慑，这可以说是宋义的一厢情愿。

此时，宋义的另外一个举动则彻底点燃了项羽愤怒的火焰，也埋葬了他自己。

在宋义大量财物的引诱下，齐国大将田都准备率军救赵。而田都则要求宋义的儿子宋襄出任齐国的宰相。宋义亲自把儿子送到了齐国的边境无盐（今山东省东平县）。为了庆祝，宋义大摆酒席，歌舞畅饮。

得知这一情报的范增立即赶往项羽的营中，准备召集重要亲信商量下一步的对策。此时，北征的大军已经在东阳驻屯已久，而此时又适逢连日大雨。楚国军中的士兵大多以豆菜充饥，数十万的军队怨声载道，此时却听说宋义在无盐通宵畅饮，将领和士兵们对此都极度不满。项羽乘机说："我等原本奉命攻击秦军，解除赵军的危境，如今上将军却久留此地不肯前行。此时又逢南方歉收，地方的存粮也不多。士兵们现在都饥寒交迫，以杂粮充饥，但宋义却在外大宴宾客。他不率军渡河，到赵国解决粮食的问题，反而要说等秦军疲惫时再去攻打。"

项羽将内心对宋义的不满如数说出，他的一番话得到了众多将领的赞同。项羽接着把话锋一转，"如今秦军正处于巅峰状态，以秦军的状态来攻打刚刚建成的赵军，结果是可想而知的。赵国一旦战败，秦军只会变得更强大，怎么能疲弱呢？更何况我军刚刚吃了败仗（指项梁战死），士气还处于低落的时候，楚怀王早就心急如焚，把境内的军队全部交给宋义。国家此时的安危就在此一举了，但如今宋义不但不体恤士兵的饥寒，反而只顾着徇私情，考虑儿子的前程。这种人绝不是担任社稷重任的人所作所为。"

这一席话听得楚军诸将热血沸腾，全都一边倒地站在了项羽一边。在做完充分的舆论准备后，项羽开始实施自己的计划。

宋义举办完宴会回到军中的第二天早上，外面依然是雨雪纷纷，整个军营都是一片泥泞，而项羽进入到了宋义的帐中。此时的宋义正准备召集将领研究对策，对项羽的到来丝毫不觉得奇怪。但是没等宋义反应过来，项羽就一剑刺穿了宋义的身体，在宋义倒地之后，项羽手起剑落，一颗头颅就出现在了项羽的手中。宋义周围的护卫看到这种情形都惊呆了，一时间立在那里不知所措。

此时的将领们差不多都聚集到宋义军中大帐面前，项羽高举宋义的人头说道："诸位将士，宋义与齐国勾结，密谋背叛楚国。我如今奉楚王的密令，已经将宋义诛杀了。"

项羽前期的舆论宣传在此时起到了作用，虽然明眼人都看得出项羽不可能获得楚王的密令，但是对宋义的不满以及对项羽的畏惧促使将领们推举项羽为代上将军。取得全军的统治权后，项羽立刻派人追杀宋义的儿子宋襄，并且将这些事派人上报给了楚怀王。

项羽的举动在其他诸侯之间引起了轩然大波，料想这种私杀主将的事情也只有项羽能够做得出来，史料记载此事让项羽"威震楚国，名闻诸侯"。接到这一消息的楚怀王虽然对项羽的行为表示不满，但是木已成舟，项羽已经成为楚军中为数不多能够打仗的人了。何况此时正值两军交战的前夕，贸然对付项羽实在不是一个明智的选择。

夺权后的项羽立即率兵北上，将大本营设置在了项梁战死的定陶。此时的范增也成了项羽的军师，在前线拟定作战策略。

试探

此时，巨鹿城里的赵军正在秦军的攻击下苦苦挣扎。巨鹿城中的张耳把希望都寄托在两个人身上，一个就是当时一直驻扎在安阳的宋义，另外一个就是在北方驻扎的陈余兵团。

宋义率领的楚军自不必说，他一心想着渔翁得利。那此时张耳的重要盟友陈余做了什么呢？他和宋义一样，什么也没有做。

原来，在章邯攻陷邯郸之前，陈余正率领着自己的军队在外作战，号称河北军团。当张耳随同赵王逃到巨鹿的时候，陈余也将这支部队带到了巨鹿的北面。张耳数次派人催促陈余发兵，但是陈余一再表示自己的军队只有区区数万，如果和秦军作战无异于送死。基于这个理由，陈余拒绝发兵。巨鹿城内的张耳在无奈之下再度派遣使者苦苦哀求，陈余这才答应派出五千人。

但这支军队在刚刚离开大本营之后就被秦军发现，尚未到达巨鹿就被全体消灭了。

就在巨鹿城里的赵军陷入绝望之时，项羽杀掉了宋义，带着楚军的主力部队急速北上。

项羽不愧是一流的军事指挥家，他首先做了一件事，那就是派遣能征善战的英布带领精锐悄悄渡过漳河，发动突然袭击，取得第一场的胜利。这次军事行动虽然从战略意义上讲并不大，但是对振奋楚军士气却有着极为重要的作用。众多的楚军将士开始意识到：在项羽的带领下，是有可能打败章邯的。

前期的胜利为楚军注入了强心剂，而此时被包围的张耳则不断要求项羽率军救援，项羽已经下定决心要和章邯的军队进行最后的决战了。

此时章邯也希望决战的时刻早点到来。虽然从数量上讲，章邯拥有将近30万的大军，但是他的补给也同样面临着重大的问题，所有的粮食都需要耗费相当的人力来运输，尤其是入冬以后，运输变得更加困难，而章邯也认为唯有速战速决才能快速解决问题。

大战，一触即发。

章邯将自己的部队分成两个部分，他把主力部队部署在巨鹿南方的棘原城，这一部分大约有20万人左右。而另一部分则由一项富有谋略的大将王离率领，负责对整个巨鹿的包围。

粮食关系到几十万大军的生死，章邯为了粮食问题可谓是大费脑筋。但是章邯不愧老谋深算，很快就想到了一个绝佳的方式，那就是甬道运粮。甬道运粮，这可以称得上是一种没有办法的办法了。章邯在广阔的平原修筑了一道长达数百里的砖石甬道，少量的飞骑在甬道外巡查防守。而甬道内的士兵民夫则可以专心运粮。这在四面都是敌人的环境中，无疑是一种极为巧妙的办法。为了确保粮道的安全，章邯派军团中最勇猛的大将苏角来进行巡视。苏角是秦军中有名的善战之将，各地的诸侯没有一个人敢打这条粮道的主意。

但有一个人例外，那就是项羽。

项羽于是派遣大将英布前去攻打甬道。在长达数百里的甬道上，英布总是寻找那些比较偏僻的位置进行攻击。由于英布自身的兵力并不足，他不想也不可能完全占领整个运粮的甬道，最主要的目的是搞破坏。

当苏角得知打粮道主意的人是盗贼出身的英布时，就显示出了一副满不在乎的样子。等楚军开始破坏粮道的时候，苏角派出了小股部队进行围追堵截。让苏角没有想到是，英布是有备而来的，当得知有秦军前来的时候，英布没有四散逃离，而是火速集中。这支小股部队根本还没有反应过来出发生了什么事情的时候，就被英布的精锐部队消灭殆尽。

苏角接到自己战败的信息后大吃一惊，认为这是英布对自己的挑衅。他大怒之下集结了五万多的兵力，打算一举歼灭英布的先锋部队。

破釜沉舟的勇气

此时，王离率领的十万大军与陈余的部队有了小规模接触，陈余被迫向后撤军 10 余里。此时的陈余不敢再与秦军有任何的接触，于是火速派人要求项羽的军队北上支援。

项羽意识到，这是最佳的决战时机了。他和章邯之间必须要做一个了断。

项羽在临行的前夕向江东子弟发出了最后的战斗动员："我们即将渡河面对秦军，这是一次非胜即死的战斗。渡河之后，所有的船只都会被沉入水底，所有煮饭的炊具也会被销毁。每人的身上只有三天的干粮和饮水，三天之内，我将带领你们大败秦军，夺取他们的粮食并且将在巨鹿城中接受赵王的招待。江东的儿郎们，为我们先祖报仇的机会来了，彰显我们楚人力量的时候到了，我相信你们的战斗能力，楚虽三户，亡秦必楚！"

一席话说得众将士热血沸腾，纷纷请战。在项羽的领导下，楚军彻夜紧急渡河。

而在河的另一端，英布正和苏角杀得天昏地暗。虽然苏角已经得知项羽率兵渡河的消息，但是凭借着以往的经验，苏角认为楚军完全渡河至少需要一整天，而他很自信自己可以很快击溃英布的军队，然后对正在渡河的楚军进行打击。

苏角没有想到的是，英布军队的战斗力是如此强悍，激战了快一天，楚军仍无败象。此时的苏角开始有些担心了，担心这样长时间与英布对战只会引来更多的楚军增援。正在苏角担心之时，不远处传来了震天的擂鼓声，这是项羽带着楚军前来支援英布了。

此时的秦军因为早已苦战多时，身体和心理都呈现出了疲惫的态势。而英布军队看到有援军到来，顿时士气大振。秦军一时抵挡不住，开始弃械投降了。苏角看着漫天扑过来的楚军，知道自己已经在劫难逃了。但此时的苏角展现出了一个秦帝国军人应有的尊严，他率领着剩余的部队，力战不降，最终壮烈战死。

苏角一部覆亡的事情太过突然，甚至布局在巨鹿周围的王离军团和章邯数十万主力部队都没有觉察到。他们唯一感到不妙的事情就是粮食的补给越来越困难了。

范增立刻觉察到这是一个天赐良机，如果能够在极短的时间内将包围巨鹿的王离军团消灭，然后再和赵军已经其他地方来的援军相汇合，那章邯的数十万大军也就不足为惧了。

王离不愧是出生在将门之家，他虽然驻扎在广阔的平原上，但是却摆出了层层的方阵，有着很好的攻击和防御效果。但是巨鹿的战线实在是过于冗长，各处又有地方援军驻扎在周围虎视眈眈，使得王离的军队虽然数量较多，但是布局却很分散。

在得知苏角军团灭亡的消息后，王离开始做防御工作。在他的设想中，只要能够留出一两日的时间，他就有足够的时间来调整战术，并通知主将章邯。

但是和苏角一样，他也算错了时间。按照常理，对于一支远道而来的救援大军初到战场，首先要做的事情就是休整一两日后再出战。一般在这种情况下，率先驻扎的一方通常会乘着对方立足未稳的时候采取突然袭击。章邯和王离对项羽所率楚军的战斗力还是有着较为清醒的认识，一致主张等项羽军队集结完毕后，凭借着秦军的绝对实力来战胜他。

熟读兵书的王离怎么也不会想到，项羽竟然反其道而行之，楚军渡河后并未做任何的停留，而是如潮水一般涌到了巨鹿城周围。

秦军战斗力素来很高，而此时楚军也士气正旺，一心想给死去的项梁复仇，两军的战斗力可谓旗鼓相当。这两支军队都是当时最擅长打硬仗的军队，双方都意识到这就是你死我活的时刻，都已经没有了退路。双方为了胜利而搏杀，也为了各自的荣誉流尽最后一滴血。

此时，巨鹿城外的诸侯也被这场从未有过的厮杀震惊了。就好像在两头猛虎搏斗之时，其余的野兽只能作为旁观者。

如此四日，楚军日日猛攻，像着了魔一样扑向战场，而秦军也日日迎战。几次战斗过后，两军谁都没有溃散的迹象。从整体上说，双方各有胜负，大致形成了相互对峙的局面。

但是此时的秦军面临着一个重大的问题，他们即将断粮了。自从苏角守护的粮道被楚军破坏后，王离的军队就只能依靠着以往的一点存粮维持，而苦战之后，粮食的消耗更大了。无奈之下，王离召集将领表明了现状，准备做最后一次战斗。

王离军和项羽军相遇了，双方也都明白，这已经是最后的时刻了。此仗过后，不是天下诸侯悉数被灭，就是秦军最后的精锐死伤殆尽。休整后的楚军志在必得，士气如火燃烧，而对面的秦军虽然饥饿不堪，但也凝聚起了最后的体力，以必死的决心进行着搏杀。

项羽眼见这支饥饿之师仍然没有溃散的迹象，不禁怒火中烧，他深知擒贼先擒王的古训，于是亲率最为精锐的八千江东子弟兵扑向秦军的最中央，因为王离在那里坐镇。此时的秦军将士几乎是人人带血，任何旗号都无法进行有效地集结了，只有王离身边的护卫还保持着一定的战斗队形。按照秦军的法令，若是统帅被俘或者战死，护卫同死。当项羽的军队迎面冲来的时候，王离的护卫拼命保护着主将，但是此时的项羽如同一头被激怒的雄狮，转眼间就把王离周围的护卫风卷残云般消灭了，王离也战死了。

此时，秦军已经战死过半，只有大将涉间还在做最后的拼杀。但数日未曾进食的将士们渐渐已经很难举起手中的长剑了，而战马也纷纷倒地。在这一时刻，涉间看着周围的尸体和即将扑向他的楚军，用尽最后的一点力气滚进了熊熊的火堆。

楚军将士们沉默了，不是因为没有让他成为俘虏，而是发自内心为这样的对手而震撼。

能够在中原无往不胜的秦军在短短的时间内被消灭殆尽，这让那些在周围观战的援军目瞪口呆，并开始重新认识项羽的军事指挥能力以及项家军的战斗力。被秦军包围了许久的巨鹿城终于解围了，赵国军民一片欢声雷动，张耳和赵王亲自来到城外慰劳辛苦的楚军。

项羽在巨鹿城里设立了一个临时的大本营，并在营中约见各路前来支援的援军统帅。此时，各地将领都看到了楚军作战时候的英勇，无不感到心惊胆战，在进入辕门的时候甚至不敢正眼抬头看项羽，都跪着向前。自此以后，项羽在各个诸侯中树立起了极大的权威，各路诸侯都奉项羽为上将军。

第五章 ╱ 强者的天下

沛公西行

正在章邯率领着骊山的囚徒军与中原各路诸侯激战的时候，远在关中平原的咸阳却依然笼罩在一个人的阴影之下，那就是赵高。

李斯被腰斩咸阳之后，赵高的野心骤然膨胀了。

秦始皇死后，赵高就一直将李斯作为最大的对手。这其中的原因就和秦政权的设置有着密切关系。这其中就是丞相府的权力。当时秦国的政治架构实际上沿袭了战国的政治传统，丞相开府的权力远远大于后世任何时期的丞相。举个简单例子，一个行政系统中最重要的就是官吏的管理权。除了重要大臣或者军事领导者由皇帝直接任命外，其他普通官员甚至是封疆大吏都是由丞相府举荐，而皇帝认可大多只是一种程序而已。

秦始皇执政的时候，李斯的权力虽然很大，但是依然有秦始皇的制约，而到了胡亥这里，李斯丞相府的赫赫实权就立马显现。赵高心里也非常清楚，李斯不同于胡亥，更何况他自己也没有李斯那样的施政才干。久而久之，李斯的功劳就会集中在自己之上，他并不担心大秦的命运，唯一担心的就是自己手中的实际权力。

当李斯入狱惨死后，赵高心中仅存的那点道德羞耻感也没有了。此时的赵高满心得意。自己身为一个出身卑微内侍，不仅能够得到始皇帝的信任，更是将第二个皇帝戏弄于股掌之间，他就像坐在老虎背上的狐狸，满朝的大臣都匍匐在他的脚下。

而在函谷关外，刘邦的西征军团正在缓缓开进。与救赵的北征军相比，这支部队就寒酸了很多，无论是数量还是装备上都与其有着极大的落差。由于楚军的主力大多都随着项羽北上了，刘邦只能依靠自己的那一点直属部队以及楚怀王分配的少量楚军。其余的部队只能依靠楚怀王的诏令和刘邦的个人魅力了，因为在西征的时候，还有大量陈胜以及项梁溃败后流散在各地的残余部队。

从彭城出发以后，刘邦的军队就很快达到了砀县。由于刘邦很早就有了"长者"名声，许多以前流散的反抗义军都纷纷投入刘邦的麾下。从表面上看，刘邦的军队数量不少，但这是一支杂牌军，战斗力堪忧。

在得知宋义的北征军一直在安阳滞留不前的消息后，刘邦将西征的军队深入到了北方。在这一期间，刘邦在后方还收编了一些独立的军团，并且在与驻守当地的秦军部队的小型战斗中取得了一些小规模的胜利。

而当刘邦还在小打小闹的时候，项羽已经以突击战术大破巨鹿的王离军团，成为了诸侯眼中的上将军。此时，刘邦心里有点着急了，他希望尽早建立属于自己的功勋。但是他目前最主要的问题也是粮食。因此，刘邦决定继续向北前行，此行的目的地是攻打章邯军团在这里建立的粮仓昌邑。

但是昌邑不比其他地方，作为粮仓，章邯亲自安排的守卫战斗力非常强悍。刘邦虽然在人数上占有绝对的优势，但是这支杂牌军占不到任何的便宜。虽然战事并不如刘邦预想得那样顺利，但是他遇到了彭越。彭越是渔民，后来因生活所迫，不得已成为了盗贼。后来集结的人数有数千人，在昌邑附近也具有很高的知名度。

彭越的作风可以说和刘邦一拍即合，两人都很欣赏对方。

彭越为刘邦提供了不少粮食，刘邦也因此而顺利西行。离开昌邑以后，刘邦火速向前推进，目标仍然是重要粮仓荥阳。前往荥阳的路上，在路过一个名叫高阳的小镇时，刘邦遇到了一个狂人，他的名字是郦食其。

郦食其是高阳人，从小就非常喜好读书，但是家贫落魄，只能以监门为生，也就是在理正的手下看门。但就是这样的一个人，却常常自命不凡，从来不把高官和富人放在眼中，自己的行为也非常放荡，周围的人都称他为“狂生”。

此时的郦食其已经六十多岁了，但是丝毫没有衰老的迹象。刘邦麾下有家乡是高阳的士兵，当时的刘邦也恰好在打听当地有什么贤能的人，郦食其就找到了这个高阳士兵。郦食其说：“我也见过不少的将领，但他们中的绝大多数都是好讲气派而又度量狭小，时常认为自己很了不起。但是我听说沛公不修边幅，非常容易和人亲近，看人有眼光又有气度，这种人才是我想为其效劳的，请你把我引荐给他吧！”

这位高阳同乡向郦食其表示：“这可能不是太容易，沛公对儒生一向没有多少的好感，以前有儒生带着特制的儒冠前来的，沛公总是取下对方的儒冠往里面小便。与儒生谈话的时候，他也经常破口大骂，您不可以用儒生的身份到沛公面前游说。”

郦食其满不在乎地说：“你就直接告诉沛公，说这里有一个叫作郦食其的，年纪有六十余岁，身长八尺，人们都称作他为狂生，他自己却说自己并不是一个狂生。"同乡将郦食其的话转告了给了刘邦，刘邦觉得这个人有点意思，就派人召见了郦食其。

当郦食其见到刘邦的时候，刘邦此时正坐在床上，叉开双腿让两名女子为他洗脚。按照一般的礼节，郦食其应该下拜行礼，但是他见刘邦是如此态度，只是站着礼节性地作个揖，然后开口便问："足下是打算帮助秦国攻打诸侯呢，还是想率领诸侯去消灭秦国呢？"

沛公见此，不由觉得这个老头所问实在是太过荒唐了，顾不得礼节，便破口大骂："你真是混账腐朽的儒生，这算是什么问题？天下的人长久以来都苦于秦国的暴政，所以才有了诸侯相继攻打秦国的现状，你怎么说我会帮助秦国去攻击诸侯呢？"

郦食其并没有生气，接着问了刘邦一句："如果是一定要聚集起众人，起兵诛罚无道暴秦，就不应该以这种态度来接见长者。"

这句回答让刘邦觉得这个人与那些夸夸其谈的儒生有些不同，知道自己失礼了。他立刻停止了洗脚，起身穿上很正式的衣服，向这位来历不明的老人赔礼道歉。郦食其开始和刘邦谈论起六国如今抗秦的形势，刘邦听到郦食其精妙的分析后赞不绝口。很快，刘邦便摆起了酒宴，准备要和他进行长谈。

在商谈的过程中，刘邦向郦食其问起了如今自己应该怎么样来攻打秦。郦食其胸有成竹地说："足下起兵的时候都是一些没有经过训练的乌合之众，如今四处收纳各地散乱的士兵，至今也不满万人。如果仅仅是依靠这点力量去直接攻打强大的秦，那无异于把自己的头颅放在了虎口之上。"

自己的军队有多大的战斗，力刘邦自己心里十分清楚，他凭借着直觉认为这个古怪的老头既然提出了问题，那一定会有解决的方案，于是没有打断他的谈话，静听他的分析。

"陈留这个地方，可以称得上是天下的要冲，四通八达，战略位置十分重要。最重要的是，陈留城内还有不少的粮食。此外，我和陈留的县令很相熟，如果足下相信我，派我作为特使，我将说服他追随你。如果不成的话，足下可以立即率军攻打陈留，我愿意在陈留城里作为内应。"

刘邦立刻派郦食其前往陈留，而自己的大军紧跟其后，很快刘邦就轻而易举地占领了陈留，刘邦终于有了一个像样的落脚之地。不费多少力气就取得如此重要的一个军事据点，郦食其当属头功。通过这件事，刘邦也发现了郦食其无与伦比的辩论才能和策动能力，而这些能力恰恰是他如今阵营里最为缺乏的，于是刘邦封郦食其为广野君。

此后，郦食其也就留在了刘邦的营中，主要是作为刘邦联系诸侯的使者游说于各个诸侯之间。在陈留作了短暂的休整后，刘邦没有忘记自己的使命，没有做过多的停留，便率领着自己的军团继续向西前进了。

张良回归

没过多久，刘邦率领着军队开始攻打开封。开封防务十分坚固，刘邦攻打了几次都没有取得什么明显的效果。在久攻不下后，刘邦就选择了舍弃开封，继续向西前行。在前行的路上遇到了秦将杨熊的军队，双方在白马（今河南滑县东）进行了一次会战，杨熊不敌刘邦，只能向西撤离。而此时的刘邦好不容易遇到一个比较弱的对手，火速率军对其进行了攻击，两军再次在曲遇（今河南中牟东）交战，刘邦再次大获全胜。杨熊无奈之下只好直接退到荥阳城里。但是秦政府认为杨熊打了败仗，有辱皇命，于是派使者斩杀了杨熊。

这一年的四月，也就是公元前 207 年，到了初夏时节，刘邦经过几次小规模的战斗，兵力和补给都比以前要好一些。在这种情况下，刘邦朝向着咸阳的方向继续前行。但是正前方荥阳、敖仓一带的军事防务相对坚固，考虑到自己的实际军事实力，刘邦并没有打算和这些军队硬碰硬，而是将军队带到了稍南一点的颍川一带。在这里，刘邦乘着将士们士气正旺的时机，很快就攻下了颍阳（今河南许昌市西南），而这一区域正是以前韩国的大本营。

就在刘邦像无头苍蝇一样到处乱跑的时候，他最重要的智囊张良来了。

张良自从离开项梁后，就一直以重建韩国为最重要的职责，并且始终在韩国的故地活动。虽然张良自身很有谋略，也取得了不少成果，但是从总体上讲，他在韩国的经营并不能算成功。在得知刘邦就在附近的时候，张良索性将军队都交给了韩王和其他将领，自己只身一人来到了刘邦的营地。

见到刘邦后，张良首先就一针见血地指出了刘邦在这次军事行动上的不足，那就是缺乏完整的规划。他对刘邦说："为什么不集中全部精力前往关中地区呢？像如今这样东跑西跑，虽说是为了粮食，但也不能为此而浪费时间啊。如果先让项羽抢先入关，日后沛公您就只能屈居于项羽之下了。"

此时的刘邦对张良的到来显示出了极大的热情，尤其是在听完张良的分析后，他不禁为自己的短见而羞愧。考量了一下后，刘邦做出了一个大胆的举动，那就是将此次行动的全部规划都委托给张良，而自己只依着张良的计划行事就行了。

这样的信任让一向冷静的张良也变得不平静了。虽然刘邦出身并不高贵，所带领的军队和项羽更不是一个级别的，但是单从个人地位上来讲，他此时的地位和项羽是平行的。在这样的地位下，能够坦白承认自己的不足，将行军策略完全交付于他，这的确让张良对刘邦有了更深的认识。

张良劝告刘邦，不要在颍川停留过长的时间，最好应该带着主力部队快速向西前行。此时张良又建议刘邦先继续向南前进，因为南方的小城守备较弱，比较容易攻陷，借此能够增加自己的声势。于是，刘邦就顺便攻占了旧韩国的大片领土，并且占领了太室山上的险要关塞——轩辕关。

仁义之师

与此同时，项羽已经在巨鹿取得了胜利，正在挥师南下追赶章邯剩余的部队。为了能够早日入关，刘邦率领着全部主力攻打洛阳，企图打开通往函谷关的东大门。但是几次进攻，效果都十分有限。截止到现在，刘邦率领着西征军出发已经七八个月了，在这期间，虽然大大小小打了一些仗，也算是取得了一点成绩，但是距离入关的战略目的依然相差甚远。

也许有人觉得奇怪，为什么刘邦不直接带领着军队绕开这些坚固的城防，直扑函谷关？事实上，这在冷兵器时代是不可能的事情。首先，刘邦队伍并没有充足的粮食补给，这几个月基本上靠的是攻下小城市获得秦军的存粮来维持自己的军队。此外，最重要的是，绕开个别城市是可以的，但是要是完全避开这些坚固的堡垒，哪怕是到了函谷关，一旦与守军交战，在背后的秦军就会从四面八方赶来，腹背受敌之下，只有死路一条。

洛阳城久攻不下，此时摆在刘邦面前的有三种选择。

第一，绕过洛阳，直扑函谷关。这种方式我们已经分析过，貌似是最简单的办法，但是危险系数也最高。函谷关原本就是天险，一旦不能快速攻破，那这支西征军的命运也将就此终结。

第二，继续攻打洛阳，在消除后患后再前往函谷关。但这种选择是最耗费时间的，刘邦也清楚地知道自己部队的战斗力，一旦进入到了阵地消耗战，他的胜算几乎为零。当年吴广派出的西征部队就是受困于洛阳与荥阳之间，久久无法前行，最终被章邯一举击溃。

第三，放弃函谷关，南下绕道选择武关。武关在今天的陕西省丹凤县东南，是河南西部通往陕西东南部的重要交通要塞。武关的地势险峻，易守难攻，与函谷关、萧关和大散关并称为"秦之四塞"。虽然绕道武关刘邦也没有十足的把握，但相对于前两种方式而言，这无疑是最可行的办法。最重要的是，绕行的这段路在战国时期均属于韩国的领地，张良对此十分熟悉。

六月，刘邦带着主力部队开始南下，与南阳郡守在犨东（今河南省鲁山一带）进行了一场战斗，南阳郡守所率领的秦军被刘邦军队打得大败，最终秦军退到了宛城。此时的刘邦对打长期的攻城战已经没有多少耐心了，他不愿意在宛城浪费时间，而是准备绕过宛城继续前进。

此时，还在后方的张良听说了刘邦的举动后立即赶来阻止。张良告诫刘邦，武关是一道易守难攻的天险，且有重兵把守，短时间内恐怕很难被攻破。如果现在不拿下宛城就贸然前行，万一在前面发生苦战，宛城的秦军就会从背后截断我们的后勤，甚至可以从后面进行夹击。

经过张良的提醒，刘邦这才意识到自己的鲁莽与冒失。刘邦赶忙问有什么补救的办法，张良于是建议刘邦将计就计，趁着大军西行的假象已经成为了事实，那就赶紧掉头，抄小路围攻宛城。刘邦于是照计行事，命令全军假旗息鼓，在夜色中偷偷将宛城包围得水泄不通。

此时的南阳郡守看到自己陷入了重围，便决定与刘邦进行死战。由于宛城原是韩国的领土，城中有很多人与张良都是相识的，故而并不赞同郡守与刘邦决战。此时，一个名叫陈恢的郡守舍人（类似于今天的秘书）建议通过谈判来解决问题，并自告奋勇地请求担任联系人的角色。

根据史书记载，陈恢"乃逾城见沛公"，见到刘邦后，陈恢直言说："我听说足下和楚怀王有过约定，表示先入咸阳的人为关中王。如今您还停留在宛城下面，宛城是南阳郡的治所，连着几十座城池，人口众多，粮草充裕，想要完全攻陷这座城是非常不容易的。宛城的守军之所以拼命抵抗，只是因为义军不给出路，投降是死，不投降也是死，这样的结果只能是坚守城池了。如果足下选择强攻的话，那必然会损兵折将，如果放弃宛城，直接带兵西去，宛城必然引兵追赶，这样不但会影响到足下的咸阳之约，后面还有会追兵的祸患，这对足下是非常不利的。"

这些状况都是刘邦心里清楚的，此时的刘邦同样在期待着一个解决的方案。

陈恢继续说道："我站在足下的角度上来考虑问题，不如允许南阳的郡守归顺，再将他封为候，使他能够站在已经具备了很大优势的楚军阵营里。这样既能够扩大足下的名声，也能够保持后援路线的畅通。"

"更为重要的是，足下这样做，其他各地的守军在听说南阳郡守归顺的消息后，他们必定会闻风而动，争先恐后地投降，这样一来，足下的西征之行不就会顺畅很多吗？"

对刘邦来说，这种不用费大力气就能取得良好效果的策略太符合他的心意了。于是很快就与陈恢达成了协议。南阳郡守选择了投降，刘邦封其为殷候，继续担任南阳郡守，而陈恢在这其中功不可没，刘邦封他为千户。

榜样的力量是巨大的，有了南阳太守作为先例，刘邦军队在西行的时候可谓是畅通无阻。原本还想着抵抗的大秦大小官员此时都争相投到刘邦麾下。在这种情况下，刘邦很快就占领了丹水、胡阳等地。这时的刘邦已经吸取了吴广和项梁失败的教训，每到一处都严禁士兵掳掠百姓。这样的行为对饱经兵灾的人来说简直就是天大的恩惠，沿途的百姓无不欢欣鼓舞。这就是史料上说的："诸所过毋得掠卤，秦人喜。"

英雄惜英雄

巨鹿之战的胜利并没有让项羽得意忘形，他清楚地知道，他目前还有一个重要的敌人，那就是章邯。在巨鹿之战中，章邯并没有直接和项羽交手，虽然在巨鹿消灭了王离的数十万军队，但是此时驻守在棘原的章邯主力部队依然有几十万，这才是支撑起秦国的最后武装力量。要想彻底灭掉暴秦，必须消灭这支队伍。

此时的章邯也心灰意冷了。在巨鹿之战后，章邯开始重新考虑他的对手——项羽。在章邯的情报中，他只知道项羽是项梁的侄儿，年龄还不到三十岁，是一员猛将，但绝对不是一个统帅全局的帅才，所有并没有将项羽放在眼里。

当章邯听说项羽率军已经解了巨鹿之围的时候，而智将王离战死，猛将苏角和老将涉闲自杀的消息传来后，章邯无法相信这一切都是一个不到三十岁的年轻人所为。在冷静下来以后，章邯意识到自己首先要做的事情就是募集更多的兵力。

章邯于是派出了司马欣前往咸阳寻求增援。由于事态紧急，司马欣立即率领着小队人马奔向咸阳。司马欣回到咸阳后，立刻向胡亥通报现状。但是皇宫的护卫表示必须先将此事转报给赵高。司马欣虽然对此非常担心，但也只能将此事报告给了赵高。

　　其实此时的赵高早已经得知了王离战败的消息，而且做好了让司马欣做替罪羊的准备。巨鹿战败后，不懂军事的赵高认为章邯胆怯怕事，没能率领大军抵挡住项羽的军队。幸好司马欣平时在咸阳的人缘较好，一些官员私底下将赵高的打算告诉了司马欣。

　　司马欣大为吃惊，感到大祸即将临头，于是立刻只身离开了咸阳，准备返回章邯军中。在回去的途中，司马欣长了一个心眼，他没有照着原路返回，而是选择了小路冒险回营。果然，在司马欣离开咸阳不久后，赵高便派人追杀他，但司马欣好像人间蒸发了一样，最后，扑了个空的刺客只得放弃。

　　司马欣秘密回到章邯的大营以后，立即向章邯报告了咸阳城里的状况。司马欣对章邯说："如今的赵高已经完全掌握了朝廷和禁宫，文武大臣都很难见到皇上。在这种高压之下，所有的人都只能曲意迎合赵高。如今身在前线的战士们，即便是战斗取得了胜利，也会遭受他的忌妒，并不会有任何的功劳可言。但是万一战败，那就只能是死路一条了。将军你一向对宫廷政治斗争保持中立，这次你可要三思呀。"

　　章邯闻此信息后也陷入了沉默。自陈胜、吴广起兵以来，他一直在外领兵打仗，虽然知道赵高一向专横跋扈，但远没有到现在这个境地。而面对着注定无法封赏的二三十万刑徒军，章邯心理十分复杂。秦国内政基本上已经陷入了瘫痪，而自己依然这么拼命打仗究竟能换来什么？最为重要的是，他的主力部队是从骊山带出来的囚徒，原本指望着能够通过军功来获取自由，随着咸阳消息的传来，他们也感到寒心了。

就在章邯四顾茫然的时候，他收到了一封特别的诏书，那是来自于赵国大将陈余的招降书。

陈余和张耳原本关系很好，这在前面的诸多事件中都已经得到了验证。但是巨鹿被围时，陈余带着军队迟迟不肯发兵救援，这让张耳和陈余二人彻底决裂了。巨鹿之战解围后，张耳自然成为了拯救赵国的英雄，而陈余自然也就失势了。

万般无奈之下，陈余打算投奔项羽。

陈余和项羽素来并没有多少交情，但说客出身的他依然对当前的形势有着比较清晰的认识。于是经过人介绍，陈余见到了项羽。项羽本人对陈余这种游走于各个诸侯之间的说客本来也没有什么好感，对陈余提出的劝降章邯的计划也没有多大兴趣。在项羽的心中，他情愿在战场上与章邯一决雌雄。但是现状让他不得不考虑和谈之事。

项羽在解了巨鹿之围后，迅速收编了大量的降军和其他小军事集团，整个军团的规模迅速扩大，总人数已经超过了四十万。这些人每天的粮食消耗实在是太过巨大了。这让负责补给的范增十分头痛，一再对项羽发出警示，如果不能迅速解决章邯，这些收编的军队本身就是一颗定时炸弹。

项羽此时也非常心急，但是章邯坚守棘原的战术，让项羽的几次挑衅都无功而返。老练的章邯在防守上让项羽一筹莫展。而此时，刘邦西征军团已经接近武关的消息更让他心急如焚，因为这就意味着刘邦可能比他更早进入咸阳，而自己如今距离函谷关还有相当的距离。

陈余不愧是常年游走的说客，他的劝降书写得十分艺术。

首先，他列举了在秦国历史上战功赫赫的名将，陈余说："白起是秦国的大将，他率领着军队南征楚国的都城，在北面打败赵括的几十万赵军，攻城略地不可胜数，但最终却被赐死。蒙恬是秦国的大将，他北击匈奴，开拓了渝中千里之地，最后的结果却被斩杀。这是什么原因呢？主要是功劳太大，秦国不能全部给予封赏，于是就趁机杀掉了他们。"

在举证结束后，陈余又详细分析了章邯的现状："如今足下担任秦军的将领已经三年了，折兵损将也有数十万之多，但目前仍然是诸侯国蜂拥而立，选择起义的人是越来越多。如今赵高主掌朝廷，在情势危急之下，自然害怕自己被二世杀掉，所以你就很可能成为替罪羊了。这样一来，你无论是有功还是无功，都逃脱不掉被杀的命运。"

分析完现状后，陈余此时才坦露出他的意图："上天想要亡秦，这是众所周知的事情。但是如今将军对内无法进行辩解，受到赵高的指责和猜忌，对外来说已经是亡国之将了。与其这样，将军为什么不阵前起义，和诸侯共同联合起来反戈一击，瓜分秦的领土而称王，这样不比自己被杀戮并且祸及妻儿要好得多吗？"

这样的劝降词让章邯没有什么可辩驳的，于是他开始派人与项羽进行谈判。第一次的谈判并没有取得章邯预想的效果。或许是章邯认为自己还有二十多万的军队，并不愿意屈尊在项羽的麾下。

章邯的行为也彻底惹恼了项羽，他立刻派蒲将军趁着黄昏引军渡过了漳水，开始全力攻击位于漳水南岸的章邯前线守军，秦守军抵挡不住，只能后退。但项羽并没有罢休的意思，发动主力部队与章邯的军队又打了一仗，再次大破秦军。

接连的失败让一向高傲的秦军丧失了与楚军正面作战的勇气，而来自咸阳的猜忌更让章邯头痛不已。章邯也清楚地看到，自己手下的这支部队已经没有多少战斗力，要想保住将士们的性命，最聪明的方式就是投降。

此时的项羽也快要支撑不住了，越来越臃肿的军团让粮食的补给异常困难。他也希望早点结束与章邯的缠斗，能够抢在刘邦之前入关。

在这样的情况下，项羽正式派出使者与章邯缔结了合约。在订立合约之时，项羽对章邯本人还是非常赞许的，他把章邯封为雍王，留在楚营之中共商大事。首先，项羽对章邯的敬重主要来源于两个方面。一是章邯确实算得上是难得一遇的对手，对章邯他有种英雄惜英雄的感觉，另外一方面主要是章邯此次的投降在很大程度上为了给那些无路可走的囚徒们一个活下去的机会。基于这样的原因，项羽并不以降将的身份对待章邯，而是以同盟军的礼仪接待他。

此外，项羽将章邯留在身边还有另外一个考虑，那就是章邯在秦军颇有声望，因此将其留在楚营中，可以让强大的秦军群龙无首，不至于对楚军产生大的威胁。

消除了自己最大的威胁后，项羽在中原地带就没有了任何阻碍，于是便率军火速攻向了咸阳的大门——函谷关。

大秦之死

在项羽兵锋直指函谷关的同时，刘邦已经攻破了武关。而咸阳城里也正掀起最后的血雨腥风。

此时的秦二世胡亥还在赵高的蒙蔽之中，对关外的情况一无所知。当刘邦率领着军队浩浩荡荡杀向武关的时候，赵高感到了一种前所未有的恐惧。

赵高害怕自己的事迹败露，丧心病狂地向自己的学生胡亥举起了屠刀。

胡亥死去后，赵高的权力欲望到达了顶峰，那就是一定要成为皇帝。毕竟历史上还没有宦官当皇帝的先例，于是他开始寻找新的傀儡。

赵高这样做，也是经过了几番慎重考虑的。特别是当关外种种不利的消息接二连三地传过来的时候，赵高一时称帝的野心也逐渐开始平息了。他要为自己谋划新的出路了，他自己心里也清楚，他并没有理政的能力，更不是什么治世之才。然而凭借着多年的政治经验，他知道大秦现在已经处于风雨飘摇之中。在河北的项羽和关外的刘邦都是要置大秦于死地的人。而如今的咸阳城里几乎已经无兵可派。无论谁做皇帝，都是砧板上的鱼肉。再说，楚军对秦的仇苦极深，一旦入关后，皇帝肯定就会成为替罪羊，想到这里，赵高狡黠地笑了。

在左右寻找后，赵高选定了子婴做皇帝。

按照血统，子婴是始皇帝嬴政的族帝。但是由于胡亥在赵高"灭大臣，远骨肉"的策略下，始皇帝的亲生皇子十之八九都被杀或者自杀。剩余的少量皇族也都秘密逃亡了。在目前的嫡系皇族中，子婴是整个咸阳城仅存的一个皇族公子了。

但是赵高把事情想得太过简单了，子婴不是胡亥。经历过那么多的腥风血雨后，这位新皇帝也比一般人更加老练。对赵高的专横跋扈，他早就心存不满，但苦于自身实力的限制，他只得一再隐忍。在大秦存亡危急之时，子婴仍然在做着最后的努力，希望能够通过自己的努力扛起大秦的旗帜。

赵高要求子婴斋戒，并去掉皇帝的称号，继任为秦王。根据赵高的谋划，等到子婴斋戒结束举行登基仪式的时候，准备将子婴和参加大典的嬴氏宗亲一网打尽，然后斩草除根。但是这个阴谋被子婴看穿了，于是他决定将计就计。

就在举行登基的那一日，赵高多次派人来请子婴，但是子婴却一直称病不去。无奈之下，赵高只好亲自出马去请子婴。对此，赵高非常不满意，亲自来到内室责备子婴，认为他不把宗庙大事放在心上。而在这个时候，子婴派遣的刺客则一拥而上，刺杀了赵高。随后，子婴诛灭了赵高三族，把赵高的尸体摆在咸阳的街头示众。

做完这一切后，子婴派遣关中仅存的将士前往武关西面的峣关，开始重新部署防卫咸阳的阵地。这是进入咸阳的最后一道天然屏障，也是子婴最后的防线。

刘邦在进入武关以后，打算厉兵秣马，动用全部主力向峣关发起进攻。此时的张良却阻止了刘邦的行为，他劝谏刘邦说："此时的秦军已经到了生死存亡的时刻，这时他们决死的心态能够极大地增加士气。如果现在与他们硬拼，很可能就会造成不必要的损伤。我们可以在山上大力树立旗帜作为疑兵恐吓他们，另外一方面可以派遣郦食其和陆贾这两个能说会道的人去游说秦将投降。我听说驻守峣关的秦军将领是商人出身，这种人往往胸无大志，贪图钱财，很容易会被金钱收买。"

郦食其和陆贾于是携带着大量的财物进关，在他们巧舌如簧的说服艺术和实际的利益面前，秦军将领纷纷表示愿意归顺刘邦，带领刘邦进入咸阳。

对于这样的结果，刘邦自然是大喜过望。正在刘邦准备与守关的诸位将领订立合约的时候，张良却再次阻止了刘邦的行为。

张良认为，秦军将领的归顺并不意味着秦军的士兵就会同意。尤其是这些士兵大多都是关中本地人，即便是为了自己的家乡，他们也可能与楚军血拼到底。此时的张良说出了要贿赂秦将的真实目的，那就是让秦守军将领的思想松懈，放松对刘邦的警惕，然后在这一时刻发动突然袭击。

刘邦不禁为张良的深谋远虑所折服，于是就在秦将们正在期待着与刘邦共同进入咸阳瓜分财物的时候，刘邦突然率大军对守军进行猛烈攻击。秦军将领万万没有想到刘邦还会来这一手，只好仓促应战。但此时刘邦军队的已经势不可挡，很快就夺取了关口。刘邦乘胜追击，没有给秦军任何喘息的机会，在蓝田又大破秦军。

子婴组织的大秦最后的防卫力量被刘邦击败。至此，咸阳已经成为了刘邦的囊中之物了。无奈之下，子婴决定投降。

此时的秦王子婴乘坐着白色车子，车子用白马拉着，而自己穿着白色丧衣，并将玉玺封好，带上皇帝用的符节，跪着向刘邦进入咸阳的大军表示投降。子婴投降的地点选在了咸阳东南的轵道亭，这是一座郊亭大致的位置在刘邦的霸上军营与咸阳的官道边。

显赫一时的大秦帝国至此完全死去了。

坑杀降将

刘邦是已经进入到了咸阳，那另外一支项羽率领的抗秦大军却遭遇到了严重的危机。而危机的根源就是章邯投降的那将近二十万的降军。项羽怕自己控制不住那些骊山刑徒军，就把章邯留在了身边，让司马欣率领投降后的楚军。

悲剧就这样发生了。

由于章邯不在军中，这支庞大的降军并没有人有足够的威望调动。司马欣虽然有着不错的个人能力，但对于这支长期与诸侯军作战的铁血军队来说无疑是缺少话语权的。再者，司马欣是策动章邯降楚的最主要人物，部属对他早已经失去了信心。加之项羽怕无法完全控制这些部队，就派遣了一些楚军到秦军之中担任领队。在这之前，秦军作为正规军，对诸侯军的战斗力一向是不屑一顾，两者相遇时，往往也是秦军占据了上风。而此时的秦军虽然在名义上与诸侯军都是反秦的义军，但是在绝大多数楚军眼中，这些秦军就是战败投降而来的，所以二者之间的矛盾越积越多。

而司马欣个性温和，并不是一个强势的将领，对于秦军的抱怨，他也只能安抚，不敢贸然向项羽提出抗议。就在双方心理上暗自较劲的时候，一场危机也不期而至，那就是一直困扰着各方的粮食问题。

楚军的粮食供给在很早就出现了问题，全赖范增的多方调度，勉强保证了楚军能够吃得上饭，而一下子突然投降了二十多万的秦军，每天的粮食耗费就很吓人了。在食物紧缺的时候，只能降低了秦军的伙食标准。而大量底层的秦军士兵却认为这是楚军对他们的责难。在这种情形下，秦降卒对楚的怨恨就越积越深，于是开始进行私下讨论："章将军当初奉劝我们投降诸侯，说是可以获得不少的好处。但如今的结果却是他们三个人为王（指的是章邯、司马欣、董翳三人），而我们却遭受到非人的待遇。如今我们如果能攻入函谷关，回归到故里也算是一个不错的结果，但是一旦不能破关，诸侯军势必会将我们押送到遥远的地方。这样一来我们不仅要远离家乡，而且还要长久遭受别人的奴役。最主要的是，秦王室会因为我们投降的行为而诛杀我们的妻子和孩子，我们当初选择投降，难道竟是错了吗?"

类似于这样的言论很快就在降卒中传播开来，整个秦军投降的部队呈现出非常不稳定的状态。这种言论自然没有逃过楚军的眼线的耳朵，于是眼线将这种情况迅速上报了项羽。项羽接到密报后，就秘密和英布等人商量处理措施。这三人一向对秦军并无好感，并且一致认为，如今部队里秦人众多，他们对自己现在的状况并不是很满意。如果入关后不听从指挥或者临阵倒戈，事情就会变得麻烦。与其这样，不如及早杀掉，以免留下祸患。

于是"楚军夜击，坑秦卒二十余万人于新安城南"。

这二十多万的青壮年是如何在一夜之间被坑杀的呢？史书中并没有详细的记载。不过，通过简单的推理我们也能够知道，要想杀掉数十万手持武器的勇猛士兵并不是一件简单的事情。所以在坑杀这些士兵之前，项羽应该是设计了一套计谋的。

抛开过程，这二十万的降卒就这样结束了生命，成为史书上的一串数字。根据史料记载，项羽坑杀秦国降卒的地方是新安故城，也就是今天河南义马市千秋乡石河村一带。后人在这里发现了一座面积大约为 15000 平方米的被称为"楚坑"的遗址。在这里，出土了大量的人骨和铜镞，这些物品就是那场屠杀的见证。

有人将这场屠杀的原因分析为复仇，有人将其归结为战争的残酷性。但无论出于什么样的考虑，这样大规模的坑杀降将都是一种极为残忍的行为。如果说在巨鹿之战中，项羽的表现还算是一个英雄的话，那坑杀二十万人的举动则彻底让诸侯们寒心了。

项羽的愤怒

杀尽了二十多万秦军之后，项羽开始率领着自己的主力部队火速开往关中地区。而恰在此时，刘邦也犯下了一个重大错误。在进入咸阳后，刘邦在张良的建议下还军灞上。这样做是为了表示自己对关中地区没有野心，张良和萧何正在努力为刘邦营造"天下为公"的好形象。

但是刘邦本人在此时犯下了一个严重的错误，甚至差点因为这个错误断送了性命。这是怎么一回事呢？

原来，当刘邦军队还在灞上的时候，就已经有人向他建言："关中是一块宝地，富甲天下，地形是易守难攻。而在章邯投降项羽以后，项羽分封其为雍王，将来要治理关中地区。现在刘邦应该趁着项羽还没有来的时候，派兵驻守函谷关。"

刘邦真的这样做了，并且下令没有他的允许，任何军队不得进入到关中地区。其实，刘邦这样做是心怀私心的。他一方面自恃有功，自己抢先进入咸阳，理所当然地应该成为关中王；另外一方面，项羽封章邯为雍王的消息又让刘邦感到些许的不安。在这种心理下，刘邦向函谷关增兵了。

刘邦在当时之所以敢这样做，还有一个非常重要的原因就是在他手中始终有一柄"尚方宝剑"，那就是当年的怀王之约。当年怀王与众诸侯约定"先入定关中者王之"。当时，楚王熊心是天下的共主，无论是刘邦还是项羽都是楚怀王名义上的臣子。但在动荡的时局里，人的角色转变是瞬息万变的。楚怀王已经没有了号令天下的能力，而刘邦和项羽也不再是湮没在众多诸侯中不起眼的一员。

刘邦率领着西征军团进入关中，完成了灭秦大业；而项羽的北征军团解了巨鹿之围，消灭了王离的主力，坑杀了章邯的几十万主力。在这种情形下，刘邦还指望着怀王的命令可以制约项羽，这无异于痴人说梦。

向函谷关派兵的事情，不但刘邦最主要的谋士张良不知情，连负责行政和后勤管理的萧何也被蒙在了鼓里。

当项羽的军队达到函谷关关口的时候，已经是严冬了。函谷关是山东六国进入到关中地区最重要的一条道路。这里的地形都是黄土高原，树木也很少，周围都是岩石和黄土断层，要想进入其中只有一条窄路可以行走。而函谷关则是依照当地的地形而建，不仅险要，而且十分坚固。在秦国的历史上，秦国曾经有多次就是依靠着函谷关抵挡了六国的入侵。

函谷关一夫当关，万夫莫开。刘邦据此判断，依靠天险，足以抵挡住项羽的军队。在项羽接近函谷关的时候，他就已经得知了刘邦比他早攻入关中的情报。项羽对关中地区不放在心上，也没有打算在关中称王的念头。但是同样作为攻秦的领袖，在时间上比刘邦晚一步进入关中地区，已经在诸侯面前失了面子，尤其是当他叩关时发现刘邦派军驻守函谷关阻挡他进入的时候，项羽的自尊心又一次受到了伤害，更是暴怒不已。

项羽立刻下令最精锐的部队强攻函谷关。虽然函谷关地势险要，但是在战场上厮杀许久的楚军显示出了极高的作战素养，加之守关的将士又没有接到刘邦坚守的命令，所以函谷关很快就被攻陷了。刘邦派出的将领对杀戮成性的项羽心存恐惧，破关之时率领着军队逃之天天。这场仗在史料中的记载非常简单，只有"击关，遂入"四个字，这也足以说明项羽的行动是多么地迅猛快捷了。

对于那些从函谷关逃走的刘邦军队，项羽也没有下令进行追杀，只是指挥军队进入关中的腹地，最终驻扎在骊山之北的戏水西岸。项羽所在的中军幕府，则设在一个叫鸿门的高地上。此时已经是十二月的隆冬时节了。

中篇／楚汉争雄

第六章 ／ 尴尬的局势

刘邦的不舍

刘邦历经千辛万苦，终于进入到了咸阳。进入咸阳后，刘邦所要面临的首要难题就是如何处理庞大无比的秦国遗产。刘邦以前是来过咸阳的，只不过那个时候他只是一名不起眼的帝国底层官吏，而现在却要成为这里的主宰。除了刘邦之外，他手下的绝大多数士兵们对这座豪华的城市充满了新奇之感。

虽然在进入咸阳之前刘邦就已经进行了整肃，但是进入咸阳后还是发生了士兵抢劫商户和官员的行为。而此时的刘邦也有点飘飘然了，这位原本"好酒及色"的亭长，对项羽率领的即将到来的几十万大军视而不见，只是想要长久地居住在秦宫之中。这就是《史记》中记载的"沛公入秦宫，宫室、帷帐、狗马、重宝、妇女以千数，意欲留居之。"

一片狂喜的氛围中，刘邦的主要部下中，至少还有三个人是比较清醒的，这便是樊哙、张良和萧何。

樊哙是刘邦的老乡，也是一个心直口快的人。他见刘邦不顾天下未定的实际情况，就要留在秦宫之中享乐，不由得气上心头，对刘邦进行劝谏："沛公是想要夺得天下呢？还是想要做富家翁呢？眼前这些奢华的东西都是造成秦王朝灭亡的祸根。这些东西对沛公又有什么用呢？希望沛公早日离开这里。"

屠夫出身的樊哙在众人都沉浸在富贵梦的时刻能够有这般的见识已经是非常难得了。他阐述的道理也是清晰明了的，但是一向善于听从部下意见的刘邦这一次并没有听从。此时张良也开始说话了，他见刘邦不听从樊哙的劝告，只好亲自说服他。张良对刘邦说道："秦朝暴虐无道，用暴政来统治民众。也正是这个原因，沛公才能走到今天这一地步。沛公的任务是为天下铲除凶残乱逆，应当以朴素为本。如今沛公刚刚进入咸阳就准备在这里享受安乐，这正是人们所说了'助纣为虐'，希望沛公能够听从樊哙的苦口良言。"

此时的刘邦也冷静下来了，分析完当前的形势后，他清醒了过来，终于下达了"还军灞上"的命令。

刘邦一直有一个疑问，那就是进入咸阳以来为何就不见了萧何的踪影？那萧何哪里去了呢？原来萧何去了丞相府和皇室藏书馆。一向沉稳的萧何自有心中的盘算。在沛县的时候，萧何就是县令的重要文吏，尤其是跟随刘邦起事以来，他主要的任务就是负责后勤的补给工作。因此，关于全国各地区人力和资源的这些资料，都是他最需要也最倚重的。

这些资料主要就是律令文书、地理图谱、户籍人口等档案。也正是依靠着这些资料，萧何给刘邦提供了当时的自然要塞、人口密度以及物产资源等详细情形，让刘邦的阵营有了非常明晰的资讯，从而能够做出最合理的规划。这也是实力并不占优势的刘邦能够与项羽抗衡四年并且反败为胜的重要砝码。萧何的这一举动，可以说是在很大程度上决定了刘邦以后的命运。

离开咸阳城后，刘邦并不能保证其他军团的人再次进入咸阳进行破坏活动，所以，此时想方设法维持咸阳城的秩序就变得异常重要了。

秦王朝时期，秦律是出了名地苛刻和繁杂，所以一般人也不敢随便违法。但是如今秦已经亡国了，新的政权还没有建立起来，那些率先破坏秩序的西征军团，秦旧时的法律对他们来说更是毫无约束力。

底层官吏出生的萧何对当时民众的心理把握不可谓不独到，他认为此时的法律越简单就越能够得到大众的认同，也就越能产生救急的效果。

约法三章

在秦末农民起义中，有一个看似不正常但是也十分正常的现象：关中地区在秦末反秦斗争中都是最平静的一方土地。

当东方六国的土地上还狼烟四起的时候，关中地区却是非常祥和，既没有爆发反秦的农民起义，也没有出现将军和郡守等官员相勾结进行反叛的事情。这是什么原因呢？

造成这种现象大致有以下几种原因：第一，这里是秦原有的疆域，自商鞅变法以来，生产关系得到了解放，这里的人生活也比较舒适。作为秦王朝发迹的核心区域，秦政府对这里的剥削相对较轻。第二，自秦立国已经有十几年，长时间的独立割据让关中地区的人在心理上对秦国产生了认同，也就不容易滋生反叛的意识。第三，在当时的条件下，信息的传播速度是很有限的，加上秦政府有意封锁山东叛乱的消息，造成了很多关中的人甚至还没有来得及弄清楚到底发生了什么，刘邦就已经破关直入，灭掉了秦朝。

刘邦的入关首先给关中百姓带来的是一种莫名的恐惧。

凭借着函谷关之险，关中地区几乎没有被任何一支军队攻破过，关中的人已经很久没有遭受到战火的袭扰了。

关中大地是秦王朝的发源地和根据地，同样也是秦王朝的战略大后方。这里的百姓长期以来都十分支持秦王朝的统一战争，与秦王朝的关系十分密切。如今，曾经的胜利者变成了亡国奴，他们最担心的就是遭到义军的报复。看到刘邦入关，所带领的军队又不是正规军队，这种担心就更加严重了。

此时此刻，如何消除关中百姓对义军的隔阂，打消他们心中的恐惧和疑虑，是刘邦所面临的所有问题中的重中之重。

甚至可以这样说，一旦这个问题处理不当，很有可能就会激发关中人的反抗，导致前面所有的努力都毁于一旦。

对于这个问题，刘邦自然要进行深思熟虑，在和萧何等人的商讨下，最终刘邦拿出了一个在当时看来可以堪称完美的解决方案。

公元前206年11月，沛公还军灞上后，立即召集了关中各县的父老，向他们宣布说："父老苦秦苛法久矣，诽谤者族，偶语者弃市。吾与诸侯约，先入关者王之，吾当王关中。与父老约法三章耳：杀人者死，伤人及盗抵罪。余悉除去秦法。诸吏人皆案堵如故。凡吾所以来，为父老除害，非有所侵暴，无恐！且吾所以还军灞上，待诸侯至而定约束耳。"

翻译成现代汉语的大致意思是"你们受严峻秦法的伤害已经很久了。诽谤朝政要诛灭全族，而相聚议论也都是杀头之罪。我和其他诸侯受怀王的约定：先攻入关中的人可以在关中称王。如今我自然也就是公认的最有资格称为关中王的人。现如今我就以王的身份和各位父老们订立约定：杀人者将会被判处死刑，伤人以及抢夺盗窃财物的行为会依据情节轻重处以应得之罪，至于其余的秦律则全部废除，各县所有的官吏一律照常办公，不必有恐慌。"

说完，刘邦又开始尽全力树立自己的形象："我今天到这里来主要是为父老除害的，并不是欺负和抢夺你们的，所以大家不用感到害怕，还按照以前的生活就好了。"

此外，刘邦还派遣使者配合秦国以前的官吏，到各郡县乡邑张贴公告，以此来表示自己执行的决心。

这便是中国历史上非常著名的约法三章，这则不足百字的公告实际上包含的内容十分丰富，也为刘邦解决了一系列的难题。

首先，他表明了自己入关的目的。起义军来到关中的目的只是为了推翻暴虐的秦王朝，为父老兄弟除害，并不是来劫掠百姓的。这样就相当于让关中的普通老百姓吃了一颗定心丸，消除了自己的恐惧和不安。

其次，刘邦特意强调了一点，那就是"父老苦秦苛法久矣，诽谤者族，偶语者弃市"。他说这句话的目的其实就是为了消除关东人和关中人之间的心理隔阂。刘邦说这样的话表明在他心中关中百姓和关东百姓都是秦暴政的受害者。他没有因为秦灭六国而在秦与旧六国之间划上疆界。这使得关中百姓和义军之间在情感上能够产生共鸣。

最后是全盘接受了秦朝原有的官吏体制。这一举动出乎秦朝官吏的意料。对于那些与义军作对的官员，刘邦在有能力也有理由惩罚他们的时候选择了宽容对待、相信他们，依靠他们继续行使职权。这些官吏比一般人更加熟悉关中地区的地理民情，并且有着丰富的行政经验，取得这些人的衷心拥护对刘邦来说是另外一笔巨大的财富。

虽然从法制的角度上讲，约法三章是法制社会的倒退，也并非真正意义上的从宽简政。在刘邦建立西汉后，所沿用的还是秦法。但不管怎么样，刘邦用这一办法稳定了当时的局势，也安抚了不安的民心。从这一点看，刘邦达到了预期的效果，也可以说是远超最初的预想。

在咸阳局势安稳下来以后，刘邦开始处理子婴的问题。

当刘邦带着西征军进入咸阳后，首先处理的一个人就是子婴。当时以樊哙为首的义军首领一致的意见就是杀掉这位亡国之君，为天下众多遭受秦政压迫的人泄愤。面对众人热血沸腾、杀气弥天的复仇情绪，此时的刘邦却异常冷静。他说："当初怀王之所以派遣我率领军队西征，就是因为我待人比较宽容；再者说，子婴现在已经投降了，杀掉一个亡国之君，除了落下一个不好的名声之外，实际上并没有多少好处的。"

于是，刘邦否定了众将领的意见，只是把子婴看押了起来，保留了子婴的一条性命。在处理子婴的事件中，刘邦开始显露出他比较成熟的政治智慧。这从哪里可以看出呢？

首先，子婴本人并没有多少过错，他虽然被迫成为了秦帝国最后一任统治者，但是他并不是整个暴政的制造者。他既没有像秦始皇那样在晚年穷奢极欲，大兴土木，耗费人力物力，也没有像秦二世那样残害皇室，昏庸无能，与此相反，子婴在民间还有一定的声望，普通百姓并不痛恨子婴。

其次，子婴做了秦王后，立即着手除掉了赵高集团，这件事令人大快人心。在得知重压之下复国无望时，子婴没有负隅顽抗，他交出了政权，也避免了关中的百姓遭遇战火。从这一点上来说，子婴只是一个有心无力的亡国之君。

正是基于这样的考虑，刘邦心里非常清楚，子婴并不是革命的对象，他在关中百姓中甚至还享有一定的声望，杀了他并不能消减民众对秦政的仇恨，杀掉子婴对刘邦来说除了能够让几个将领泄愤外，并没有其他好处。但是选择赦免子婴却能够给广大的关中百姓留下美好的印象，让他的长者形象更加深入人心。

告密者

在函谷关的军队被项羽轻易攻破后，刘邦的所有军队都集中到了灞上。此时，刘邦的部队数量大约有十万左右，但是号称有二十万。而项羽所率领的诸侯联军大约有四十万，而号称百万之众。

对于项羽的到来，刘邦一时也想不到太好的办法来解决，而项羽也对先行进入的刘邦不知如何处理。两大义军的首领一时间就这样僵持下去。

但是历史的改写往往就在意料之外。而这个人就是刘邦曾经的亲密战友曹无伤。曹无伤可不是一般的小人物，他在刘邦起义之初的任务就是掌管整个刘邦军队的左司马。想想和刘邦平时非常亲近的曹参、樊哙等人仅仅以"舍人""客从"的名分追随着刘邦出征。从不同人的称呼上，可以看出他在沛县的身份非同一般。最大的可能就是他在沛县也是属于豪强一类的人。

曹无伤和雍齿一样同样对刘邦也素来没有好感，一向也看不起刘邦。这其中有一个实例可以说明问题，在前期，曹无伤生擒了一个地方郡守后，没有向刘邦请示就把他擅自处死了。当时的郡守是秦时期的最高行政长官，曹无伤之所以这样，就是他打心底就没有把刘邦放在眼里。

在这两军对垒的时刻，曹无伤开始打起了自己的小算盘，也开始为自己谋划后路。他权衡再三后，判断项羽和刘邦之间肯定不能共存。而从双方的实力来讲，刘邦也确实不是项羽的对手。在这种情形之下，曹无伤决定向项羽"告密"。

曹无伤向项羽告密的内容主要分为三个部分，第一就是"沛公欲王关中"，这是当初诸侯与楚怀王共同的约定，刘邦在关中地区也进行了大肆的宣传，已经称不上什么秘密了。告密的第二部分就是刘邦"使子婴为相"。这完全是曹无伤自己编造的，因为此时的子婴早就被刘邦派人看管起来了。再说，子婴出身皇族，对治理具体的政事也没有多少经验可谈。第三，曹无伤告诉项羽刘邦"珍宝尽有之"，这与刘邦在咸阳后期的作风也不尽相符。曹无伤之所以这么添油加醋地告密只有一个原因，那就是邀功。

项羽立刻大怒，在这个时候，项羽的首席军师范增也添油加醋地说道："刘邦这个人过去贪财好色，但是在入关后却财货不取，也不近美色，可见这个人的志向并不小。我找人看过，刘邦头上有五彩之气，这是天子的预兆，请你早点下令消灭他，不要错失良机了。"

曹无伤告密和范增的实际分析是有问题的。曹无伤诋毁刘邦"珍宝尽有之"，而范增则对项羽说刘邦"财货无所取"。很明显，这两人之中肯定有一个人对刘邦的分析不合乎实际。但此时的项羽估计早已被怒火冲昏了头脑，也来不及细细思考，只想灭了刘邦。很快他就下令："旦日飨士卒，为击破沛公军！"意思是说第二天早上让士兵们吃饱，然后去攻打沛公刘邦。

那此前与刘邦相安无事的项羽怎么会突然之间大怒呢？这其中既有心理上的原因，也有战略上的原因。

首先就是项羽认为自己的自尊心受到了伤害。在巨鹿之战以后，前来救援的地方诸侯和义军对项羽神勇的表现无不惊叹万分。项羽也由此被尊称为

"上将军"，天下的英雄都将称项羽为盟主。这时的项羽已然成为了一个可以号令天下的头领。尤其是在北征军团中，项羽的威望可以说是到了顶峰。在项羽的眼中，刘邦虽然是长者，但是也应该和其他诸侯将领一样对他毕恭毕敬。而此时的刘邦不仅没有给他面子，而且大有分庭抗礼的势头，这让项羽的心里非常不舒服。

此外，项羽对刘邦一直引以为由的怀王之约并没有放在心上。刘邦抢先入了关，并且想要称关中王，这让项羽很恼怒。事实上，当项羽诛杀宋义的时候，楚怀王熊心就已经只是名义上的领袖了。而经过了巨鹿之战后，项羽也就成为了起义军事实上的领袖，对楚怀王也就更加不放在眼里。而刘邦之前屯兵函谷关的举动虽然以楚怀王当初的约定作为出发点，但是项羽对楚怀王的不满由来已久，在自尊心的促使下，项羽也不能容忍小小的沛公拿一个并没有多少约束力的怀王之约来压制自己。这在项羽看来完全是一种挑衅行为，而这恰恰是项羽不能容忍的。

最后一点就是刘邦入关中完全打乱了项羽的战略布局。从内心来讲，项羽对关中地区并没有多少好感。他自己本人并不想统领关中地区。章邯投降后，项羽就已经封他为雍王，负责管辖咸阳以西的地区。这既是一种安抚章邯的措施，同时也是一种对诸侯的试探。项羽给章邯的称号仔细琢磨也很有意思。项羽封章邯为雍王，"王关中"，而不是"关中王"。这三个字只是简单的顺序不一样，其实是有着很大差别的。在项羽的战略规划中，关中地区应该是被划分为好几片管辖区域，章邯所管辖的只是其中的一部分而已。刘邦想独自一人做关中王的举动则打破了项羽原本的分封计划，项羽自然不可能容忍这样的事发生。

关键时刻的老友

对于刘邦来说，一场灾难即将到来。最要命的是，刘邦对此毫不知情。按理说，这两支大军相距不远，双方都会派驻一些情报人员。但是，刘邦根本不知道距离他不远的项羽大军正在磨刀霍霍。这又是什么原因呢？

要了解这个问题，还要回到双方驻扎的地点。项羽驻扎的地点是鸿门。鸿门在今天陕西省临潼市向东五公里左右的鸿门堡村。由于被骊山流下来的雨水冲刷，北端出口处形状如门，也就被称为鸿门。

而刘邦呢？军灞上。灞上就是灞水西面的高原，在今天陕西省西安市的东南。鸿门与灞上相距大约有四十里。按理说两者的距离不是很远，但是这两个地方相隔了一条灞水。由于没有准确的情报，刘邦并没有意识到危险的到来。

此时，项羽阵营中的一个重要人物出现了。他的出现可以说在一定程度上拯救了刘邦的性命，他就是项伯。

项伯也是项氏一族里的重要成员，是项羽的本家叔叔。在项梁战死后，项伯成为了这一族的族长。除了血缘上的关系，项伯在楚军中还有正式的官职，那就是楚军的左尹。这是一个有着相当地位的官职，有点类似于副丞相的意思。有了这层关系，项伯自然很快就知道了项羽决定要攻打刘邦的作战计划。

当项伯得知明天项羽就要和刘邦开战的消息后，忧心忡忡。他并不是刘邦的卧底或者叛徒，刘邦的死活与他没有任何关系，他所关心的是一个人的安危，那就是张良。

《史记·留侯世家》里记载，项伯在年轻的时候曾经因为杀人而逃亡到了下邳。正好这个时期张良也因为刺杀秦始皇失败隐匿在下邳这个地方。在如此危险的时刻，张良基于反秦的立场和自身的侠义精神给项伯提供了避难的场所，直到项伯安全离开。从这个角度上说，项伯对张良的侠义精神十分佩服，张良也可以称得上是项伯的救命恩人。

项伯在得知张良就随着刘邦驻扎在灞上的时候，出于朋友的义气，唯恐自己的恩人与刘邦玉石俱焚了。考虑再三，项伯还是选择了私自出营，乘着夜色来到了灞上，将项羽要攻打刘邦的消息传递给了张良。看到朋友即将遭遇灾祸，项伯力劝张良随他而去，不要沦为刘邦的陪葬品。

此时的张良也感到非常吃惊，但是略微思考后，他对项伯说出了这样的话："我是以韩王特使的身份来协助沛公的，如今沛公有难，我却弃他而去，这不就表明我是一个不义之人了吗？我要把这件事告诉沛公。"

这番话足可见张良的谋略。项伯出于"义"将绝密的作战计划告诉张良，而张良选择将这件事告诉给项伯也是出于"义"。这样一来，项伯也就不得不同意将这一计划告诉给刘邦。

当张良将项羽的计划告诉给刘邦时，此时的刘邦才真正意识到自己犯下了多么严重的错误。张良立刻质问刘邦是谁出主意要据守函谷关，拒绝其他诸侯进入的？此时的刘邦也顾不得隐晦了，只得将实情托盘而出。

张良不依不饶，接着问了一个更为尖锐的问题，他说："沛公估计依靠着目前的这点兵力能够抵挡着住项羽的进攻吗？"这虽然不是一个谋臣应该问的问题，但是却是非常现实的问题。沉默了一会儿，刘邦只得实事求是地承认自己不是项羽的对手。

这两个问题，看似咄咄逼人，其实目的只有一个：让刘邦清楚地认识到自己目前的处境，也就是承认自己目前并不是项羽对手的事实。

在明确这一事实后，张良开始提出自己的对策，那就是示弱，表示自己不敢背叛项王。而这其中最好的调解人就是项伯。有了解决办法，刘邦很突兀地问了一句："你怎么和项伯有如此深厚的关系呢?"张良于是从容地将他与项伯相识的过程讲述了一遍。

历史的小细节往往会被人忽略，但这些细节也往往是最精彩的部分。刘邦对张良的突然发问，看似合情合理，却暗藏玄机。项伯是项羽的人，并且还是楚军中很有实权的人。而张良也只是一个谋臣，并不似萧何、樊哙那样知根知底。在两军交战的前夕，项伯肯将绝密的情报告诉张良，这二人会不会有阴谋?从小吏起家的刘邦对外人有着本能的政治警觉性，这也是他最终能够顺利化解危机的重要原因。

化解这场危机的最重要人物就是项伯。这一点，刘邦比任何人都要清楚。当张良将项伯引荐给刘邦时，刘邦此时就展示出了他惊人的政治技巧。项伯一进来的时候，刘邦就举杯为他敬酒，祝福他身体健康，最重要的是与项伯结为了儿女亲家。

这并不是一个简单的事情。婚姻嫁娶在当时是一件非常重要的事情，不仅要熟知对方，了解双方的家庭情况，还要找到合适的女子并得到对方的允诺。刘邦采用了什么样的说服技巧我们不得而知，但这种方式无疑是打消项伯疑虑的最重要方式。约见项伯可以说是张良为刘邦提出的解决问题的办法，至于婚姻则是刘邦随机应变的方式了。

那这种婚约可信吗?事实上，在项羽最后兵败自杀后，刘邦也没有忘记当初救他的项伯，项伯被赐姓刘，并且还被封侯。但后来的刘邦再也不谈当初与项伯的婚约之事了，当然这都是后话。

刘邦取得项伯的完全信任后，开始为自己的行为辩解。因为他知道这些话其实也都是对项羽说的，而这说法要得到项羽的认可，首先要得到项伯的认可。其中就是解释自己为什么要在函谷关派兵。刘邦对项伯说，入关之后，他一样东西都不敢动，登记官吏、百姓的户口，封存仓库都是为了等待项王入关，至于出兵函谷关的事情，刘邦则解释说是为了防止突发事件和盗贼。

只有刘邦清楚事实的真相。不取关中财宝原本就是为争取民心所为，登记户口、封存仓库也是维持社会秩序的必要措施。而派兵驻守函谷关的真实目的就更不用说了。但这所有的一切经过刘邦的诉说后全部变成了为迎接项羽而做的准备。

此时的项伯对刘邦早就没有了任何防备之心，非常慷慨地表示愿意为刘邦做解释和疏通的工作。为了向项羽表明自己没有撒谎，项伯对刘邦提出了一个要求，那就是希望刘邦第二天亲自到鸿门拜会项羽，借此消除彼此之间的误会，刘邦一口答应了项伯的请求。

项伯很快就返回到楚军的大本营鸿门，然后将刘邦的解释详细汇报给了项羽。项羽原本对刘邦并没有多少恶意，并且打心底里也觉得刘邦并不能给他带来多大的威胁。在这种情形之下，项伯又以长辈的身份告诉项羽："如果不是刘邦率先攻破咸阳，我们哪能如此轻松入关呢？如今别人立下了大功，我们却要袭击他，这属于不仁不义的举动。与其这样，我们不如好好善待他，这样做的话，我们更能收揽天下英雄之心。"

项羽对长辈还是比较尊重的，既然刘邦同意明天来谢罪。项羽也就不好再准备发兵攻打刘邦了，于是便下令取消明天的军事行动，改为举行规模盛大的宴会。

与刘邦相比，项羽的举动就显得幼稚很多。他既没有追究项伯的通敌之罪，也没有询问项伯和敌方重要谋臣张良之间的关系，更没有和其他重要将领商议就取消了军事行动。这些细节与刘邦的做法对比，就能很清晰地显示出两人待人处世的不同。

生死一瞬间

此时的刘邦也陷入了沉思。只身深入敌营的危险是不言而喻的，但如果不去就等于公开和项羽宣战了，这无疑是一个更大的挑战。几经权衡，刘邦选择了赴宴。

第二天清晨，刘邦带着百余名骑兵前来会见项羽。到达鸿门后，随从的骑兵被留在了外面，而刘邦在张良的协助下进入了项羽的大帐之内。刘邦见到项羽的第一面就表露出了赔礼道歉的意思，他对项羽说道："我和将军共同奉命攻打秦军，将军在黄河以北作战，我在黄河以南作战。没有想到的是我先能进入到关中，也正是由于这个原因才能和将军相会。这原本是一件高兴的事情，不幸的是，有小人从中搬弄是非，使得将军对我产生了误会，还请将军明察。"

应该说，刘邦见项羽的这一套说辞是有备而来的。在这短短的几句话中，蕴含着丰富的信息。

刘邦此时也清楚，现在不是和项羽摊牌的时机。自己的实力与项羽之间有着太大的差距。现在自己所做的一切都只有一个目的，那就是降低项羽的警戒心。他这番见面词，首先模糊了敌我双方的概念，将双方原本已经剑拔弩张的关系回归到统一抗秦的主题上来，这样就等于先抛了颗烟雾弹。紧接着是一个示弱的过程，项羽之所以大怒，很重要的原因就是因为觉得自己义军领袖的身份受到了威胁。而刘邦在此时也一再表明，自己能够抢先入关纯粹是一种无心之举，真正的领袖还应该是项羽。

有了这些还不够，因为他和项羽之间的矛盾需要一个合理的借口。刘邦选择了小人挑拨离间这个理由。事实上，明眼人都能够看出，刘邦和项羽之间的矛盾是不可调和的利益矛盾，而这套小人挑拨的说辞是一个并不高明的幌子。但正是这个不高明的谎言显示出了刘邦的高明之处。因为刘邦此时已经知道了曹无伤告密的事情。

果然，在听完刘邦的种种解释后，项羽心情舒畅了很多，也找到了曹无伤这个台阶给自己下。既然双方都已经消除了误会，那就应该把酒言欢，一笑泯恩仇了。政治斗争永远是残酷的，在平静的表面下永远隐藏着不安分的因素。

一直在项羽身后的范增此时坐不住了。他是项羽身边唯一有远见并能够左右项羽抉择的智囊。他对刘邦的一举一动都观察得十分仔细。通过刘邦几句简单的解释，范增心里有了一种非常不祥的预感。这个刘邦远比自己想象的可怕得多。通过短短的几句话就能够挽回被动的局面，并且做到让项羽深信不疑，范增知道项羽遇到了强劲的对手。老辣的范增知道，绝不能让刘邦活着走出鸿门，否则将后患无穷。

席间，作为重要谋士的范增几次对项羽使眼色，示意项羽可以找机会除掉刘邦。但是项羽对此视而不见，无奈之下，范增又拿出了自己佩戴的玉玦。玉玦指的是有缺口的玉环，而"玦"同"决"是谐音的。范增的意思再也明显不过了，那就是劝说项羽早下决定。但是项羽依然是"漠然不应"。

老谋深算的范增见项羽迟迟不肯动手，明白只有自己当一回恶人才能确保项羽将来少一个强劲的竞争对手。在这种心理的驱使下，范增借故外出，走到了宴席的外面，授意项庄舞剑助兴，并借机杀掉刘邦。对于范增的指示，项庄自然没有任何疑问，领命后便进入营帐。在敬完酒后，项庄请示项羽："君王与沛公喝酒，这军营也没有丝竹歌舞可以助兴，不如我为大家舞剑以助酒兴吧。"

项羽对此也没有多想，很自然地同意了项庄的请求。

项庄也是项氏族人，按照辈分应该是项羽的堂弟。项庄武艺十分精湛，尤其是剑术异常高超。在众人的欣赏下，项庄很自然地表演起了剑术。在表演剑术的过程中，项庄总是有意无意地靠近刘邦，锋利无比的剑锋也总是围着刘邦。而此时的刘邦也正是有苦难言，生怕项庄的哪一剑就突然结果了自己的性命。

正当项庄按照范增的计划逐渐逼近刘邦，准备下手的关键时刻，项伯站了出来，提出要和项庄对舞。场面一下子就变得非常复杂了。但是项庄接受到的命令是杀掉刘邦，虽然项伯是长辈，但舞剑是一个体力活，项伯虽然有心保护刘邦，但无奈年岁增大，很快就体力不支了，刘邦又一次暴露在了危险之中。

莽夫不莽

在这种危急时刻，作为陪同的张良深知刘邦的处境已经极为危险了。可惜他自己只是一个书生，并不能拿剑与项庄抗衡。但是他找到了另外一个人，那就是樊哙。樊哙是跟随刘邦一起来的，一直在门外等着刘邦的消息。张良见到樊哙后，将帐内的情形说了一遍。

樊哙听到这个消息后，救主心切，拿起盾牌和佩剑就往里冲。当守卫的士兵一拥而上的时候，樊哙毫不在意，拿起盾牌横冲直撞，迅速冲入宴会的帐中。此时的樊哙"披帷西向立，瞋目视项王，头发上指，目眦尽裂。"这完全是一副凶神恶煞的样子。

此时的众人正在各怀心事地喝酒，见这样一个人闯了进来，项羽本能地大声喝道："客为何者？"然后按剑而跽。

在这里要说明一下当时的坐姿。那时都是席地而坐，正常的坐姿是两膝着地，臀部压住小腿。如果臀部离开小腿，身子挺直的话，这就叫作长跪，也就是跽。按剑而跽其实是一种非常警戒的状态。

不难想象，一向以勇武著称、力能扛鼎的项羽见到此人都不由警觉起来，其他人的紧张情绪是可想而知的了。见项羽问来者的身份，紧随其后的张良回答道这是沛公的参乘官樊哙。项羽对樊哙的豪气十分欣赏，他打量完樊哙后情不自禁地说了一声"壮士"，并且赐给了他一杯酒，樊哙接过酒杯一饮而尽。紧接着，项羽又说了一句，再赐给你一个猪腿吧。

樊哙也毫不客气，没想到的是，项羽的部下故意为难，给了他一块生猪腿。可是谁都没有想到，樊哙是屠户出身。只见樊哙将盾牌放在地上，然后再把猪腿放在盾牌之上。此时的樊哙压根就是一个标准的屠夫，拿出自己的佩剑就像手拿屠刀一样，将猪腿肉用剑切成小块并一块一块吃下去。没过多久，一条生猪腿就被吃干净了。参加宴会的人看到这种情形无不惊叹，项羽更是赞叹不已，又问道："壮士，还能喝酒吗？"

此时的樊哙觉得自己说话的机会已经到了，于是就大声说道："我死都不怕，还怕喝酒吗？秦素来有虎狼之心，荒淫残暴，滥杀无辜，最终导致天下的人都背叛他。怀王与众多诸侯约定，先进入关中地区者为王。如今沛公先进入咸阳后，秋毫无犯，封了皇宫仓库等地只是为了等候将军您入关。后来派兵驻守函谷关，也只是为了预防盗贼，完全没有对抗将军的意思。沛公如此辛苦地为将军着想，将军不仅没有给予封赏，反而听信小人的言语，试图杀掉有功之人。这难道不是暴秦的作风吗？我想这一定不是将军的主意吧。"

樊哙的一番话很容易就赢得了项羽的好感。这是为什么呢？其实樊哙的一番言语，项伯都已经对项羽说过了，但不同的人说有不同的效果。都说物以类聚，人以群分，樊哙在项羽眼里是和他是同一类人。外形彪悍、性格豪爽的樊哙在本能上就能够引起项羽的好感。当这样一番为刘邦辩解的话说出来以后，更加具有攻心的效果。此时的项羽原本就觉得对刘邦有所亏欠，加上樊哙这么一说，就更加无语了，只好让左右给樊哙赐座。

这其实是一个很有趣的现象，面对樊哙的质问，项羽并没有选择辩解，是因为项羽不善言辞吗？从历史的记载看来，这一点并不成立。项羽作为贵族子弟，即便是在逃亡的过程中，也会接受严格的言语表达训练。此外，从斩杀宋义的那番慷慨陈词中，也很容易得出项羽的语言表达能力是相当好的。那项羽心里打的是什么算盘呢？关于这一点，我们可从项羽在这场宴会后的举动分析出一些端倪。

樊哙的到来打乱了范增的布局，这也是整个宴会的转折点。而前一刻还是宴会主角的项庄见此情形也觉得无法再继续执行自己的刺杀任务了，只得罢手。而刘邦则惊魂未定，依然觉得危险重重。没过一会儿，刘邦起身上了厕所，樊哙和张良也跟随着出来了。樊哙在此刻建议立即刘邦离开这个是非之地，以免遭遇其他的不测。

刘邦此时还有些顾虑，认为不辞而别是不礼貌的行为。但是粗中有细的樊哙再次语出惊人，堪称经典："大行不顾细谨，大礼不辞小让，如今人为刀俎，我为鱼肉，现在逃命都来不及了，哪还能顾得了其他事情呢？"

此时的刘邦也明白留在这里无疑凶多吉少，于是在樊哙、夏侯婴等人的保护下从小路赶回了灞上。临走之前，刘邦交给张良一对白璧、一双玉斗。

张良估计刘邦已经走远后才进入到宴会之中，对刘邦说："沛公酒力有限，不能当面向将军辞行。临行前派遣卑职我奉送将军一对白璧，另有玉斗一双献给大将军（指的是范增）。"项羽问起刘邦的行踪时，张良也巧妙地回答道："沛公醉酒失态，怕将军责罚，所以就先行离去，现在已经回到灞上了。"

对于刘邦的不辞而别，项羽未置可否。根据《史记·项羽本纪》记载，项羽"则受璧，置之坐上"。

此时，一直谋求要杀掉刘邦的范增大为恼火。范增取过张良赠送的玉斗后，立刻扔在了地上，用剑将玉斗劈成了几块，并且恨恨地说："你小子真是糊涂啊，将来能够夺得天下的人肯定是沛公，我们就等着成为他的俘虏吧。"

而刘邦从鸿门宴上回到灞上的第一件事情就是诛杀了曹无伤，也为这场宴会画下了一个句号。

这就是历史上精彩异常的鸿门宴的故事。在司马迁的笔下，这场故事跌宕起伏而又惊心动魄。各路人物纷纷登场，仿佛这场历史大剧中的主角的集体亮相。而在现代人的评述中，刘邦能够从鸿门宴上逃脱，都将原因归结为项羽的目光短浅、有勇无谋，等等。但历史事实往往要经过推敲才能够尽可能还原历史真相。

按照大多数人的理解，项羽在鸿门宴中的表现是不合格的，很多人甚至认为项羽最终兵败乌江的根源就是放走刘邦，最终导致了自己的失败。

这样的结论在很大程度上都是站不住脚的。写下这段历史的司马迁在后来总结项羽失败的原因时也明确指出了三点原因：第一就是放弃关中的战略要地，第二就是杀掉了义帝，让自己在政治上陷入到了被动之中。第三就是太迷信武力，没有学习古代圣贤以德服人的策略。

通过司马迁的分析我们也能够看到，项羽最终的失败与鸿门宴上是否杀掉刘邦并没有直接的关系。

在人们的传统印象里，项羽一直都是一个有勇无谋的莽汉形象。尤其是经过鸿门宴后，这种形象就几乎成为了项羽的一个标志了。但这究竟是不是历史的真相就值得商榷了。在《史记·项羽本纪》的开篇，司马迁就做出了如下的记载：项羽"才气过人"，实际上是一个非常聪明的人。项羽在和项梁起兵抗秦的时候年仅 24 岁，而在取得巨鹿之战的胜利时才 27 岁。如果项羽没有异于常人的政治和军事才华，在那样一个诸侯纷争的年代取得这样的成就基本上是不可想象的。

项羽在秦末汉初的那段历史之中，给诸侯留下的印象就是为人残暴，狡诈多疑。他有头脑，也有才华。事实上，综观当时的史料记载，项羽并非愚蠢之人，那他放掉刘邦究竟是出于什么目的呢？原因其实就在于两个字：利益。

项羽不是不敢杀刘邦，而是此时不能杀刘邦。这句话怎么解释呢？

第一，鸿门宴真正的赢家并不是逃走的刘邦，而是项羽。很多人在阅读史记关于这部分记载的时候，往往为司马迁精彩的描述拍案叫绝，但很容易忽略鸿门宴的原本目的。《史记·项羽本纪》中记载项羽主持分封的时候，"疑沛公之有天下，业已讲解，又恶负约，恐诸侯叛之。"

这里面"业已讲解"其实指的就是刘邦和项羽在鸿门宴中达成的协议。

由此来看，刘邦去鸿门赴宴的代价是相当大的，不仅失去了名正言顺的关中王的地位，最重要的是，经过这次宴会后，刘邦和项羽的身份地位不再是平等的了，也等于刘邦默认了项羽是诸侯的首领。这对于项羽来说，自己的战略目的已经达到了。

那杀掉刘邦又能为项羽带来多大利益呢？恐怕是弊大于利的。在项羽看来，刘邦手下的十多万杂牌军团压根儿就不是自己的对手，这一点项羽拥有着绝对的自信。虽然刘邦可能是自己潜在的威胁，但项羽并没有丝毫的惧怕之心。除此之外，杀掉刘邦，贸然发动自己的军队和刘邦的军队进行作战，项羽在政治上就会陷入被动。

项羽的军队之所以能够战无不胜，强大的复仇信念起到了至关重要的作用，而贸然对同是抗秦队伍的刘邦发动进攻，将士们在心理上恐怕很难接受，而战斗力也会大打折扣。此外，刘邦也是反秦中的重要领导人，是有功之人。对于这样的人，项羽都举起屠刀的话，那跟随项羽的其他诸侯心里就会产生芥蒂。一向自负的项羽绝对不允许这种情况的发生。

一场宴会过后，项羽如愿得到了自己想要的东西，而刘邦也避免了立刻与项羽翻脸的局面，这对双方来说都是皆大欢喜的事情。虽然刘邦表面上已经愿意服从项羽，但是心思缜密的项羽还是想到一个万全之策来对付刘邦，那就是既使得自己不背负"负约"的恶名，又不能将富庶的关中之地完全分封给刘邦。

一把罪恶的大火

与刘邦的宴会结束以后，项羽以胜利者的姿态浩浩荡荡地进入到了咸阳城。在咸阳这座历史悠久的古城里，项羽将他残暴的一面展示得淋漓尽致。而这种暴虐主要体现在三件事情上。

第一，"屠咸阳，杀秦降王子婴"。对于子婴的价值，刘邦已经利用得足够了。而此时子婴的命运却由不得自己掌控了。面对杀气腾腾的项羽，子婴只是一个符号。而项羽要做的就是抹去这个符号，然后添加上自己的名字。

项羽将能够在咸阳搜罗到的嬴氏皇族悉数逮捕，这些人大多数都是白发老人和幼年孩子。在项羽指示下，这些人悉数被杀。

第二，"收其货宝妇女而东"。在屠杀完具有象征意义的嬴氏皇族以后，项羽的数十万大军立即开始了对咸阳的清洗。这主要包括两个方面，第一是盗掘骊山陵墓，所幸的是，秦皇陵工程量浩大，项羽并没有来得及破坏秦始皇陵的核心部分，即地宫。第二就是搜罗关中地区的财货与妇女。此时关中的人口，绝大部分人都是从山东一带迁徙过来的人，包括六国的贵族和商旅等等，严格意义上说他们并不是秦人。但在项羽的眼中，这些人身处权力的中心，就是助纣为虐的帮凶，理应被掳掠。这些人大多心有怨言，而项羽听说有关中人反对他时，立刻下令坑杀怨民，于是项羽又有了"西屠咸阳"的恐怖暴行，大量无辜的关中人也死于项羽的屠刀之下。

经过这样的折腾，关中的人口大减，而关中人对项羽的怨恨有增无减。

第三，"烧秦宫室"。经过劫掠后，关中地区已经成为了一片荒原。宽广的驰道上不见往来的商旅，空旷的田野里也没有农民在耕种，偌大的咸阳城一片萧瑟。此时的项羽仿佛一个成功出海的海盗一样，正对着自己的战利品洋洋自得。此时的项羽感慨地说："富贵不归故乡，如锦衣夜行，谁知之者!"于是便有了"沐猴而冠"的骂辞。对于这种行为，项羽自然是无法容忍的，很快就烹杀了那个士子。

但是，项羽在内心深处还是心存隐忧的。他这样做完全是为了复仇，而他在咸阳的所作所为同样也会激起秦人的仇恨。既然自己已经决意不在关中立足，那就必须毁掉这一切。否则的话，任何一方势力进驻到这里，对自己都是一种威胁。出于这种考虑，项羽下令纵火焚烧咸阳。

这是一把极为野蛮的大火。

整个咸阳城陷入到了无边的火海之中，壮丽的皇城宫室被烈火吞噬。不仅是皇室宫殿、大臣府邸，甚至一些民宅也广受波及，统统淹没在一片火海之中。

第七章 / 该碰面的躲不过

分封

当咸阳城的大火还在熊熊燃烧的时候，项羽开始在自己的驻地论功行赏了。原因有二。第一是基于当时的政治环境，既然已经完成了当初制定的目标，那就要讨论以后的方向。第二是基于军队的补给。当时的咸阳附近可以说是聚集了当时天下绝大多数的兵马，几十万人的军队消耗是很吓人的。而且很多士兵长久在外作战，此时暴秦已灭，人心思归，每个人都想知道自己未来的归宿。

而项羽要在自己的帐下分封天下，要解决的其实就是两个问题。首先就是谁来主持分封，另外一个就是如何分封。

项羽虽然被各路诸侯尊为天下的"共主"，但是在项羽的上面还有一个无法绕过去的人，这个人就是楚怀王。

此时的项羽还是派人去请示怀王，使者对怀王说如今暴秦已经被消灭了，接下来要有什么举动呢？项羽此时的意思已经非常明显了，就是希望楚怀王能够改变以前的约定，做出对项羽集团有利的答复。

事情并不像项羽想的那么简单。楚怀王对项羽的使者说出了两个字："如约"。这样的答复既表明自己不愿失信于诸侯，同时也是表明了自己的一个态度，那就是分封诸侯的人不应该是项羽而是怀王自己。

楚怀王的固执激怒了项羽，在得知楚怀王的态度后，项羽对诸多将领说："他怀王是什么东西，全是依靠着我们项家才立他为王，就战功而论，他哪里有资格主持分封？平定天下，诛灭暴秦都是我族的功劳！"

项羽说的是事实吗？当然是，但这只是一部分的事实。不可否认，当初项梁寻找到熊心并立为楚王，在早期的反秦斗争中起到了极为重要的作用。楚怀王虽然是一个傀儡，但他并不是平庸之辈。

项梁死后，楚怀王采取了一系列的措施，其中就包括制定双线作战的战略等。客观来讲，如果没有楚怀王明晰的战略部署，刘邦和项羽也不可能如此迅速地实现目标。但是此时的项羽把握着绝对的军事权力，他的一番话很快就抹掉了楚怀王的地位，等于彻底与初怀王撕破了颜面。

剩下的就是最重要的问题了，那就是如何分封。

首先对于项羽选择分封，后人一直有所争论。有一部分学者认为，当时诸侯之中项羽的势力最为强大，完全可以像秦始皇那成为全国范围内的君主。并且项羽自己也曾经说过"取而代之"的豪言壮语，但是此时的项羽却选择了大封诸侯。

通过对史料的分析，我们可以得出这样一个结论：项羽不是不愿意当皇帝，而是暂时不能当皇帝。这其中的原因何在呢？

首先一点，当时的现实状况不允许。项羽虽然被众多的诸侯奉为"上将军"，名义上自己掌握的军队有四十万之众。但真正属于项家军的只有数万而已。其余军队都属于随同他入关的张耳、田都等人，项羽并不能全部掌握。除了随从项羽入关的诸侯之外，当时全国各地还有另外一股力量，那就是盘踞在关外的"群雄"，这其中比较重要的有盘踞在齐国的田荣、盘踞在赵国的赵王歇等。对于这些力量，不可小视，更不可忽视。鉴于当时的实际情况，选择分封，给这些人名号和地盘无疑是比较明智的选择。

此外，项羽选择分封还有着强大的思维惯性。虽然秦始皇建立了统一的中央集权国家，但是在全国范围内也就仅仅存在了十多年，分封的意识在众人的心中还是广泛存在的。此时的项羽又是贵族出身，延续旧习惯的舆论还是占据了大多数。项羽选择分封能够较为容易得到诸侯和民众的认可。

在弄清楚了项羽为何要选择分封后，再来看项羽对各个诸侯所分封的地区就容易理解多了。

分封诸王并不是简单的事，如何通过分封来控制以后的形势，确保自己的霸权地位是项羽此次分封的出发点和落脚点。项羽和范增经过苦心筹划，最终确定了一套可行的分封方案。在这个方案里。项羽一共分封和改封了二十位诸侯王和两位侯。

分封的诸侯王包括了西楚霸王项羽、汉王刘邦、九江王布、河南王申阳、殷王司马昂、常山王张耳、衡山王吴芮、临江王共敖、燕王臧荼、齐王田都、济北王田安、韩王韩成，共有十二位。

改封的诸侯王共有五位，他们分别是：原赵王歇为代王，原魏王豹为西魏王，原燕王韩广为辽东王，齐王田市为胶东王，原楚怀王熊心为义帝。

投降项羽的三位秦军将领章邯、董翳、司马欣分别被封为雍王、翟王、塞王。

除了这些诸侯王之外，项羽还分封了两位侯，分别是陈余为南皮侯，梅
鋗为万户侯。

至此，项羽的分封计划就此完成。当然这些分封并不是项羽因个人喜好
而为之的，而是项羽经过了极为缜密的思考后的产物。为什么要这么说呢？
这就要结合当时的政治形势和政治地图来看了。

经过了三年的反秦斗争，刘邦集团已经成为项羽最重要的潜在对手。项
羽此次分封的目的异常明确，就是逐步打击和削弱包括刘邦在内的潜在对手，
等到时机成熟将来能够一统天下时，完成自己当皇帝的意愿。为了达到这一
目的，项羽才进行大规模的分封。他的分封有一个非常明显的特征，那就是
拉拢和打击并举。

项羽拉拢的主要是非贵族出身，并且立有战功的将领。他对那些肯依附
于自己的将领不吝封赏。这一类人在这次封赏中占据了大多数的位置。

英布是较早跟随项羽反秦的将领，并且屡立战功，因此被项羽封为九江王。

张耳以前是魏国名士，巨鹿之战后在项羽的帐下任职，因此被封为常山王。

申阳原先是张耳的部属，因为率先攻下了河南郡，并且在黄河渡口迎接
项羽大军，项羽对此人颇有好感，因而被封为河南王。

吴芮原先是秦的番阳县令，因率领百越之兵参加反秦斗争并追随刘邦入
关，所以项羽封他做衡山王。

共敖原先的职位是楚怀王的上柱国，后来立有战功，共敖和项氏家族的
关系一直很好，也由此被封为临江王。

田都原来是齐国的将军，后来参与救赵并随项羽入关，因此被封为齐王。

田安是齐国贵族后裔，在起兵抗秦后领兵归降项羽，因而被封为济北王。

臧荼原先为赵国的将军，在参与救赵之后跟随项羽入关，也因此被封为燕王。

司马昂同样也是赵国的将军，后来带兵攻取了河内地区，并且与刘邦素有矛盾，受封为殷王。

章邯、司马欣、董翳三人都是秦军将领，后投降项羽，项羽也封他们为王。

由上可以看出，这些人要么是项羽直属部队的将领，要么是选择归属项羽的义军将领或者是向项羽投降的秦军将领。对于这些与项羽关系比较好的人，项羽选择拉拢的方法。

而对于另外一些人，项羽则毫不留情地进行了打击。这些人虽然也被封为诸侯王，但实际上是被削弱了很多。这些人就是盘踞在原先六国的皇室贵族。从对这些人分封的地域就可以明显地看出其中的端倪。

比如原先的赵王歇被改封为代王，从河北迁到了山西北部，原先的地盘由张耳取代了。而原先的燕王韩广改封为辽东王，从河北北部迁到辽东。与此类似的还有燕王、魏王、齐王等。项羽这样做是有着明确的政治目的的。这些旧贵族在当地往往拥有较大的影响力，势力也盘根错节，让这些人离开自己的根据地可以以较小的代价达到最大的削弱他们势力的目的。项羽将亲善自己的将领分封到以往旧贵族的势力范围内，还有一个目的就是挑起新旧贵族之间的矛盾，而项羽则是坐收渔利之人。从这一点看，项羽做得确实非常到位。分封结束以后，新旧贵族之间的矛盾不断，而这无疑是项羽期望看到的场景。

被冷落的汉王

在处理完贵族的分封事宜后，项羽将目光投向了楚怀王和刘邦。

首先，楚怀王和一般的六国贵族不同，他在各路义军中享有"共主"之名，而且他还是项羽的顶头上司。如何处理楚怀王是非常能够考验项羽的政治能力。

项羽把楚怀王升格为义帝。这也是经过深思熟虑而做出的决定。用楚帝来替代秦帝在当时是可以被普遍接受的一种行为。而后项羽将义帝熊心迁徙到郴，并将其杀掉，这样就使得楚帝的名号空了出来，为以后自己有机会登上帝位做好准备。

对诸将的分封中，项羽做得最奇绝的事情是对沛公刘邦的处理。

项羽并不只是一介武夫，他对未来的天下大势有着自己的判断。《史记·项羽本纪》中就有记载："项王、范增疑沛公之有天下。"从这方面来说，项羽已经认识到自己将来最大的潜在对手其实就是刘邦。

基于这样的考虑，项羽绝对不会把富饶的关中地区全部分封给刘邦。但是刘邦有率先进入关中的事实优势，对于这样的现实状况，项羽和范增必须找到一个分封刘邦的可行方案。在这个方案里，项羽不能背负"负约"的恶名，又不能让刘邦占据关中。这看似无法解决的问题背后，项羽还是得到了他想要得到的结果。项羽是怎么做到的呢？

"巴、蜀道险，秦之迁人皆居蜀。巴、蜀亦关中地也。"然后以此为理由将刘邦分封到巴、蜀之地称王。按照项羽的解释,虽然巴蜀地区是秦流放犯人的地方,但是也属于秦朝故地,所以把刘邦分封到这里并不算自己违约。

巴蜀地区山高地险,处于崇山峻岭的环绕之中,交通极为不便。项羽将刘邦封到这里,就好像把他关进了一个笼子之中。项羽这样做的目的表露得非常清晰:

第一,如果刘邦拒绝此次分封,则为项羽率兵攻打刘邦提供了口实,项羽也可以借此消灭这个潜在的对手。

第二,如果刘邦接受这次分封,则就等于将他困在穷山恶水之中,很难有所作为,也更不可能出兵与项羽争夺天下了。

为了阻塞刘邦从巴蜀之地东进,项羽也有后备措施,那就是在关中地区设置障碍,使得汉王刘邦的势力不能轻易越过秦岭这道天然的关卡。而守卫秦岭的人选必须要满足两个条件,第一,要有相当的军事才华,毕竟将来要对付的是刘邦,没有一定军事才能很难胜任。第二,要对项羽绝对忠心。那符合这两项要求的人有没有呢?当然有,那就是章邯三人。为什么这么说呢?

章邯三人的军事能力是毋庸置疑的,在关东大地曾是令其他诸侯王们闻风丧胆的角色。如果不是秦内乱误国,如果能给章邯足够的后勤补给以及兵员,此时天下落入谁手还很难预料。所以在项羽分封的各路诸侯王之中,章邯等人的能力绝对是出类拔萃的。

此外,还有非常重要的一点。章邯三人的投降导致了几十万秦军被坑杀,他们也成了关中地区百姓不共戴天的仇敌。在这样的背景之下,章邯三人对项羽的依附相比其他将领也更深,也会更加忠实地执行项羽的战略意图。在后来的楚汉战争中,很多诸侯王都如墙头草一样左右不定,而章邯始终没有选择向刘邦投降。

解决了楚怀王和刘邦的问题后，项羽准备回到定都的彭城了。很多人将项羽不在关中称王而回到彭城，作为他失败的一个重要原因。奉行这种观点的人的主要依据有两个，一个是认为关中富饶，另外一个就是地理位置比较优越，秦能从此统一全国。

事实上，这两种说法有一定道理，但并不绝对。

先说关中是不是真的富饶。从地理位置上说，关中确实比其他地区的耕作条件要好一些。但是也只是相对于秦国的其他地区而言，当时真正的粮食主产区依然是黄河中下游地区。关中之所以能够被人称为富饶，其实最重要的是商鞅变法后形成的一套完整的行政体系，保证了耕作的时间和效率，加上关中地区很少受到战火的侵袭，所以关中富饶的说法就传播开了。

再说地理位置。关中确实地处盆地，有函谷关的阻挡，易守难攻，战略位置很重要。但是这种重要的战略位置自保可行，而想要完成统一则需要长时间的积累。项羽的目标是夺取天下，而不是故步自封。至于易守难攻的函谷关，在项羽看来更不是多大的威胁。因为在打仗这件事上，项羽是拥有绝对的自信的。

除此之外，还有诸多的客观因素也促使了项羽决定放弃关中，返回到彭城。

要想立足关中，一定的基础是必不可少的。但项羽在关中最缺乏的就是基础。他坑杀了几十万的降将，杀死秦王子婴以及其他皇族，掳掠财货妇女，最后火烧咸阳，这一系列的暴行让关中地区的人对项羽恨之入骨。何况，项羽早就封章邯为雍王来治理关中地区，如果自己还留在关中，容易引发新的矛盾。

除此之外，项羽决意离开关中回到彭城的一个重要原因就是那个被架空起来的义帝怀王。

对项羽来说，楚地是他最重要的根据地，而楚怀王是天下人尽皆知的义军领袖。项羽要重现秦始皇的荣光，首先要安抚和完全控制的地域就是楚地。如果项羽滞留关中，楚怀王凭借着自己的地位很可能会截断项羽的后路。而项羽的嫡系部队中的绝大多数人都是楚国的士兵，士兵们思乡心切，也都希望衣锦还乡。

综合种种因素，项羽选择了都彭城的道路。由项羽的这些举动来看，他只是做出了基于自己判断下的最好选择。

因祸得福

当刘邦得知自己被封到巴蜀之地的时候，感觉一下子从天上跌到了地下。无论如何，刘邦也是西征军的领袖，是推翻秦政的重要人物，也是和项羽齐名的义军头领。刘邦率领着参差不齐的杂牌军一路转战，虽然没有项羽在巨鹿之战中的表现那么光辉耀眼，但也绝对可以称得上是九死一生了。在攻入咸阳后，刘邦不仅没有按照怀王之约成为关中王，反而被发配到了偏远的巴蜀之地，刘邦无论如何也咽不下这口气。

愤怒的刘邦立即下令准备与项羽开战。但此时追随刘邦的将领们却异常清醒，周勃、樊哙等人都一再劝说刘邦要冷静，但是怒火无处发泄的刘邦还是坚持要同项羽开战。此时，一向不怎么劝谏的萧何出面了。萧何是个聪明人，他知道用什么方式才能让刘邦后彻底放弃立刻同项羽开战的念头。

刘邦的愤怒除了觉得无法获得理想中的关中王以外，还有一个重要原因就是觉得巴蜀地区太过愚昧和落后了。

在包括项羽等绝大多数人的眼中，巴蜀之地是愚昧落后的未经开化之地。但萧何并不这么认为。巴蜀之地交通不便是事实，但绝不是贫瘠落后的地域。经过秦王朝大力的开发，巴蜀之国早就变成了富饶的天府之国，在秦灭六国的战争中发挥出了重大作用。只是当时的人并没有认识到这一点。

宋人郭允蹈在一本名为《蜀鉴》的书中写道："秦并六国，自得蜀始。"这是对巴蜀地区在秦统一大业中有较早认识的体现。那为什么说巴蜀之地在秦统一中起到了不可替代的作用呢？

说起秦对巴蜀两地的开发，有一个人不得不提，那就是司马错。

根据《战国策》的记载，公元前318年，秦国准备攻打韩国。而恰恰在这个时候，位置在秦以南的巴蜀两国发生矛盾，都向秦发提出了发兵的请求。此时的秦惠王有点为难，他打算派兵入蜀，又担心蜀道艰难，不容易通行。而要率先攻打韩国的话，秦惠王又没有十足的把握。

就在这个时候，秦大将司马错向秦惠王提出了自己的看法："'臣闻之，欲富国者，务广其地；欲强兵者，务富其民；欲王者，务博其德。三资者备，而王随之矣。'今王之地小民贫，故臣愿从事于易。"

司马错虽然出生行伍，但在此事上绝对算得上是眼光独到。当时的秦国虽然在商鞅变法后的几十年内有了快速发展，国力大增。从军事实力上，秦国不惧怕任何一个东方六国，但是毕竟秦偏居关中，一旦东方六国出现了联合，那秦则毫无胜算。在这种情形之下，秦最主要的任务则应该是扩大地盘，富国强民，而不是以倾全国之力东进。

司马错以战略家的眼光力劝秦惠王趁着巴蜀两国混乱之际，果断派兵消灭他们，并将巴蜀之地变成秦国的后方。秦惠王也是一位头脑清醒的明君，随后就遵从了司马错的方略，将巴蜀两地纳入到了秦的版图之内。

将巴蜀两地纳入到版图之后，秦就开始了对这一地区的苦心经营。这种经营主要包括两个方面，第一就是政策性的人口迁徙。这种人口的迁徙并不是一个单一的事件，而是一种持续的行为。据历史记载，自秦将巴蜀纳为自己的版图之后，从关中迁徙到巴蜀的移民有几十万之众。在社会生产力还比较低下的古代社会，人口的多寡往往对一个地区的开发起到决定性的作用。此外，这些迁到巴蜀的人带来了先进的生产技能、生产工具甚至是生产理念，这些都加快了巴蜀地区的繁荣。

另外，巴蜀地区的开发离不开一个人和一项水利工程，那就是李冰和都江堰。

秦昭王时期，蜀地郡守李冰组织修建了举世闻名的水利工程都江堰。这项工程对巴蜀之地的开发有着极为重要的作用。

正所谓前人栽树，后人乘凉。到了秦王嬴政时期，巴蜀地区经过近百年的开发，早已经成为整个秦国最富庶的地方之一。在统一六国的战争中，巴蜀地区贡献了大量的人力和物力。

在秦末诸侯混战的时期，处于西南地区的巴蜀之地一直没有受到战争的困扰，这在很大程度上就是得益于其得天独厚的地理位置。

介绍完巴蜀两地的真实情况后，萧何特意引用了《周书》中的一句古典："天予不取，反受其咎。"这句话的意思是说上天送给您丰厚的礼物，如果您还不要的话，当心会招来祸患。为了能够彻底说服刘邦，萧何又给刘邦举出了历史上两个真实的例子，那就是商汤和周武王。萧何劝谏刘邦要懂得忍耐一时，等待东山再起的时机。

萧何还向刘邦描述了一个十分光明的前景，并在政治和军事上都提出了颇具远见并且可行的战略，等于是给刘邦吃了一颗定心丸。

听完萧何的分析，刘邦才意识到自己已经占据了多么大的优势，连声称善。这其中有一个问题，萧何并没有去过巴蜀，也没有在秦王朝中担任过要职，怎么会对巴蜀之地的情况如此了解呢？这就不得不归功于萧何在刘邦入咸阳后一心只想得到秦帝国库府的图文典籍。在拥有了一个庞大的资料库后，细心的萧何才从中发现了这不为大多数人知晓的秘密。《史记·萧相国世家》里有这样的记载"汉王所以具知天下厄塞，户口多少，强弱之处，民所疾苦者，以何具得秦图书也。"

项羽原本以为封给刘邦的是一片烟瘴之地，哪里知道事实上却白白送给了刘邦一个天然的粮仓。

分封完毕，刘邦准备远赴巴、蜀、汉中建立自己的王国。刘邦接着以汉王的身份赐给张良黄金百镒和珍珠宝物二斗，张良却将其全部转送给了在鸿门宴中对刘邦尽到保护责任的项伯。除此之外，刘邦自己也给项伯预备了大量的礼物，希望通过项伯的努力促使项羽将整个的关中盆地封给刘邦。而项羽也很快答应了刘邦的请求。

大逃亡

当项羽下令各个诸侯王都前往自己的封地的时候，刘邦带着3万兵卒前往汉中。之前辛辛苦苦组织起来的十万军队瞬间就缩减了三分之二，此时刘邦的内心已经平复了，也就没有再说什么。但是在秦末起义军的众多诸侯王中，汉王刘邦一直以宽厚仁慈、有长者之风著称。当刘邦准备前往汉中的时候，一些将领选择了跟随他一同前往。这对于身处困境中的刘邦而言，无疑是一种极大的慰藉。

汉王所率领的将士们一路西行，秦岭的险峻程度让很多士兵感到胆寒。特别是进入到斜谷以后，几万大军经常要在前人所造的栈道上行走。栈道又称阁道，它是在山上先凿穿岩壁，架上横木，铺上木板的道路。栈道的下方就是万丈深渊，时不时地有士兵因为不熟悉栈道的行走方式而跌落悬崖。此外，这次栈道不仅是要人通行，还有大量的辎重。而那些不甚坚固的栈道，就需要加固甚至是重建。

刘邦最为倚重的智囊张良一路走到了褒中（今陕西勉县东北）。此时的张良决定向刘邦告别了。在前文中我们说过，张良是韩国的丞相，后护送刘邦入关，一路上奇谋频出，为刘邦顺利入关立下了汗马功劳。但是张良还有另外一个身份，那就是韩国贵族。此时的他十分想回到韩国，因为恢复韩国一直是他努力的方向。

而此时的韩王成却遭遇到了危机。他被项羽禁止回到封地，这又是什么原因呢？其中的缘由项羽知道，张良也知道，那就是项羽对张良非常不满。《史记·留侯世家》里有这样的记载："以良从汉王故，项王不遣成之国。"《汉书·张良传》也记载，张良回到韩地，听说"项羽以良从汉王故，不遣韩王成之国，与俱东，至彭城杀之。"

此时的张良不得不回到韩国故地来稳定局面。临行之前，张良向刘邦建议，烧掉经过的栈道，这样一方面可以阻隔外界兵力的入侵，另外一方面也可以向外界暗示自己无意再回中原与项羽争霸，借此也可以松懈项家军团的戒心。应该说这一建议收到了良好的效果，当项羽派出的密探告知项羽这一事情后，项羽也因此放松了对刘邦的警惕。

随着前方的路越来越难以行走，不少士兵选择了逃亡。这其实并不难以理解，这些跟随刘邦的士兵，大多数人都是居住在平原地区，其中有的是奉命而来，有的则纯粹是因为仰慕刘邦而来，还有更多的是跟随着刘邦到处征战的沛县子弟。这些人目标明确，就是为了能够建功立业、衣锦还乡，但是现实的状况却是他们要在崇山峻岭中开始迈向未知的土地，在这种心理的影响之下，很多的士兵开始选择逃亡。

对于这些逃亡的人，刘邦并没有去追捕，因为他也知道，这些人既然选择了逃亡，那就是已经丧失了对刘邦的信心。与其强行留住，不如顺其自然，还能落个好名声。

但有这么一天，一个人的离开差点让刘邦崩溃了。这个人就是一直伴随着刘邦的萧何。根据史书的记载，当时刘邦的部下逃亡的人并不在少数，仅高级将领就有数十人，至于士兵就更不计其数。当有人向刘邦报告"丞相何亡"时，刘邦"大怒，如失左右手"。

应该是说刘邦的愤怒甚至是失态也是正常的。这个消息对刘邦来说无疑是晴天霹雳。别人逃亡，刘邦还能一笑了之，但是萧何不同。他是名正言顺的汉国丞相，追随了刘邦多年，早就成为了刘邦不可离开的左右手了。如果连这样的人都选择逃亡，那对整个队伍士气的影响是无法估量的。也正是这样的原因，刘邦不气恼才怪。

没过两天，萧何回来了。见到萧何后，刘邦是又气又恼，史书记载刘邦"且怒且喜"。刘邦开始责骂萧何为什么要逃亡，萧何回答道："我不是去逃亡，而是去追逃亡的人去了。"刘邦感到很诧异，继续问道所追的是什么人，当萧何回答是韩信的时候，刘邦哭笑不得。在刘邦的心中，逃亡的高级将领有那么多，一个小小的韩信有什么可追的呢？

第八章 ／ 韩信的抉择

一个男人的自尊

韩信究竟是谁？为什么萧何单单看重于他？

首先要从韩信的出生开始说起。《史记·淮阴侯列传》的开篇是这样记载的："淮阴侯韩信者，淮阴人也。始为布衣时，贫无行，不得推择为吏。"淮阴是秦帝国统治下的一个县名。在韩信年轻的时候，韩信也想到当地的政府里做一个小吏，但是并没有成功。

按理说，韩信并不缺乏才华，那怎么连小吏都做不了呢？

这与当时的官吏选拔制度是密切相关的。那个时候，官吏的选拔主要依靠两个方面，那就是家庭条件和个人品行。贫且无行的韩信自然就与仕途无关了。此时的韩信既不能为官，又缺乏经商的才能，为了维持自己的基本生活，所以在很多时候不得不"常从人寄食饮"。也就是说不得不寄居在别人家里混饭吃。但就是在这种生存环境下，韩信还是做出了一个惊人的举动，那就是当韩信的母亲病死，没有钱安葬的时候，他便找了一块四周极为广阔的高地作为母亲的坟地。这块高地具体有多大，历史上没有明确的记载，但是却记载了周围能够住一万户人家。一万户人家在当时是什么概念呢？相当于当时秦国一个规模较小的县的全部人口。

一个还在到处乞食的韩信，连母亲的丧葬费都拿不出，却给母亲选择了如此大的一块坟地，其中的寓意不言而喻：韩信坚信自己的贫穷是暂时的，以后一定会干出一番惊天动地的大事业。之所以这样安葬母亲，实际上是为了将来能够给母亲举行大规模祭祀仪式做准备。

史书记载，韩信经常到淮阴的一个亭长家蹭饭吃，并且时间长达数月。要知道，那个时候的亭长一职可以说是最底层的官吏了，生活也并不是很富裕。可能是亭长觉得韩信与其他游手好闲的青年有所不同，才任由他在此寄食。但是不当家不知柴米贵，亭长的妻子对韩信非常不满。但是这种不满也不能当面表达出来，于是亭长的妻子就选择了另外一个办法。

这一天，亭长的妻子提前就把饭给做好了，先招呼全家人吃饭。等到韩信按照以往时间去吃饭的时候，亭长妻子已经开始刷锅洗碗了。韩信是个聪明人，他清楚地知道这意味着什么，韩信于是"怒，竟绝去"。

韩信离开亭长后，不愿再寄人篱下，于是就到河边钓鱼为生。当时桥下有老妇人在做漂布的工作。其中的一位见到韩信面带菜色，就主动和他分享自己的食物，这样一连数十日。备受冷落的韩信受到这样的待遇，心里自然十分感激，他对老妇人说："将来有一天我若能成功，一定会重金报答今日你的恩情。"

漂母听他这样说，不仅没有感到欣慰，反而很生气地说："你身为大丈夫却无法养活自己，我是因为不忍心看到你饿肚子才决定分食给你，岂是指望你成功后的回报吗？"

韩信虽然并没有改变自己穷困潦倒的现状，穿着还是一如既往地破烂不堪，但是他的相貌确实是仪表堂堂。也许是为了和周边的那些人区分开来，韩信自己身上还佩戴着宝剑。要知道，佩剑不仅仅是一种装饰，更是一种身份的象征。

在《史记·淮阴侯列传》里记载了这样的一个故事。

淮阴城里有一个无赖，是一名屠夫的儿子，对韩信非常看不起。一天，这名无赖在大街上拦住了韩信，故意挡在韩信的面前，大声向韩信说道："你虽然长得高大，又喜好佩戴刀剑，实际上是个胆小如鼠的人。"

此时的韩信并没有与无赖纠缠的意思，试图躲开他。但围观的人越积越多，无赖有点洋洋自得，得寸进尺地说道："信能死，刺我；不能死，出我胯下。"意思就是说，你要是敢拼命，现在就用剑来刺杀我；不敢拼命的话就从我的胯下爬下去。

这无疑是一个艰难的选择。在那个时代，一个人的尊严往往比性命更加重要。正值年轻气盛的韩信该如何做呢？

史书记载，韩信"孰视之，俛出胯下，蒲伏。一市人皆笑之，以为怯。"这就是人们所熟知的"胯下之辱"的故事。

其实，仔细分析，这个故事是很值得玩味的。司马迁的笔下描述这样的一个细节，那就是在面对恶少的时候"孰视之"。这三个字其实表明韩信也是经过了十分激烈的思想斗争的，但是韩信在此时选择了忍让。

能够忍受胯下之辱的人基本上可以划分为两种，第一是真正的懦夫，对于这种人不用再多做评论，而另外一种则是真正的勇士，一个能屈能伸的英雄。在我国历史上，有人曾这样评价一个人的勇气：血勇之人，怒而面赤；脉勇之人，怒而面青；骨勇之人，怒而面白；神勇之人，怒而色不变。那韩信一定是属于神勇之人。也正是这一刻的忍让，才有了韩信后来的辉煌。

夜追韩信

如果没有其他变故，韩信或许一生都只能在他人的白眼中度过，而自己一身的才华也不会找到任何施展空间。但是大泽乡的呼声让不安的韩信看到了新的希望。

当项梁率领着江东子弟北上的时候，韩信孤身一人"仗剑从之"，但"无所知名"，也就是说并没有人把他放在眼里，而此时的韩信就是再普通不过的一名士兵而已。项梁在定陶一战中被章邯打得大败，而韩信又重新归属了项羽，"羽以为郎中"。那郎中是什么角色呢？那时的郎中基本上就属于警卫人员。而项羽之所以让韩信为郎中，最大的原因可能就是因为韩信体格高大，相貌堂堂。

虽然只是一个郎中，但是韩信对这份工作却抱有很大的热情。其中的原因也非常简单，因为这样可以经常接触到项羽，也就有机会直接向项羽建言献策。但是在军事斗争中，项羽是多么自负的一个人，所以就出现了"（韩信）数以策于项羽，羽不用"的情形。

此时的韩信就有点心灰意冷了，准备改换门庭，投向一个能够赏识自己的明主。

众多的诸侯王中，韩信选择了刘邦。应该说，这是有相当大的政治风险的。按照分封诸侯王的实力，汉王刘邦并不是最强的。从这一点上看，此时韩信选择跟随刘邦进入关中，也是满怀憧憬，希望能够在刘邦的手下展示自己的才华的。

但是真实的情况往往比想象中要复杂得多，满怀希望的韩信从项羽的军中投奔刘邦时，在很长一段时间内并没有得到重用，甚至差点丢了自己的性命。那这期间他又经历了哪些波折呢？

韩信刚进入到刘邦的军队时，并没有战功，也不为人知，只是做了一名连敖。连敖其实就是管理仓库粮饷的小官，地位甚至不能和在项羽军中做郎中相提并论。最要命的是，韩信陷入到了一桩集体案件中，而依法当斩。和韩信同案的十三名案犯都被砍了头，等到准备杀韩信的时候，韩信抬头仰天长叹，正好看见在此次监斩的夏侯婴。韩信就高声长叹了一声："汉王不想成就夺取天下的大业吗？为什么却在这里斩杀壮士呢？"

这句话其实就是说给夏侯婴听的。而夏侯婴深得刘邦信任，也颇具政治头脑。当听到这样的话时，夏侯婴开始仔细看了看这位犯人。夏侯婴见韩信言语不俗，相貌俊伟，觉得很不一般，就将韩信先释放了。在和韩信的交谈中，夏侯婴非常吃惊，也暗自为自己的手下留情而洋洋自得。

夏侯婴将韩信推荐给了刘邦，而刘邦也赦免了韩信的死罪，并将韩信提拔为治粟都尉。这对韩信来说不仅是一种幸运，更是一种命运的垂青。也正是因为这个职务，韩信遇到了人生中的另外一名伯乐，那就是萧何。

从韩信的职位来看，治粟都尉是负责粮秣军饷的。而在刘邦的大军中，负责后勤的恰恰是刘邦的左右手萧何。通过工作关系，萧何很快就接触到了韩信。在与韩信交谈几次后，眼光敏锐的萧何很快就发现韩信是一个不可多得的人才。

萧何觉得用韩信这样的统兵大将来负责军需太暴殄天物了，于是就多次向刘邦建议重用韩信，但是刘邦却认为韩信并没有特别之处，总是将这件事放在一边。到了公元前206年，韩信得知萧何多次向刘邦推荐自己，但刘邦依然不肯重用自己的时候，他决意像其他人一样，选择逃亡。

而得知韩信逃亡的消息后，萧何也顾不得其他，开始了夜追韩信的行程。

拜将

在传说和野史中，对于萧何追赶韩信有各种各样的细节描述。历史史实的细节究竟如何，我们已无法考证，但是"萧何月下追韩信"早就成为爱惜人才的一个代名词，千百年来一直被广大的人们津津乐道。

刘邦在得知萧何追赶的人是韩信的时候，此时才想起来萧何以前多次曾向他提及过此人。而萧何对刘邦诚恳地说："那些逃亡的将领，都是比较容易得到的人；而韩信这样的人却是无双的国士。如果您打算在汉中当一辈子的王，那韩信却是没有什么用处；但是如果您要想争夺天下，除了韩信之外就再也没有可以谋大事的人了。这其中怎么选，就要看大王的决定了。"

此时的刘邦也平静了下来，对萧何回答道："我当然是想要向东发展，不可能在这里待上一辈子。"

萧何乘机进言："既然决意东向角逐天下，那就要重用韩信了，只有这样他才能留下来，不然的话，他还是会选择逃亡的。"刘邦于是准备让韩信当将军，而萧何认为将军一职并不能发挥韩信的能力，直到刘邦决意让韩信当大将的时候，萧何才满意了。

而刘邦为了能够安抚萧何和韩信，准备立刻召集韩信过来任命他为大将。而萧何不愧是最了解韩信的人，他对刘邦说："大王对待部下素来不讲什么礼貌，如今任命大将这么重要的事情怎么能够像召唤小孩子一样如此随便呢？这也正是韩信选择离开的原因，如果决心任命韩信为大将，要选择一个良辰吉日，事先要斋戒，还要设立相应的器具和仪式才算可以。"

刘邦答应了萧何的要求，向全军宣布了举行任命大将典礼的日期。

全军的将士在得知这个命令后都十分欣喜，普通战士们渴望看到未来带领着他们征战的大将是什么样的风采，而那些跟随汉王南征北战，屡建战功的将领们也纷纷认为自己是大将的不二人选。

拜将的仪式在我国出现很早，一般情况下是在太庙里进行。如果要是在露天设坛拜将，那意味着是一种非常隆重的大礼，表现的是对将领的绝对信任。根据《史记·淮阴侯列传》记载，当刘邦麾下的诸将得知拜的大将竟然是默默无闻的韩信的时候，"一军皆惊"。那此时刘邦其实对韩信也没有多少信心，之所以能够拜韩信为大将，最主要的原因其实就是基于对萧何的信任。

俗话说，千军易得，一将难求。因为它关系到一个军团的生死存亡，大将的指挥能力可以说是左右着手下万千士兵的生死。尤其是在这样一个诸侯纷争的年代，如果没有一个优秀的统兵之才，刘邦将很可能老死在汉中。

此时刘邦的军营中，按理说最有资格成为大将的有三个人，分别是周勃、灌婴和樊哙。这三个人各有特点：周勃比较稳重，樊哙对刘邦极为忠诚，此外二人作战都十分勇猛可靠。灌婴资历较浅，但却有着较为丰富的领军经验。但这三人都有一个致命的缺点，那就是没有统领大军团作战的能力。对于这一点，刘邦心中对手下的将领还是认识得很清楚的。这也是刘邦迟迟没有在军中设立大将的重要的原因。

才华初显

拜将仪式结束后，刘邦问韩信："丞相多次称赞将军，将军有什么计策可以教给我吗？"韩信谦虚了一番后便单刀直入地问刘邦："大王如今想要向东争霸，最主要的竞争对手难道不正是项王吗？"

刘邦很痛快地点头说是。韩信此时又尖锐地问道："大王以为自己在庸官、凶悍、仁爱等方面和项王比起来怎么样？"面对这样的问责，刘邦沉默了一会儿诚恳地回答说："不如项王。"

韩信再拜，称赞刘邦有自知之明，然后继续说道："我也认为大王在这一方面确实是不如项王，然而我侍奉过项王，也清楚项王的弱点。"

于是，韩信就对刘邦说起了他眼中真实的项羽是什么样子。韩信谈道："项王勇猛无比，发起脾气来，千人也抵挡不住他的威势。但是他有一个致命的弱点，那就是他刚愎自用，无法任用有才能的将领，这是他最大的弱点。而至于勇猛，不过是匹夫之勇罢了。此外，项王在接见宾客的时候是相当地恭敬有礼，表现得十分仁爱，语言也十分和气。每当部属有疾病的时候，他甚至涕泣泪下，还把自己的饮食分给别人。但是部属有功而应当分封官爵的时候，他却显得十分犹豫，不愿意给予。像他这样的个性，不过是一种妇人之仁罢了。"

对于这些细节，刘邦自然是无从知晓的。而在项羽身边做过警卫的韩信自然有机会去观察。在说完项羽的为人后，韩信接着又说起了项羽在战略上的失误。

"项王虽然能够称霸天下，让所有诸侯臣服，但是他却不在关中称王，而是急于回到彭城，这是因为他缺乏战略眼光，而且对时局的掌握不够敏锐；项王还驱逐原先各国的领袖，而以那些和自己关系密切的将领来替代。他又将义帝迁往江南，而新封的诸侯见他这样做，也纷纷效仿，开始驱逐原来的国君，这样就弄得天下混乱不堪。更为重要的是，项王生性残暴，军纪败坏。天下的百姓对此无不怨声载道，只是害怕他的淫威不敢作声而已。所以，虽然项王现在是名义上的霸王，但事实上早就已经不得民心了。"也正是基于这样的认识，韩信已经对项羽做出了重要结论，那就是项羽是个纸老虎，强大只是暂时的，事实上项羽已经开始走向衰落了。而此时的韩信给刘邦提出了三条建议：

　　第一，任用贤能，不避亲疏。

　　第二，不吝啬封赏，以天下城邑分封有功之人。

　　第三，利用义军关东士兵思念东归的心理，向东而争霸。

　　但是刘邦立刻也意识到一个重要问题，要率军出汉中，关中是必经之地，而此时的关中是章邯、司马欣和董翳三人的封地，也被称为三秦。这三个人不仅拥有很高的军事才能，而且占据了很好的地理优势。想要越过他们并不是一件容易的事。但是韩信对此并不在意，他认为刘邦拥有绝对的优势。

　　韩信分析道："章邯等人是多年的秦军将领，数年来率领着秦国的子弟兵与诸侯作战，伤亡惨重。但在最后时刻却投降楚军，但这些投降的秦军被项王坑杀，只有这三个人幸免于难，并且被封秦地的王。对于这一点，秦国的父老对这三个人恨之入骨，认为他们出卖了秦军。项羽将这三个人安排做关中王，关中的百姓并不支持。相比之下，大王入关后，秋毫无犯，与百姓约法三章，关中的百姓都希望大王在关中称王。此外，根据和怀王的约定，大王原本就应该是关中王。项王强迫大王到汉中,关中的百姓都愤愤不平,所以,只要大王宣称举兵进入关中,发出檄文,关中自然就会成为您的囊中之物了。"

对于韩信有理有据的分析,刘邦自然是万分高兴,也开始对韩信有了重新的认识。刘邦当场表示与韩信相识太晚,并决定将东进的计划完全委派给韩信规划,所有的军队也完全由韩信部署和指挥。

是我的终归我

虽然无论是从具体的战略决策还是用人策略上看,韩信的言论并非首创,也不是个人独到的见解。但是韩信对刘邦的一番言论还是有着不可替代的意义的。这个意义就是很好地鼓舞了汉军将士的士气,尤其是筑坛拜将的举动让追随刘邦的将士们看到了东进的希望。虽然前面困难重重,但任用韩信的举动已经是刘邦发出的最重要的一个信号了,那就是历时四年的楚汉相争终于拉开了序幕。

汉元年(公元前 206 年)八月,准备多时的汉军出动了。而韩信的首次出击就造就了历史上明修栈道、暗度陈仓的经典战术。

虽然韩信在和刘邦对话时对夺得三秦地区充满了自信,但是作为一个极富眼光的战略家,韩信选择了用最低的代价去获得最大的成果。在秦岭密密麻麻的关卡中,韩信圈定了一个名叫陈仓关的地方。陈仓是秦王室以往存储粮食的一个官仓,后为了保护这座官仓的安全,秦军在此地建立了关卡。陈仓关是连接汉中与关中的一条故道的出口,而这条故道隐蔽在崇山峻岭之中,很少有人知道。为了达到更好的迷惑效果，韩信派出樊哙等将领率领士兵煞有介事地修复以前被烧毁的栈道。这样做的目的就是将章邯的全部注意力集中在栈道周围。

果然，得知刘邦在修复栈道的消息后，章邯立刻做出了相应的部署，调集起重兵守在栈道周围。正当章邯枕戈待旦准备和刘邦军队厮杀的时候，汉军的主力却悄悄从南郑发出，穿过崎岖难行的东狼谷，翻越崇山峻岭，以迅雷不及掩耳之势向驻守在陈仓的守军发动了猛烈袭击。守军人数本来就少，加上根本就没有任何征兆，汉军很快就占领了陈仓关。

此时此刻，章邯方如梦初醒，赶紧调集军队主力增援陈仓。此时的汉军士气高昂，准备充分，而章邯军队则仓促集结，加上长途跋涉，与刘邦短暂接触后就迅速被击溃。

章邯不愧是一代名将，见此情形，就率领军队退居到废丘这个地方。这也是章邯封为雍王的都城，这里沟深墙高，汉军一时无法攻破。而章邯此前的同伴司马欣和董翳也自身难保，因为周勃和灌婴在向司马欣和董翳施加压力。没过多久，司马欣和董翳便投降，整个关中地区除了章邯军队固守的废丘之外，已经全部成为了刘邦的地盘。

从出兵到占领关中，以武力实现当年的怀王之约，刘邦仅仅用了两个月的时间。而占领关中对刘邦来说有着极为重要的战略意义。

首先对汉军将士的士气是一个极大的提升。有了这样一个良好的开头，汉军开始相信在刘邦的领导下是可以取得最后胜利的。尤其是当自己面对的对手是异常强大的项羽时，这种自信就显得尤为重要。

另外一点就是刘邦获得了梦寐以求的关中根据地。刘邦先占据了巴蜀，后重新夺回关中，基本上可以说是已经得到了一个可以支撑起他长久进行作战的后方。在后来的历史中，刘邦在与项羽的争霸中之所以能够屡败屡战，多次能够卷土重来，东山再起，一个非常重要的原因就是得益于关中地区提供的兵源和粮食。

四处灭火的项羽

时至刘邦还定三秦，已经完全打乱了项羽的分封计划。按理说，关中地区发生这么重大的变故，项羽不可能没有作为。那此时的项羽正在做什么呢？其实，这一时期的项羽也没有闲下来，正在全力与田荣作战。

田氏绝对可以算得上是齐国的贵族。在陈胜、吴广起义后不久，作为老牌贵族的田氏就举行了起义，并很快占领了齐国大部分的领土，田荣成为了炙手可热的当权人物。在项梁准备攻击章邯的时候，项梁曾派使者向田荣要求共同出兵，而田荣因赵楚两国不能满足他提出的条件为由拒绝出兵。后来项梁战败，死于定陶，而项羽认为叔父项梁的死和田荣的不出兵有着很大关系。这是项羽和田荣之前的恩怨。

灭秦以后，项羽主持天下的分封。在分封的过程中，项羽不仅没有考虑给田荣封地，而且把田荣所立的齐王改封为胶东王，而广阔的齐国大地则被分封给了对项羽比较亲近的田都和田安。这样一来就是新仇了。原本田荣自认为是灭秦的有功之臣，在项羽的分封体系下不仅没有得到应有的奖赏，甚至自己辛辛苦苦打下的土地被项羽轻而易举地送给了别人。田荣和项羽之间的矛盾已经不可调和了。

田荣对项羽也是忍无可忍了，他一方面要求已经被改封为胶东王的田市坚决留守临淄，不去即墨赴任。另外一方面，田荣派出兵力阻击新任的齐王田都，以此表明自己的态度。但是胶东王田市惧怕项羽的武力，偷偷跑到了即墨上任了。这让田荣非常恼怒，于是田荣派出军队在即墨杀了田市。随后，已经和项羽撕破脸的田荣又领兵西行杀掉了项羽分封的济北王田安。

这样，在极短的时间内，项羽在齐地分封的三个诸侯王被田荣荡平，而田荣也就此控制了广阔的齐国地区。

项羽的烦恼并没有结束，田荣的行为无疑对很多人起到了示范作用。而准备对项羽发出挑战的远不止田荣一个，第二个人就是陈余。

陈余也可谓是反秦斗争中的风云人物。但是他并没有随同项羽一起入关。所以项羽在分封的时候，自然就把他排除在外了，别说是成为诸侯王，甚至连一个侯爵都没有。后来在别人的劝说下，项羽封陈余为南皮侯。

与陈余相反，一直与他齐名的张耳因为跟随了项羽，被封为了常山王。巨大的反差激怒了陈余，他认为自己的功劳并不比张耳小，而现在张耳是诸侯王，而自己只是一个侯，这是项羽的不公平。

当陈余得知田荣反楚的消息时，立即意识这是一个绝好的时机。陈余派出了自己的亲信向田荣借兵，并且表示愿意追随田荣一起来反对项羽。

田荣当然求之不得，很快就给了陈余一些援兵。而陈余也依靠这些援兵打败了张耳。田荣肯借兵给陈余，看中的也许只是陈余的名声而已，也是为了壮大自己反楚的声势。陈余打败张耳后，收复了赵地。陈余自己并没有称王，而是把赵歇从代地请了回来，继续做赵王。而陈余就成为了辅佐赵王最重要的人。

田荣反楚的行为还让另外一个人也成了项羽的敌人，那就是彭越。

彭越在刘邦入关的途中曾经给予了刘邦很多的帮助，虽然他没有跟随着刘邦入关，但是彭越手下的数万之众对秦军也起到了很大的牵制作用。但是彭越没有入关进入分封的序列，也没有六国贵族的身份，所以自然也就没有得到任何分封。彭越对此一直耿耿于怀，对项羽非常不满。田荣趁机拉拢他，封彭越为将军，彭越也正式成为了反项羽队伍中的一员。

　　面对这混乱不堪的局面，项羽必须要做点什么了。在四处冒火的关东大地上，项羽决定首先集中全部力量消灭田荣。这种选择无疑是最为合理的。

　　首先，田荣是集体反楚事件的导火线，全力攻打田荣，是项羽树立权威的最重要方式。此外，从战略上讲，田荣所占据的齐地和项羽的西楚国接壤，并且已经成为了西楚周边最大的军事集团。如果不能剿灭身边的心腹大患，那项羽就非常有可能在战略上陷入被动。为了避免将来两线作战，项羽只得剑指田荣了。

　　田荣也不甘示弱，集结了大军准备和项羽决一死战。但从战争指挥的能力来讲，田荣根本不是项羽的对手，在短短一天的时间内，项羽便指挥着楚军击溃了田荣的大军。田荣兵败后被乱民所杀。

　　项梁、项羽对齐人都没有好感，尤其是这次田荣的反叛更是激怒了项羽。为了发泄心头的怒火，项羽的军队在齐地烧杀掳掠，搞得这里狼藉一片。

　　面对项羽的暴行，常年生活在战火之中的齐人选择了抵抗。齐国各地区的人民相聚起来组织成游击队到处袭击楚军，项羽的主力部队只能在齐地到处灭火而无法自拔。而项羽面对困境，无疑是刘邦最乐意看到的情形。此时的刘邦想到了一个大胆的计划，那就是趁着项羽主力不在的时候，突袭项羽的大本营彭城。

　　刘邦于是率领大军渡过黄河，进入了中原地带。出关后的刘邦首要目标就是河南国。河南王是申阳，但是申阳兵微将寡，根本不是刘邦的对手，很快河南国就被刘邦占领了。刘邦直接取消了河南王的称号，宣布将河南国改为直接隶属汉国的河南郡。

刘邦接下来的目标就是韩国。项羽一直想把地理位置十分重要的韩国收归到楚国的势力范围内。在对旧韩王成打击后，项羽一直没有分封新的韩王。听闻刘邦要进攻韩国的消息后，项羽临时任命郑昌为韩王。但是郑昌同样也不是刘邦的对手，没过多久，汉军又占领了韩国的大片地区。

公元前 205 年 3 月，汉军渡过黄河，一路势如破竹，很快就包围了魏国的都城平阳。魏王原本和项羽之间存在着矛盾，见刘邦率大军而来，很快就投降了刘邦。魏豹是六国贵族的后裔，刘邦继续封魏豹为魏王，允许他带兵随刘邦一起行动。

刘邦出师后一路顺风顺水，中原地区主要的诸侯王都归在了刘邦的名下，只有殷王司马卬了。司马卬原本是赵国的大将，在项羽打完巨鹿之战后，司马卬集结部分赵军在黄河流域打游击，给秦军很大的压力，对项羽日后扫荡函谷关以东的秦国守备部队帮助很大，因此受封为殷王。

此时的司马卬也处于矛盾之中。如果背叛项羽，目睹过项羽军队战斗力的他担心受到项羽的报复，而要是与刘邦进行对抗的话，那后果也只能是自取灭亡。无奈之下的司马卬只好在表面上与刘邦进行硬拼，但刚一接触便主动认输投降了。刘邦仍旧保留司马卬殷王的封号。

项羽听说司马卬投降后，立刻封陈平为武信君，派他率领一支军队前去攻打司马卬。这时，这一时期最擅长计谋的人出现了，他就是陈平。

分肉还是分天下

在《史记·陈丞相世家》的记载中，陈平出生在一个非常普通的人家庭里。家里并不富裕，只有 30 亩左右的农田来维持生计。陈平有一个哥哥，历史记载他哥哥的名字叫作陈伯，这显然也只是称呼而并非真实的名字。

陈平也长得十分高大英俊，按照当时的审美标准也是一位美男子。陈平的哥哥陈伯虽然没有文化，但是很通情达理，在父母不在的情况下，独自一人耕种田地供养陈平四处游学。陈平的兄长希望自己的弟弟能够出人头地，自然不会有什么怨言，所以在农事方面就不让陈平插手。但是陈平的嫂子却对此非常不满意，她认为长得威武雄壮的陈平不好好干农活，就会读书吃闲饭，自然忍不住对陈平进行数落了。

时间久了，就有人开始议论，说陈平家境并不好，但他却长得如此肥壮，这真是一件奇怪的事情呀。这句话让一直对陈平不满的嫂子产生了共鸣，并对此也有了怨言："我们也只是吃糟糠而已，有这样的小叔子，还不如没有。"陈伯听到自己的妻子说这样的话，十分生气，然后一纸休书将自己的老婆打发了，继续耕地来供养陈平游学。

在陈伯的眼中，自己的弟弟将来必定是会有很大出息的。那陈平是通过什么样的方式来展现自己志向的呢？其实就是一件非常小的事——分肉。

那时的中国，百姓对于祭祀的活动看得还是十分重要的。一般情况下，每年的祭祀分为春秋两次，在春天举行的叫作春社，祭祀的目的是祈求一个丰年；而在秋天举行的祭祀叫作秋社，目的是谢丰年。在祭祀完毕之后，要将祭祀用的祭肉分给各家各户。

一次，乡里举行的祭祀结束后，陈平为宰，负责分肉给各家各户。由于陈平分割得十分公正，得到了乡里人的普遍夸赞。但是陈平喟然叹息说道："唉，要是让我主宰天下，我同样也公平啊。"这就是有名的"陈平佐汉，志见社肉"的故事。从这样一个细节里，我们可以看出，陈平并不是一个甘于碌碌无为的人。

随着时间的推移，陈平很快也就到了谈婚论嫁的年纪。但是，陈平家里很穷，富人家的女人不肯下嫁于他，穷人家的女儿陈平又看不上。在这样高不成、低不就的情况下，也没有人愿意给他提亲了。

与陈平同乡的张负有个孙女，她曾经嫁了五次，但是娶她的人都死掉了，这样一来也就没有人愿意娶她了。但此时的陈平表示出自己愿意娶她为妻。张负对这个年轻人未置可否，决定先考察再说。张负对陈平的考察是在一次丧事之上。

陈平家境不好，幸亏自己平时多读书，可以从事丧葬等重要事情的礼仪指导赚取一定的生活费。有一次，陈平去一户人家主持丧礼，而张负前去观察。张负见陈平是一个高大英俊的美男子，言谈举止也十分大方，心中对陈平很有好感。

丧事结束以后，张负又借故跟随陈平来到陈平家里。不出所料，陈平居住的场所用家徒四壁来形容一点也不过分。但是细心的张负又观察到了一个细节，那就是："然门外多有长者车辙。"

张负由此断定陈平绝非一般人物，也不会长期甘于贫穷。于是，在张负的坚持下，陈平娶了他的孙女。为了显示自己的诚意，张负甚至资助陈平来娶自己的孙女。陈平在得当张家的资助以后，并没有消沉，而是利用张家的财产广交天下的英雄豪杰。史书对此的记载是"道游日广"。由此可见，陈平并没有沉溺于短暂的安稳之中，他还在追求"宰天下"的人生理想。

秦末天下大乱的时候，陈平辞别了兄长和妻子，带着一群年轻人投奔了魏王。投奔魏王的原因也很简单，陈平家乡所在的区域原先就属于魏国管辖的范围。投奔魏王后，魏王任命陈平为太仆，也就是负责管理车马的官员。陈平也借此机会经常向魏王提出自己的建议，但是魏王对陈平的建议往往是束之高阁，甚至有的时候听信谗言，疏远陈平。聪明的陈平看清楚了魏王不是一个能够成大事的人，于是选择了离去，回到了家乡。

当项羽一路攻城略地，打到黄河边上的时候，陈平投奔到了项羽的帐下，寻找新的机会。后来，陈平跟随着项羽一起入关，项羽"赐平爵卿"。那"爵卿"又是一个什么样的官职呢？《史记集解》引张晏曰："礼秩如卿，不治事。"用今天人们理解的方式就是说享受这个级别的待遇，但是没有这个级别的权力。

分封天下以后，陈平跟随这项羽一同返回到彭城。当司马卬投降刘邦的时候，项羽大怒，于是任命陈平为武信君，率领部分原先魏国的将士攻打司马卬。司马卬见陈平来势汹汹，自觉不是对手，于是又归顺了项羽，而项羽也没有吝啬对陈平的封赏，对他既封官又赏金。

但是司马卬的举动彻底惹恼了刘邦，刘邦立即亲自率领大军攻打司马卬，很快就活捉了司马卬，直接废除了司马卬的封号，并将他的封地改为汉国的河内郡。项羽闻此消息大怒，并迁怒于陈平等人，准备将平定司马卬的将领全部杀掉，而陈平就首当其冲。

此时的陈平自然不愿白白葬送自己的性命，于是陈平把项羽赐给他的官印和黄金封好，并派使者送还项羽，而自己只身离开了楚营。

　　陈平挂印封金的举动其实也是很有意思的，这也是向世人宣告了陈平的一种态度，那就是虽然自己所追求的是出人头地，但是比这更重要的是自己一生的傲骨。已经被项羽列为"黑名单"的陈平必须寻找新的出路了。而陈平也通过老朋友有了拜见刘邦的机会。

　　当时，因仰慕刘邦而前来投奔的刘邦的人也不在少数，而刘邦则是海纳百川，来者不拒。而陈平则和其余七个人一起拜见刘邦。在召见结束以后，刘邦让他们回去休息。其余六人纷纷离去的时候，只有陈平一人稳如泰山，并且很自信地对刘邦说："臣有事晋见汉王，所言之事不可以迟过今天。"

　　此时的刘邦开始重新打量这个人，直觉上认为这可能是一个相当不错的人才，于是下令特别约见陈平详谈。于是，汉王刘邦和刚从项羽阵营里逃脱出来的陈平有了彻夜的详谈。至于这二人谈了一些什么，史书上没有详细的记载。但是有一点可以肯定的是，刘邦对陈平应该是相当满意的，因为第二天刘邦就做出了一个决定："乃拜平为都尉，使为参乘，典护军。"

　　从职务的选择上，可以说这完全出乎了陈平的意料。他原本只是一名逃兵，仅仅经过一夜的详谈后，刘邦就给他安排了三种职务，都尉、参乘、典护军。都尉是陈平在项羽帐下所担任的职务，这相当于刘邦给他官复原职了。而参乘是古代官职名，在君王出行的时候，参乘或者与君王同车，或者立于旁边作为警卫。一般来说，能够得到参乘的职务，表明君主对这个人非常信任。而典护军则是另外一个非常重要的职务，主要在军中起监督、监察的作用。

　　这一任命的宣布，引起了汉军中很多人的不满。人们认为陈平不过是一个逃兵，在汉军中并没有立下任何功劳，也没有显示出多高的水平，而刘邦竟能如此重用他。然而，刘邦并不为这些流言所动，反而"汉王闻之，愈益幸平"。

刘邦这样做的原因其实再清楚不过了。首先，刘邦认为陈平有才，并且是一个不可多得的人才，这种识人的眼光是其他人不具备的。再者，刘邦如此重用陈平其实也是表明一种态度，向那些反楚的人表示自己的立场与态度。

第九章 ∕ 打仗的艺术

胜利的假象

公元前 205 年，已经消灭了司马印的刘邦在河内郡休整，准备积攒力量攻打项羽的老巢彭城。一天，当刘邦外出巡视的时候，当地的一位老者向刘邦报告了一个消息：项羽将义帝杀害了。根据《汉书·高帝纪》的记载，此时的董公说了这样一番话："臣闻'顺德者昌，逆德者亡'，'兵出无名，事故不成'。故曰：'明其为贼，敌乃可服。'项羽为无道，放杀其主，天下之贼也。夫仁不以勇，义不以力，三军之众为之素服，以告之诸侯，为此东伐，四海之内莫不仰德。此三王之举也。"

这段话的核心意思就是希望刘邦能够昭告天下，以此为契机东伐项羽。董公的话给了刘邦很大启发，他敏锐地感觉到这是一个千载难逢的政治良机。于是，刘邦当即扯下一条袖子，失声痛哭起来，并且向天下的诸侯发表了讨伐项羽的战争檄文：

"天下共立义帝，北面事之。今项羽放杀义帝江南，大逆无道。寡人亲为发丧，兵皆缟素。悉发关中兵，收三河士，南浮江、汉以下，愿从诸侯王击楚之杀义帝者。"

这篇檄文并没有长篇大论，却一针见血，可以称得上是讨伐檄文中的佳作。首先，刘邦孤立了杀害义帝的项羽。刘邦在檄文中一再表示讨伐的对象是项羽而非楚国，这样就最大限度地孤立了项羽，让那些对项羽心怀不满的诸侯都站到自己一边来。其次，刘邦在这篇檄文中对自己的角色定位是非常清楚的。"愿从诸侯王击楚之杀义帝者"是一个非常好的说辞，表明自己和众诸侯王角色平等，非常容易得到其他诸侯王的支持。

在做了充分的舆论宣传后，此时的项羽已经成为天下的公敌，成为了人人得而诛之的小人了。

项羽并不是一个没有政治经验的莽夫，他为什么要犯傻杀掉义帝，让自己陷入不利的境地中呢？这其中也有着深刻的原因。义帝的存在一直是项羽面临的一大政治难题。杀掉义帝，自己会成为其他诸侯攻击的对象，不杀掉的话，义帝原本就是自己名正言顺的上级，而义帝熊心又不是一个甘愿受控于项羽的人，项羽一直都担心有天义帝会成为他这个霸王头上的霸王。左右权衡之下，项羽选择了杀掉义帝。项羽的想法很简单，与诸侯作战并不是项羽害怕的，而一旦义帝势力强大以后，项羽就会陷入更大的麻烦之中。权衡左右后，项羽还是决定采用最简单的方式，那就是杀掉义帝。

于是，刘邦就凭借着这个理由，率领着浩浩荡荡的联军准备进攻彭城。刘邦千里奔袭，而彭城守军的精锐都还被项羽带领着在齐地纠缠。在这样悬殊的力量对比下，刘邦很快就占领了彭城。刘邦攻入彭城以后，将项羽从咸阳城里运回的财宝和妇女统统收归已有。要知道，这些都是刘邦当初垂涎三尺但最终忍痛割爱的东西。

取得了梦寐以求的胜利，刘邦自然十分兴奋。为了庆祝，刘邦几乎每天都大摆酒宴。此时，项羽的处境并不妙。从道义上讲，项羽已经有了道德的污点，而且项羽将要面对的是两线作战，后方有刘邦联军，而前方还有齐地的反抗。最要命的还有一点，此时的刘邦和项羽之间的兵力相差实在是太过悬殊了。刘邦的联军有五六十万，而项羽的兵力则远远少于刘邦。此外，如果要回彭城与刘邦联军决战，项羽需要长途跋涉，而刘邦则是以逸待劳。诸多的情况都向着对项羽不利的方面发展。

但项羽之所以是项羽，就在于他能够在绝境之中创造出奇迹。这一次，他同样以自己超人的胆识和智慧创造了一场中国战争史上的奇迹。

根据《史记·项羽本纪》中的记载，项羽在得知彭城失陷以后，当机立断，非常冷静地采取了一系列有效的措施：第一，留一部分楚军继续在齐地周旋，给彭城的刘邦联军造成一种假象。第二，项羽亲自率领最为精锐的三万江东弟子南下，很快就占领了彭城西面的萧县，也就切断了刘邦的归路。应该说，先占领萧县的举动是极具战略性的。

从地图上看，彭城的东面是绵延的山陵，而北面则有与齐军作战的主力部队，南面则是谷水、泗水等大河。只要楚军先行控制住彭城西面，那等于将几十万刘邦的联军变成了瓮中之鳖。而项羽所做这一切的时候，刘邦丝毫不知情。

清晨，当刘邦联军士兵还在睡梦中的时候，项羽率领着三万铁骑对驻守彭城的诸侯联军发起了猛烈攻击，楚军如猛虎下山一般，将自己的愤怒都撒向了还有些迷糊的联军身上。很少经历如此阵势的联军士兵都有些发懵，仿佛自己面对的不是正常的人，而是一个个复仇的魔鬼。在楚军凌厉的攻势下，联军几乎没有任何招架能力，众多士兵纷纷溃散。

当无边的恐惧开始在几十万大军之中蔓延的时候，兵败如山倒并不是一个形容词。而此时的项羽更是杀红了眼，继续率领着大军追击向南逃脱的士兵。向南是谷水和泗水，慌乱中，数十万人葬身于河流之中。

侥幸已经渡河的士兵继续向南逃命，而项羽依旧不依不饶，继续截杀了数十万的士兵。此时刘邦的命运如何呢？

三万对三十万

听闻项羽杀回彭城的消息后，刘邦也来不及组织有效的抵抗，只能在夏侯婴等亲信的保护下仓皇出逃。混乱之中，刘邦等人被楚军包围了，正当刘邦苦苦思索如何脱身的时候，这时候发生了一件怪事。

一阵狂风从西北方向刮来，史书的记载称"折木发屋，扬沙石，窈冥昼晦"。在这种情况下，处在包围圈外的楚军站立不稳，顿时乱作了一团，没有时间顾及刘邦等人。而刘邦乘此则逃出了楚军的包围。

这是一个非常奇特的场景，可以说是一场莫名的大风救了刘邦的性命。这件事无论是在野史还是正史中都有记载，其原因无外乎有两个，第一就是神化刘邦个人。作为布衣，刘邦后来能够成为皇帝，有一点是不可或缺的，那就是自己身上的神秘光环。第二个原因就是真的有那么一场大风，其实也就是局部的龙卷风。因为彭城之战的时间是春夏之交，而彭城附近又多水，产生龙卷风的可能性极大。

不管怎么样，刘邦是暂时脱离了危险。脱离楚军的包围后，刘邦立即率领着仅剩的士兵奔向了西北方。他此行的目的地是自己的老家丰邑，目的是将自己的父母妻儿接走，以免落入到项羽的手中。然而，项羽早就想到了这一点，早就派出一队人马奔袭丰邑，准备劫持刘邦的家属作为人质。

刘太公和吕雉听说楚军要来的消息后，提前就举家逃匿了。等到刘邦回到家乡的时候，举家空无一人。刘邦以为家人都已经被项羽劫走了。在离开丰邑的道路上，夏侯婴发现路边有两个小孩，长得很像刘邦的儿子和女儿。在仔细辨认后，发现确实是刘邦的儿女。刘邦非常高兴，连忙让这两个小孩上了他的车驾。

通过询问后，刘邦得知刘盈姐弟已经和祖父、母亲失散了。事实上，刘太公和吕雉在慌不择路的时候已经被楚军抓住了。还没有等刘邦感慨的时候，楚军已经追上刘邦了。此时，有数十位的汉军护卫着刘邦的车驾飞速奔逃。而后面的楚军也急于立功，穷追不舍。在这种危急的时刻，刘邦出逃心切，为了减轻车驾的重量，几次把自己的两个小孩推下了车。但是每这样一次，夏侯婴就停下车来，把他们重新抱上车。

这样跑跑停停的速度自然就变慢了，刘邦大怒，甚至要拿剑威胁夏侯婴，但是夏侯婴并不为所动，刘邦无奈，只能听天由命了。紧随着刘邦的汉军将士与后面追来的楚军进行了殊死搏斗，刘邦一行人最终逃出包围，避免成为了项羽的俘虏。经过了长途跋涉后，刘邦终于抵达了下邑，也就是今天的安徽砀山。这里当时是由吕雉的哥哥周吕侯吕泽镇守。

到目前为止，刘邦西出的计划遭到了惨败，并且败得灰头土脸。估计当时的刘邦也在想，为什么几十万的大军抵挡不住项羽的三万骑兵呢？

其实，这个问题并不难解答，刘邦在彭城的失利，基本上可以总结为两点原因，一是心理上的，另外一方面则是战术上的。

心理上，从双方的士气上来说，联军多是各地诸侯招募的士兵，并没有经历过大规模作战，人数众多，但士兵的心思很少在打仗上。不同诸侯所率领的士兵往往抱着抢夺财物的心理而来。而楚军则不同，自从楚地拉起反秦的大旗以来，楚军便一直是诸侯军中的急先锋，作战勇猛，战术素养极高。还有很重要的一点，此时联军攻陷的是彭城，是楚军的大本营。这对于一向战无不胜的楚军来说简直就是奇耻大辱，所以遇到联军就分外眼红。

从这次战役的战术布置来说，不得不称赞项羽是一名杰出的大将。

首先，偷袭策略的成功运用。项羽为了迷惑刘邦，把楚军大部分的主力依然留在齐地，让刘邦联军降低了警惕性。当刘邦联军都还以为项羽还在北面作战时，项羽突然从西面发动猛烈攻击，这种效果是可想而知的。

其次，从偷袭的时间选择上，项羽选择了清晨。这一时期正是人最疲惫的时候，突然遭到袭击，本能反应就是逃跑。从时间的选择上，项羽不可谓不老辣。

此外，项羽在偷袭的过程中，目标只有一个，那就是摧毁刘邦的指挥中心。针对联军编制混乱的局面，项羽对刘邦进行穷追猛打，让刘邦没有时间组织有效的反攻，只能任由楚军杀戮。

这所有的一切，都离不开项羽最重要的举措，大规模使用骑兵。在古代战争中，骑兵对步兵有着绝对的优势。项羽正是利用了骑兵机动性强、对抗步兵效果好的特点，仅仅用了三万骑兵就摧毁了刘邦联军几十万的军队，完全可以称得上是古代战争史上以少胜多的典范。

张良出奇谋

彭城之战，项羽以自己天才的军事智慧给刘邦上了真实的一课。但是对刘邦来说，经历了人生的大起大落后，刘邦对时局又有了新的认识。从大赢到大输，此时的刘邦更加成熟了。刘邦也开始意识到，硬碰硬的话，自己并不是项羽的对手，而那些见风使舵的诸侯王也不能成为自己可靠的盟友。要想打败项羽，必须要想出新的计策。此时，一个重要人物的出现让刘邦看到了希望，这个人就是张良。

张良辞别刘邦后原本想辅佐韩王重建韩国，但是项羽最终还是杀掉了韩王。而张良也就没有了任何的挂念，重新回到刘邦的帐下，而这个时候已经是刘邦还定三秦，准备攻打彭城了。

根据《史记·留侯世家》的记载，张良应该是和刘邦一起逃亡的。在前往下邑的路上，刘邦开始问张良："我打算把函谷关以外的土地作为封赏，奖赏给那些能够帮助我打败项羽的人，谁能够和我一起建功立业呢？"

张良此时向刘邦提及了三个重要人物。

第一位是九江王英布。英布是除项羽之外楚国的首席猛将，在灭秦战役中曾经多次出任先锋的位置，可以说是劳苦功高。在项羽进行大肆分封的时候，他只是得到了九江王的位置，心里非常不满，已经和项羽有貌合神离的迹象了。

第二位是彭越。彭越出生低微，项羽对他十分排挤，所以才加入到了反叛的行列。此时的彭越已经掌控了南方大部分的地区。

第三位就是刘邦阵营中的韩信了，韩信的能力早已经被汉军将士所公认了。也应该让韩信独立掌握一个军团，与项羽进抗衡。

刘邦听完张良的分析后，有种茅塞顿开的感觉，于是便开始部署。

在张良提及的这三个人中，韩信是刘邦的部下，对于韩信的安排是最为轻松的。彭越很早就与刘邦有交情，但是一直对项羽不满。刘邦相信只要给足彭越一定的价码，说服彭越也不是问题。最让人头疼的就是如何说服九江王英布。

英布虽然和项羽有所隔阂，但是他和项羽性格相近，又是项羽手下的首席大将，对项羽还是有一定感情的。尤其是此时正值项羽打了胜仗，如果此时去劝说英布投降，无疑是冒着极大的风险的。这需要一个胆大心细且能言善辩的人。而刘邦手下的张良和陈平都是合适的人选，但是刘邦不敢冒此风险。万一说服失败，这些人不仅会性命不保，对刘邦的损失远比一个英布要重要。

迟迟找不到合适的人选，刘邦非常着急，情急之下就对左右的侍从发了一句牢骚："你们这些人，办不成大事。"这句话引起了一位名叫随何的谒者的不满。一般来说，这种官职都是由儒生担任的。刘邦这样说，自然让一些心高气傲的儒生不满了。随何此时就反问刘邦："汉王所说的是什么事情？"

刘邦说："如果有谁能够为我说服九江王，让他出兵背叛楚国，牵制住楚军让其不能离开彭城，我就一定能够夺取天下。"而随何也就大胆地答道："臣愿意作为汉王说服九江王的使者。"

从内心来说，刘邦对随何的出使并没有多少信心。但在这种无人可用的情况下，随何愿意出使就让他试试，说不定还真能成功呢。

随何带着使团向九江出发后，刘邦进入了荥阳一带。荥阳的战略位置很重要，数次成为大军的必争之地。而此时的刘邦已经缓了过来，包括韩信在内的很多汉阵营里的大将也都集结到了这里。而远在关中的萧何更是向荥阳紧急输送了人员和物资。这样一来，刘邦在荥阳的防线也日益坚固，项羽的主力部队很难越过荥阳的防线，双方呈现出了胶着的战争态势。

此时的刘邦并没有闲下来，他也在思考如何解除自己的困境。虽然表面上，刘邦和项羽在此时还是相持状态，实际上经过彭城一战以后，刘邦面临的凶险远比想象的要大。经过彭城的失利后，原先跟随着刘邦准备讨伐项羽的诸侯王纷纷意识到了项羽的战斗力，也就改换了门庭。这其中比较有名的就包括了司马欣和董翳，而陈余因为刘邦没有能够满足他诛杀张耳的需求也叛汉了。而刘邦在中原地区另外一个重要盟友魏王豹以"请归视亲病"为名，骗得刘邦让其回到魏国。但是在渡过黄河以后就封锁了渡口，开始倒向项羽一方。

如果这些都不能说明问题的话，那从地图上则可以很明了地说明问题了。当时的战场形势是这样的：刘邦固守荥阳，荥阳以西属于刘邦的势力范围，而荥阳以东则是项羽的势力范围。但真实的情况远比这要复杂得多。此时荥阳正北方是今天的河北省北部，大致属于代王陈余、赵王歇和燕王臧荼的地盘。这些人都是项羽分封的诸侯王，对项羽的态度明显要好于对刘邦。而荥阳的西北则是今天的山西省，属于魏王豹的地盘。此时的魏王豹已经公开表明了追随项羽的姿态。而荥阳的东北则是今天的山东一带，属于齐国。虽然齐国对项羽怀恨在心，但也绝不属于刘邦。

由此可见，刘邦虽然表面上与项羽势力均衡，但是实际情况一点儿也不容乐观。

公元前205年9月，刘邦为了打开被动的局面，任命韩信为左丞相，曹参、灌婴为将军，统一部署精锐的汉军，渡过黄河北上。此行的目的有两个，第一是占领黄河以北的广大地区，借此消除对荥阳侧翼的威胁。另外从北面对彭城的项羽实施战略包围。

　　要想达到这一目的，刘邦首先要针对的目标就是已经投降项羽的魏王豹。虽然说魏王豹对刘邦撒谎并最终与刘邦为敌，但是毕竟他也是一方有着相当实力的诸侯。刘邦对于魏王豹依然是采取了先礼后兵的方式，并且派出了最好的说客之一——郦食其。

　　但是，无论郦食其采用什么样的说服方式，魏王始终不为之所动。魏王给出的反驳理由是，汉王的作风傲慢，并且还喜欢骂人，在骂人的时候就像骂奴仆一样，哪有什么君臣之礼，对于这样的人，魏王实在不愿追随。

　　其实，明眼人都可以看出，这是魏王的一种托词。当时刘邦与项羽正在荥阳相持，天下的形势并不是很明朗，他此时背叛刘邦而暗中与项羽媾和，实际上是想乘着刘邦与项羽争斗的时候坐收渔利。

　　但是魏王有点高估自己了，刘邦见说服无效，便马上派韩信进攻魏国。魏王哪里是韩信的对手，韩信率军很快就渡过了黄河，一路势如破竹，将魏军打得大败，魏王豹也被韩信活捉并押送到荥阳。趁此机会，刘邦下令取消魏国，设置河东、上党、太原三郡，将这片广大的区域化作汉国的一部分。

韩信攻赵地

收复魏国以后，韩信初战告捷。此时的韩信提出了一个更为大胆的作战计划，那就是请兵三万，继续北上讨伐燕、赵之地。这样的战略目的很明确，向南可以阻断项羽的粮道，并且可以打破诸侯对荥阳刘邦的战略威胁。

刘邦很快就批准了韩信的作战计划。公元前 204 年十月，韩信和张耳迅速准备翻越太行山，猛扑赵国。

赵国原本就是中原地区的军事强国，虽然在章邯的猛烈攻击下受到了一些冲击，但是根基依然还在。韩信在攻灭魏国以后，剩下的目标就是赵国了。特别是已经跟随刘邦的张耳，更是希望能够与陈余决一死战。

韩信和张耳率领着两万多兵力出发了。韩信的军队要由魏国平阳进入到河北平原，首先就要翻越太行山脉。一般来说，庞大的军队要翻越山脉并不是一件容易的事情。最好的方式就是选择穿越山脉的横向河谷，但是这些河谷一般都非常狭小，所以称为"陉"。行军虽较容易，但这种陉的地形，大多是易守难攻的。太行山脉北方最有名的称为井陉，由于四方高、中央低，所以称为"井"。

由井陉进入河北平原地带前，有一个叫作"上门关"的古关口，人们一般称它为"井陉口"，自古以来便是兵家必争之地。因此任何人只要守住井陉口，便有一夫当关、万夫莫敌之势。此时，陈余集结了 20 万的大军在井陉口附近，准备抵挡韩信的北征军团。原本镇守这里的是有着"广武君"之称的李左车。此时也协助陈余镇守这里。

陈余原本是文人，但是善于操纵各国之间的合纵连横，在秦末有着很高的声望，也颇得赵王的信任。但是在实际的作战中，陈余的经验是显然不足的。面对来势汹汹的韩信军团，陈余显得十分自信。但是广武君李左车并不是那么乐观。从已经得知的情报来看，韩信在平灭魏国的战争中有着极为杰出的表现，这完全证明了韩信是当时极富才华的军事家。

出于对韩信的重视，李左车向赵军的统帅陈余建议道："韩信和张耳刚在魏国打了大胜仗，趁着士气高昂向我们远征，不可以轻视他们。但是我听说'千里馈粮，士有饥色，樵苏后爨，师不宿饱'，换句话说令他们最头痛的就是粮食问题。井陉口的地形对我们是非常有利的，那里的道路比较狭小，运送粮食的车辆无法并行，骑兵也不能成列，因此在行军的时候不得不排列成长长的队伍前行。这样一来，军队的前锋和补给队伍往往会相差数百里。"

"请允许我带领三万奇兵，从小路袭击他们的粮秣补给军队，而足下可以在此筑起坚固的防线，不和韩信的军队进行正面作战。这样一来，韩信和张耳所率领的军队就会陷入既不能战，又无法退还，还没有可以劫掠粮食的地方。如果采用这样的方式，用不了 10 天，这两位敌将的头颅就可以呈现到将军的麾下。否则我们如果过于轻敌，反而会被他们所败。"

对于这样的谋略，陈余并没有接受。他自认为在人数绝对占优的情况下，不用采取这么复杂的战略。陈余反驳李左车的理由是：第一，赵国是王者之师，天下的义军绝对不会使用阴谋诡计来获取胜利。第二，韩信所带领的兵力不仅数量少，而且经历了长途跋涉，如果依据李左车的建议坚守不出，反而会被其他诸侯耻笑为胆小怯战，日后这也会成为他们欺负赵国的理由。

面对着庞大的赵国军团和井陉口险要的地势，韩信显得非常小心。尤其是对于李左车这样一名有着丰富山地作战经验的将领，韩信更是丝毫不敢马虎。为了能够做到万无一失，他派出了大量的情报人员在井陉口搜集赵军的情报。

当得知陈余拒绝李左车的战术后，韩信心中暗喜，下令急速向井陉口方向进军。在距离井陉口还有大约三十里的地方，韩信下令军队再次休整。

这一天的夜晚，韩信下令组成 2000 轻骑兵的突击小组，每人的手上拿着一支标志着汉军身份的赤色旗帜，这些人由小路攀爬到山顶，埋伏在可以看到赵国军队的高地上。韩信对这支突击队的指挥官说道："明日大战之时，我军处于弱势，双方交战不久就会撤退。赵军一看到我军撤退，必然会竭尽全力追赶。这个时候关口的守军应该不会太多。在这个时候，你要立刻率领突击队攻打关口，以最快的速度拿下关口以后，马上拔下赵军的旗帜，全部都换成汉军的旗帜。只要你能做到这一点，我们便胜算在握了。"

韩信表示要与数倍于自己的赵军进行一场阵地战。在众将的疑虑中，韩信亲自率领军队在赵军的面前布阵。关口的守军立即向陈余做出了报告，而陈余也火速赶往关口。在关口的高处看着韩信布置的军阵，陈余不禁哈哈大笑，认为韩信根本不懂兵法。而当时的赵军将领也都希望早点能够和韩信展开战斗，只有李左车陷入了沉思。按照他的推测，韩信绝对不会用这么弱智的排兵布阵方式，只是隐约有一种不祥的预感。

第二天，韩信和张耳率领着汉军士兵与陈余的军队展开了厮杀。然而赵军毕竟人数占据了很大的优势，在几次抵挡之后，韩信下令火速退到河边的阵营进行防守。陈余见韩信撤军，于是下令关口的守军全部出动，加入到战局之中，试图将韩信一举消灭。此时的汉军已经没有了任何的退路，只能拼死力战。

就在双方交战的时刻，埋伏在山上的汉军突袭部队趁机攻入到了赵军的关口，迅速占领了关口并换上了汉军的旗帜。

陈余所率领的赵军一直没有很好的办法突破韩信的防守。久战不下后，陈余命令赵军将领退回到关口，准备来日再战。当部队来到关口堡垒的时候，发现堡垒上都是赤色的旗帜，不禁大吃一惊。由于不知堡垒中汉军的数目，赵军也不敢轻举妄动。数十万大军一时陷入到了混乱之中。在一片混乱中，甚至有传言赵王歇已经向汉军投降的消息。此时赵军的士气陷入了崩溃的境地，虽然陈余下令斩杀逃兵，但是军纪已经大乱。

此时，韩信带领着汉军从防守进入到了反攻，并且士气大振。虽然赵军人数众多，但缺乏有效的组织，很快就被韩信打败，赵王歇也被韩信擒获。而李左车则隐匿在山中。

没过多久，韩信下令悬赏千金追缉李左车。重赏之下，李左车很快就有了消息，被山中的居民绑了过来。

此时的韩信走下统帅的位子，亲自给李左车松绑，请他坐在东向的位置并以对待老师的礼仪来对待李左车。韩信的这一举动让身边的汉军将领十分惊讶，不知道韩信要做什么。韩信本人却并没有在意，非常自然地向李左车表示了对他的敬仰和尊敬之情。韩信很虚心地向李左车表示："我很想北攻燕国、南伐齐国，但是，我真不知道该怎么样才能很顺利地完成这件事。"

李左车则谦虚地表示："我是一个败军的俘虏，哪有什么资格来策划如此重要的任务呢？"

韩信并不为所动，而是接着说："我听说百里奚是虞国大臣，虞国却灭亡了；到了秦国之后，秦穆公因百里奚而最终称霸，并不是因为百里奚在虞国的时候很愚笨，到了秦国就变得很有智慧，最主要的原因就在于他的策略能不能被采用。如果在井陉口时陈余采用了将军的策略，我韩信也有可能成为俘虏的。就是因为将军的建议不被采纳，我才有机会得以请教将军。此时，我真的很想向将军请教军事大计，希望将军你就不要再推辞了。"

韩信如此有军事才华的人却对李左车如此恭敬，难道是韩信在作秀吗？事实并非如此。从李左车给陈余的军事建议中，韩信就已经判断出李左车绝非一般的将才。此外，李左车常年镇守赵国的北面，对燕国的具体信息也比韩信要清楚得多。此外，赵国和齐国之间长期以来都是重要盟友，通过李左车也能够获得更加全面和准确的信息。

李左车被韩信真诚的举动所打动，便认真建议道："将军经略河西地域，俘虏了魏王，如今又在短时间内大破赵军20万，威震天下。这是将军目前所具有的优势。不过，长期的征伐让很多士兵和将领都感到疲惫，想要继续让他们征战恐怕并不是一件容易的事情。"

韩信与诸将对汉军的情况自然是非常了解的，不得不承认李左车说的话有道理。李左车继续解释道："如今将军想以疲惫之师，攻打燕国坚固的城池。万一中间有任何不顺利的话，将会使将军陷入无法作战又无法后退的险境。此外，如果战事一旦出现相持的情况，粮食的补给将会给将军带来极大的麻烦。此外，如果不能迅速攻下燕国，那齐国便会加强戒备，这是对将军最为不利的地方。善于用兵的人应该避免不利，充分利用自己的优势。"

应该说，这些已经是韩信预想过的了，但是如何找到突破口，韩信并没有绝对的把握。于是韩信很诚恳地问李左车接下来应该怎么做。

李左车给出了自己的建议："如今我要是为将军谋划的话，最好的方式就是按兵不动，以安抚的方式来处理败亡的赵国军民。赵国人将会感激将军的恩情，当地的人会很快给将军送来犒劳士兵的酒肉。安抚完赵国军民后，将军可以亲笔书写信件，表示出与燕国和谈的意愿。以将军现在所展现出来的优势，燕国恐怕是不敢拒绝将军的。解决完燕国的问题后，将军再向东引兵，此时的齐国就是再高明的谋略家也无法拯救的了。这样一来，将军就可以拥有角逐天下的实力了。"

对于李左车的建议，韩信自然是十分高兴，立刻按照李左车的谋划行动，整个中原地区很快就对项羽形成了新的威胁。项羽对此非常紧张，虽然几次派兵攻打赵国的边境，但都被韩信击退了。

不久，中原的局势就彻底稳定了下来，楚军再也无力涉足于中原，而韩信则时不时能够派兵增援荥阳，给项羽制造麻烦。

江南变色

虽然韩信在井陉口获得了大胜，但是此时的刘邦在荥阳也面临着楚军越来越大的压力。尤其是韩信在中原地区对项羽完成了战略包围以后，项羽也觉察到了自己在与刘邦的争斗中即将陷入劣势。因此，项羽准备尽早消灭据守在荥阳的刘邦，以此彻底消灭对手。

这样一来，荥阳所面临的压力是空前的。如果长期这样下去，荥阳被攻破就是时间早晚的问题了。此时刘邦唯一的希望就是已经前往九江的随何能够顺利说服英布，从后方给项羽带来一些压力。

英布当时可以说是人见人怕的杀人机器。他脾气暴躁，喜怒无常，所以项羽经常让他出任大量残杀的前锋任务。此外，坑杀秦军和杀害义帝的行动也都是英布负责最后执行的。但英布和项羽之间还是有着别人难以发现的矛盾。

英布的勇猛善战是他能够得到项羽重用的唯一理由。但是出生在楚国贵族的项羽在潜意识里对英布并没有多少好感，所以在分封的时候，也只是给了英布一个九江王的称号。对于项羽而言，英布可能只是一个相当好用的"战争工具"，而不是可以信赖的伙伴。这样的心态让英布非常恼怒，对项羽和他的贵族伙伴们的不满也就越来越深了。

在彭城之战的时候，英布以生病为理由，拒绝出兵。这其实就是英布对项羽不满的一个重要信号。但是项羽并没有觉察到英布的异常。此外，此时的项羽并没有其他的盟友了，所以对于英布的行为也就是派遣了使者警告一下而已。

此时的英布也处于矛盾之中。没过多久，随何到达了六地（今安徽省六安县北部），这里是英布的故乡，同时也是九江国的都城。在闻说刘邦派使者过来的消息后，英布派出了太宰去招待随何。

随何是个聪明人，他知道如果英布继续效忠项羽的话，那他们一行人的性命早就不保了。而派人招待的话就说明还有谈话的余地。随何与20名使者在行馆中等待了3日，英布并没有召见他们的意思。此时的随何只好向太宰游说："如今大王不肯接见我，肯定是认为楚强而汉弱，背叛楚国结交汉王可能会给九江国带来不利。其实并不是这样的，我冒死前来，正是要向大王提供正确的情报。如果在拜见大王的时候，我说的有道理，这不正是大王最乐意看到的吗？如果我说的没有道理，大王可以立刻将随何以及同行的使者处斩，这可以表明大王拒绝汉王，效忠楚国的决心。"

太宰就将随何的这番话报告给了英布。而英布也想听听随何带来了什么样的新的情报。因此，英布决定接见随何。

随何与英布是同乡，又是颇具声望的儒生，所有英布对随何显得非常客气。随何深知成败就在今天了。他大胆地询问英布："汉王使者随何，仅尊奉汉王馈赠的礼物前来面见大王。汉王私下里有一件事不了解，那就是大王为何和楚王如此亲近。"

"我是以臣的身份服侍楚王"，英布如此回答。听到这样的回答，随何心里有了底气，继续说道："大王和项王在名义上同样都是诸侯国，之所以大王甘愿成为附属国，其中原因恐怕就是因为大王认为楚国比较强大，可以将国家托付给项王。但是项王在讨伐齐国的时候，项王亲自扛着筑墙的工具而身先士卒。此时的大王理应亲率九江国所有的兵力充当项王的前锋，这才是一个属臣应该有的作为。但是大王却只派出了4千人马前去协助，这是一个臣子应该做的吗？"

英布并没有生气，因为这已经是众人皆知的事实了。他想要看看随何还要说些什么。此时的随何继续说道："当汉王攻占了彭城，项王仍在齐地作战。大王此时理应率九江国的军团火速渡过淮水，与汉军作战以解彭城之围。但是大王手下的数万人马却按兵不动，这是一个属国应该有的行为吗？"

面对随何的指责，英布并没有立刻发怒，而是继续看着随何。而这让随何觉得说服英布的时机到来了。随何继续说道："大王不肯背叛楚国的主要原因是大王认为楚国是强国，而弱势的汉王没有能力与楚王进行对抗吧。实际上，楚军虽然作战能力虽强，但是却背负着不义的名声。因为项王背叛了当时的盟约，又杀害了天下共主的义帝。然而，项王倚仗着作战的胜利，自以为非常强大。可是汉王虽然在彭城被打败，但是仍然整编了诸侯归附的军

179

队，坚守住了成皋和荥阳两大军事要塞，既有蜀汉源源不断的粮食补给，又有深沟高垒的防御工事，这让项王不敢轻举妄动。"

"反观楚军，已经深入敌境八九百里，楚军到达成皋和荥阳后，粮食的供应已经十分困难，基本上全部是依靠着老弱残兵来支撑。此时的汉军坚守不动，楚军进则不能攻，后退的话也不能顺利脱身，所以说项王是维持不了多久的。即便楚军战胜了汉军，众多的诸侯必然会感到不安，也将会不约而同地相互救援，由此可见，楚军的强大正是让天下诸侯不安的原因。因此，就长期来看，楚国是不如汉国的，这是显而易见的。"

说到这里，随何表明了自己最后的态度："如今大王不与万无一失的汉国交好，反而将自己托付给行将灭亡的楚国，我私下里对大王的行为感到十分不理解。臣并不认为九江国可以灭亡楚国，而大王如果能够发兵攻打楚国，项羽则必定会返回到彭城自守，这样一来只要数月的时间，汉王就可以完全取得天下。到那个时候，汉王必定会对大王裂土封爵。何况九江之地原本就是大王所有，所以汉王派遣我献上这条计策，希望大王能够采纳。"

英布被同乡的这一番长篇大论说服了，当场表示愿意叛楚归汉，只是当时没敢向外界泄露自己的意图。

当时，项羽派出的使者来到九江催促英布赶紧出兵荥阳，以便配合项羽全力攻击刘邦的军事行动。此时的英布还没有完全做好心理准备，只好接见了使者，一起商讨出兵的事宜。随何在得知这一消息后，决定打消英布最后的疑虑。随何立刻率领20人的使节团到达了开会的地点。此时的项羽使者正在传达项王指令，责备英布为何迟迟没有发兵配合项羽攻打荥阳。随何直接进入到会场，坐在了楚国使者的位置之上，大声地表示："九江王已经投入到了汉军阵营，当然已经不可能再发兵协助楚军了！"

这让英布感到十分错愕，不知道如何应变。而项羽的使者见此情形大怒，准备立刻起身离开会场。随何当即对英布表示："事情既然已经决定下来了，请立刻杀掉楚军的使者，不要让他回去泄露军机，并且请求汉王协助共同对抗楚军。"

木已成舟，英布只好下令杀掉了项羽的使节，正式加入到汉军的阵营之中，准备与楚军作战。

项羽在得知自己信任的大将英布叛变的消息后，异常愤怒。但是由于此时的项羽正在全力与荥阳的刘邦缠斗，无法分身，于是就派出了他嫡系军团中的另外一名大将龙且率军攻打九江。龙且是项羽另外一名非常倚重的大将。有着丰富的作战经验，也是项羽军团中为数不多的可以独当一面的大将。

龙且前来讨伐英布的军队有5万，而英布只有1万左右的军队。所以从人数上，龙且占据了很大的优势。情急之下，英布也向九江各地集结兵力。但是九江地区一直都是楚国管辖的区域，当地的人对英布的叛变不以为然，所以很多人都不愿响应。在知道自身实力不敌龙且后，英布只好率兵突围，直奔荥阳。而前来接应的随何与英布一起通过小路撤回到了汉军的阵营中。

当英布达到汉营的时候，此时的刘邦正在洗脚，听说英布来了以后立刻召见，并没有任何其他的繁文缛节。要知道，出身低微的英布，成为当世名将以后最在意的就是别人是否尊重自己。他对刘邦以这种不正式的方式来接待自己感到非常不满，甚至已经有点后悔过来投奔刘邦了。然而现在已经成为既定的事实，也没有其他的退路，英布甚至想到了要自杀。当随何带领着英布来到为他准备的行馆的时候，英布发现行馆内的帷帐、饮食和随从和刘邦享有的待遇是一样的。这让英布又感到自己的自尊心得到了极大的满足，暗自决定要全力跟随刘邦。

在拉拢英布成功后，英布开始派遣使者重新回到九江，开始招募反对项羽的人马。此时的龙且早已经撤离，项羽派出了性格温和的项伯来处理九江国的事宜。项伯尽量缩小了打击的范围，除了英布的妻子、家人被斩杀以外，其余的人都赦免了，这样很快就恢复了九江国的安宁。

英布的使者在九江国募集到了英布的一些老朋友和亲属，大概有数千人。而刘邦更是划拨了数万的军士交给英布指挥，最终英布驻守在成皋，成为了汉王属下反楚大军中的一支重要力量。

离间之计

北面有韩信，南面有彭越和英布，从整体的战略位置上看，刘邦已经处于一个具有相对优势的地位。但是具体到荥阳的战场上，刘邦的处境并不乐观。这是因为楚军的主力大多都集中在荥阳前线，无论是从战斗能力还是排兵布阵上，汉军与楚军都有着不小的差距。根据《史记·高祖本纪》记载："项羽数侵夺汉甬道，汉军乏食，遂围汉王。"那又是什么原因让刘邦处于如此危险的境地呢？

原来，刘邦虽然是在荥阳屯兵，但是粮食却在敖仓。汉军为了粮食运输的安全，在荥阳和敖仓之间修筑了专门用来运输粮食的甬道。这基本上借鉴了巨鹿之战中秦军的做法。关于这条甬道的重要性，楚汉双方都异常清楚。为此，刘邦派出了手下最为勇猛的灌婴的骑兵军团来守护这条甬道的安全。

项羽则对破坏甬道早有心得，也派出了大将钟离昧对甬道进行猛烈攻击。灌婴不敌钟离昧，汉军的粮食补给线基本上陷入到了瘫痪状态。在这种情况下，项羽又加紧了对荥阳守军的攻击，汉军不仅伤亡惨重，而且还陷入到要断粮的困境中。

岌岌可危的刘邦此时明白硬撑下去自己是没有出路的，于是试探着准备与项羽讲和，将荥阳作为楚汉分界线，以此中分天下。此时的项羽虽然进攻猛烈，但是四处作战也让军队伤亡不少，看到刘邦有讲和的意思，也想乘此机会整顿下军务，让疲惫的士兵有喘息的机会。但是项羽最重要的智囊人物范增则坚决反对与刘邦讲和。鸿门宴中没有能够轻易除掉刘邦已经让范增十分后悔了。此时的范增认为汉军粮食匮乏，正是一鼓作气攻下荥阳的天赐良机。

楚军不同意与汉军讲和，在打仗方面刘邦又不是项羽的对手，此时刘邦既不能与其和，又无法战胜对方，一直比较乐观的刘邦也开始陷入愁苦中。此时，善于出谋划策的郦食其给刘邦出了一条特别的计谋。

郦食其告诉刘邦："昔日商汤讨伐夏桀，封其后代在于杞；周武王伐殷纣王，封其后代于宋。暴秦吞并了六国并且灭掉了六国的宗室，使六国的后裔没有一点的立锥之地，因而才导致人怒天怨，迅速灭亡。陛下如果能够再立六国的后人，无论是君臣还是百姓都会感激陛下的德行，绝对会自愿归在陛下的麾下。如此一来，汉王的德行就会在天下传播开来，项羽就会陷入孤立无援的境地，最终也会俯首称臣。"

刘邦听完觉得很有道理，于是大喜过望，连忙派人铸造金印，出使六国，集结诸侯旧势力以共同对抗楚国。

当一切准备妥当后，郦食其在准备行动的时候，张良外出回来了。听说张良回来后，刘邦异常开心，很快就把郦食其的建议告诉给了张良。原本以为张良会赞同这样的计谋，但是张良听说以后，大吃一惊："谁给大王出这样的下策？如果按照这样的计策行事，陛下的大势就失去了。"说完，张良随手拿起饭桌前的筷子，一边比画，一边解说不可以这样做的理由：昔日商汤和周武分封桀纣的后代，那是因为他们有足够的力量来控制这些后代的命运生死。如今陛下自己衡量一下有置项羽于死地的能力吗？这是不可行的理由。

昔日周武王进入商都后，表彰殷商的贤人，释放忠臣，祭祀那些冒死劝谏的烈士，陛下衡量自己能够做得到吗？这是第二点不可行的理由。

昔日周武王进入商都后，立刻散发巨桥谷仓的存粮和鹿台的财物给穷人，扶危济贫，陛下有这样的财力吗？这是第三点不可行的理由。

周武王讨伐纣王后，之所以选择分封诸侯，是因为天下已经太平，所以能够收回兵器而不再用兵，这点陛下能够做到吗？这是第四点不可行的理由。

周武王分封诸侯后在华山的东面开辟了马场，表示天下无事了，陛下在现阶段能够做到吗？这是第五点不可行的理由。

周武王平定殷商以后，把运输粮食的牛都放在桃林，表示不再征发民力，这点陛下能够做到吗？这是第六点不可行的理由。

如今天下的英雄豪杰远离亲人跟随陛下争夺天下，无非是想建立自己的功劳，以求将来能够获得属于自己的封地。如果陛下立六国后人，天下的游士必然会回到自己的故里，陛下身边还能剩下多少人愿意跟随陛下争夺天下呢？这是第七点不可行的理由。

再者，目前的形势是楚强汉弱，如果汉王另立六国，而他们如果对项羽俯首称臣，陛下能够制止吗？这是第八点不可行的理由。

张良的一番话让刘邦心惊胆战，还没有等张良把话讲完，刘邦就大骂郦食其，并且立刻取消了郦食其的任务。郦食其的计划已经被张良批驳得体无完肤了，但是面对如此困境，张良一时间也想不到有多好的解决办法。

正在众人一筹莫展的时候，刘邦的另外一名重要谋士陈平出场了。陈平也一直在思考如何破解这样的困局。等刘邦询问陈平的时候，陈平已经有了自己想法。他认为，此时的项羽虽然强大，但是他真正可以倚重的人并不多，只有范增、钟离昧、龙且等少数几个。并且最为重要的是，这些人与项羽的关系并不是牢不可破的。

曾经侍奉过项羽的陈平知道项羽有一个致命的弱点，那就是为人好猜忌。如果能够使用大量的金钱，以反间计离间项羽与他手下那些人的关系，增加他们之间的猜忌，可以从根本上摧毁项王的力量。

刘邦对陈平的策略非常认同，立即拨给陈平 4 万金，并且告诉他："恣所为，不问其出入。"也就是说任由陈平根据自己的使用进行规划，不必向刘邦做任何报告。

很快，陈平就用刘邦交给他的大批黄金，通过了各种错综复杂的渠道，买通了大量的楚军将士。很快，楚军中充满了各种各样的流言。流言首先指向的是项羽最信任的大将钟离昧。传言说钟离昧战功赫赫，却不能被项羽封王，早已经对项王不满，甚至有传言说钟离昧准备投靠汉王，等等。经过了英布事件后，项羽对手下的将领更加谨慎了。在听到楚军中的谣言时，项羽马上就对劳苦功高的钟离昧等人产生了怀疑，也就不再信任他们了。

陈平离间计划的另外一个重要人物就是范增。范增是项羽身边最重要的谋士，如果项羽的身边没有范增，那项羽则就如同失控的野兽，打败他将会变得更加容易。在陈平散布的谣言中，说项羽屡次拒绝范增的忠言，所以才害得大家背井离乡，在荥阳这个地方与刘邦拼命。现在，众人准备推举范增来取代项王，并且以后要与汉军联合起来消灭楚国。

对于范增私下准备和刘邦交好这件事，项羽本能上觉得是不可信的。但是流言不断地传播，项羽还是起了疑心。为了弄清楚事实的真相，项羽便派了一个使臣到汉营里一探虚实。此时的陈平决定将计就计，彻底让项羽对范增失去了信任。陈平是怎么样做的呢？

当项羽的使者到达汉营的时候，刘邦派出了陈平以最为隆重的礼节来接待项羽的使者，非常地殷勤有礼。根据史书的记载："汉王为太牢具，举进。"

太牢具是什么意思呢？在古代的时候，牛、羊、猪三牲都有的饭食叫作太牢具，这是待客中最高的礼数。项羽的使者见此情形自然非常满意。就在这个时候，刘邦过来了，见到项羽的使者，刘邦假装非常吃惊，并且连忙说："我以为是亚父的使臣，原来是项王的使臣！"说完这些，刘邦连一句辞别的话都没有说，就立即离开了现场。当项羽的使臣还不知道发生了什么事情的时候，几个仆人过来把那些丰盛的菜肴都端走了，而是换上了简简单单的菜汤。

项羽的使臣见此情况不由得火冒三丈，回到楚营以后，将自己在汉营中的遭遇一一都报告给了项羽。而项羽听完使者的汇报后，立即下令削夺了范增的兵权。当范增发现项羽对自己都产生怀疑的时候，一直尽心尽责的范增再也忍不住了，他自己觉得非常地委屈，愤怒的范增做出了一个决绝的举动，那就是提出辞职。他对项羽说："天下的大局已定，大王自然会成功，请好自为之，我的年纪大了，留下来也不能为您出什么主意了，请准许我告老还乡吧。"

项羽既然已经对范增产生了怀疑，所以也就没有任何挽留的话，直接批准了范增的请辞。由于范增是居巢人，离开荥阳后就准备回到家乡。原本多年的南征北战已经摧垮了这位老人的身体，而项羽的举动则让范增心中的怨恨和苦楚无处释放，还没有到彭城，范增就死去了。

陈平的反间计达到了预期的效果。

感君恩重许君命

得知范增死亡的消息后，项羽十分后悔。冷静下来的项羽也开始明白事情并不像自己想的那么简单。悲痛万分的项羽将全部的怒火都发到了刘邦身上，认为刘邦的这种小人伎俩是导致范增惨死的罪魁祸首。为此，项羽拒绝与刘邦进行任何和谈，亲自率领最精锐的部队攻击荥阳城。灌婴虽然全力反扑，但是损伤十分惨重。尤其是荥阳的粮食运输工作基本上等于瘫痪了。而这对于刘邦来说，无疑是致命的打击。

危急时刻，张良主张放弃荥阳，退回到关中，以后再谋求大业。但是此时的荥阳有着众多的军团，如果在撤退的时候楚军大举追击，彭城惨剧又可能重新上演，这对于刘邦来说是不能接受的战略消耗。

陈平建议刘邦先行撤离，并且想办法不让项羽知道刘邦撤离的事情。这样一来可以减轻荥阳守军的压力，也能够借此时机重新排兵布阵，谋求新的对策。但如何做到这一点呢？在刘邦的众多将领中，有一个和刘邦长得很像的人，名字叫作纪信。他和刘邦一样高大雄伟，也都有着一副美髯须。这名将军提出了一个"李代桃僵"的策略，就是自己冒充刘邦打算向楚军诈降，而真正的刘邦则借此机会逃走。纪信亲自来到刘邦的营帐，告诉刘邦说："事情已经很紧急了，请让我假扮您欺骗楚军吧，大王可以伺机从这里逃脱。"

在陈平的精心策划下，荥阳城里的两千多名妇女身着甲胄，半夜的时候从东城门逃出。项羽判断刘邦可能藏匿其中，就立刻下令楚军从四面八方包围。只见假扮刘邦的纪信从汉王的车驾上大声表示："荥阳粮食已尽，汉王向楚军投降。"

由于这两个人长得实在是很像，在场的楚军将领都以为是真的刘邦来投降了。而趁着楚军押送纪信放松警惕的时候，刘邦带着数十名亲信从荥阳的西门逃走了。

纪信可以骗得了一般的楚军，但是骗不了对刘邦极为熟悉的项羽。当这位冒牌货被送到项羽的面前时，项羽自然大怒，也采取了极为简单和粗暴的方式，直接烧死了纪信。

在《史记》中，"纪信"这个名字首次出现在鸿门宴中，是保护刘邦从小路逃跑的四个将军之一，而真正被人记住则是这次他的惨死。纪信更多的时候更像是一个棋子，并且是一个明知必死的棋子，但是他却义无反顾，毫无怨言地跨出了那坚实的一步。

后来，刘邦建国以后，刘邦要追封纪信以表怀念。但是，纪信既没有留下妻子儿女，也没有兄弟姐妹，刘邦一直派人寻访多年，但是始终没有结果。直到刘邦临终的时候，才封了一个"纪信侯"了却了心中的夙愿，实际受封的人叫作陈仓，他和纪信有什么关系已经不得而知了，受封的陈仓最主要的任务就是担任起一年四季祭祀纪信的责任。

在刘邦长长的受封名单中，用人的姓名来作为封号的只有一例，而纪信也足够配得上这份荣誉。

那是什么催生了纪信这样不顾一切、决然赴死的壮烈心愿呢？原因其实很简单，那就是知遇之恩。

《史记》中曾记载了这样一件事：吴起一生几无败绩，是传世的名将，他曾经为一个患有疽疮的士兵吸吮其中的脓，这个士兵的母亲听到这样的消息暗自哭泣。别人都很纳闷，说吴起将军对你儿子那么好，你应该高兴才是呀，怎么哭泣呢？这位母亲说："我的儿子距离死不远了。"别人就很好奇问为什么，这位母亲说："我的丈夫就是在吴起手下当兵，同样是有疽，吴起将军也是这样做的。我的丈夫非常感动，在打仗的时候就不爱惜自己的性命，然后就死了，由此可见，我的儿子也会重蹈覆辙的。"

士为知己者死，女为悦己者容。纪信这样壮烈地死去，可以说是报答了刘邦的知遇之恩，用自己的性命实践了对刘邦的忠诚。虽然刘邦出身低微，也没有受到多少的教育，但是他的这种识人爱人的态度让众多的人愿意跟随在他的麾下，刘邦无论是处于顺境还是逆境，都有一些人不愿背离刘邦，其实这就是信念的力量。

反观项羽，他也号称爱护士兵，但从内心深处只是把他们当作一个可以使用的工具，这也是为什么项羽能够在最初聚集人才，但最终无法留住和使用人才的缘故。造成这种现象的原因其实也没有那么复杂，就是成长的环境不同。

刘邦出生平民，讲究的是实用主义，而项羽出身贵族，所向往的是英雄主义。一个在地，一个在天，在地的刘邦能够得到众人的辅佐和认同，而在天的项羽始终想的是如何让人敬仰。这或许就是二人之间的差别吧。

斗智不斗力

刘邦逃出荥阳以后，很快就退回到了关中地区。此时，一直留守和经营关中的萧何给了刘邦很大的支持，他将训练好的士兵和准备好的粮秣交给了刘邦。刘邦很受感动，准备再次出关和项羽一决雌雄。在经历数次失败后，此次的刘邦更加谨慎了，一个名叫袁生的谋士向刘邦提出了自己的建议："汉军长期和楚军在荥阳对抗，由于补给的问题，荥阳的汉军常常陷入困境之中。在这种情况下，陛下要摆脱被动局面，就不能再到荥阳冒险与项羽直接对峙。如果汉军能够引兵向南，出武关、入宛城，项王见此也势必引军南下，这样一来就能够很好地减轻荥阳的压力。与此同时，陛下可以下令韩信安抚河北赵地，然后联合燕国和齐国的军队，在北面对项羽形成威胁。这样一来，楚军的战线就会被拉长，力量也就变得分散。如此一来，经过休养后的汉军力量就会增大，击败楚军也就不是那么困难了。"

袁生的建议无疑是非常正确的。这项建议的核心就是拉长战线，让项羽的军队四处征战，疲于奔命。

刘邦对于这样的建议自然是完全地采纳了。他立即率兵出武关，在南面准备开辟新的战场。果然，项羽得知刘邦在南方的时候，马上调集兵力向南，寻求与刘邦决战的机会。而刘邦见项羽被吸引了过来，就高挂免战牌，坚壁不出，楚军也无可奈何。

与此同时，项羽的根据地彭城也不安宁。刘邦在收服了彭越之后，彭越就带领着自己的军队开始了打游击的状态。当项羽在荥阳一带与汉军相持不下的时候，彭越开始以巨野为中心，开始了频繁的游击战争。他不断破坏楚军的交通线，扰乱楚军的粮食供给。

公元前 204 年 5 月，彭越军团在下邳一带与楚军进行激战。由于楚军主力的缺失，楚军大败，彭越乘机占领了下邳，从东南面对彭城形成了新的威胁。为了解除彭城的威胁，项羽只好放下刘邦，挥师向东去攻打彭越。

出生盗贼的彭越知道自己不是项羽的对手，也没有打算与项羽硬碰硬，当项羽刚刚抵达下邳的时候，彭越就溜之大吉了。而此时的刘邦趁此机会带兵北上，击败了驻守在成皋的楚军，重新占领了成皋。

从公元前 204 年 5 月到 6 月的两个月时间里，刘邦与项羽一直玩着"猫捉老鼠"的游戏。项羽一直在彭城后方和荥阳前线来回奔波。项羽也绝非平庸之辈，他很快就认清楚了刘邦这样做的目的，他决定改变策略，改变楚军的被动局面。

项羽针对刘邦的部署，决定收缩兵力，打开一个突破口后步步为营，最终消灭刘邦。几经思考后，项羽将这个突破口选定为了荥阳。

选定目标后，项羽率领着主力对荥阳发动了最后的猛攻，楚军作战勇猛，很快荥阳就到手了。拿下荥阳后，项羽接着下令全力进攻成皋，试图一举打垮汉军的主力。刘邦自知如果正面作战的话，自己绝非项羽的对手，而全面撤退则很可能重蹈彭城之败的覆辙。于是，刘邦紧急命令驻守成皋的英布，要学会保存实力，必要的时候可以撤出成皋。刘邦自己则带着少数侍卫逃出了成皋，北渡黄河，准备向韩信调军。

由于英布率领的汉军主力仍然驻守在成皋，项羽并没有发觉刘邦的离开。

等刘邦一行到达韩信军团的驻地小修武（今河南获嘉境内）时，已经是晚上了。匆匆而来的刘邦并没有召见驻守此地的韩信和张耳，而是采取了一个让人意想不到的举动。根据史书记载，刘邦当晚就住进了传舍，也就相当于我们现在的招待所。第二天早上天还没有完全亮的时候，刘邦和夏侯婴就来到了韩信的驻营，自称是汉王的使者，顺利进入到了韩信、张耳的大本营。

此时的韩信等人还在睡梦中，而刘邦则在韩信的卧室内夺去了印玺，收回了对韩信部汉军的指挥权。在拿到印玺以后，刘邦此时亮出了自己的真实身份，并召开了军事会议，重新部署了兵力。

刘邦仍然命令张耳驻守赵地，又拜韩信为赵国相国并指挥部分的汉军东进，准备东征齐国。

对于刘邦的这一举动，后人褒贬不一。其实细想，刘邦之所以选择这样一种不算光彩的行为来获得对韩信军团的指挥权，实际上也有着无可奈何的原因。当时的荥阳已经失守，而另外一个汉军的重要根据地成皋也危在旦夕。可以说，在刘邦与项羽的正面对抗中，刘邦几乎是输得一干二净了。此时的刘邦带着数十名随从而来，如果贸然向韩信和张耳调兵的话，韩信和张耳会有一种什么样的态度呢？刘邦本人心里并没有多少把握。万一韩信和张耳并不愿意交出自己的兵权，那刘邦就在劫难逃了。

根据《史记·高祖本纪》记载，刘邦在得到韩信军团后，于公元前204年8月，再度引军南下，驻军于小修武，准备渡河会同英布主力，和项羽面对面地决战。此时，郎中郑忠则劝谏刘邦，此时楚军的士气正盛，攻势十分凶猛，这时候与楚军交战则十分不利于汉军。在这种情况下，汉军应该应当坚壁清野，避开敌人的锋芒，然后再寻找歼灭敌人的机会。

刘邦听从了这个计划，并且派遣了刘贾和卢绾率2万人的步兵和部分骑兵渡过白马津后进入到楚地，与彭越的游击军进行配合。彭越在有了刘邦的援军之后，不断袭击楚军的粮道，楚军彭城到荥阳前线的粮食补给基本上陷入到了很大的困境之中。而彭越乘机接连攻克了楚地的多个城池，其中就包括军事重镇睢阳、外黄等。

9月，项羽位于成皋附近的军团由于粮食的补给出现了问题，项羽不得不班师回到彭城。在回去之前，他将前线的指挥权交给了楚军的大司马曹咎，并且叮嘱曹咎说："请谨慎守住成皋前线的防地，就算汉王来了也决不可出战，只要能够挡住汉王东进的线路就算是完成任务了。在15天内，我一定可以平定东部，再度前来和将军汇合。"

曹咎是什么人呢？项羽怎么会把如此重要的任务交给他呢？

在前文里我们说过，这个曹咎本身并没有多少军事才能。他能够得到项羽的重用完全是因为昔日项梁犯法的时候，曹咎利用工作之便帮助了项梁。后来项梁起事后，因为这一点曹咎得到了项羽的信任和重用。

在安顿好成皋前线后，项羽率军极速东下，准备清理彭越等人。在攻占了外黄以后，项羽照例又要屠城。但是此时出现了一个少年英雄，他是外黄县令舍人的孩子，当时年仅十三岁。他劝解项羽放过外黄的百姓，不要屠城。

而一向以屠城为乐事的项羽此时竟然接受了这个孩子的劝解，赦免了外黄的百姓。这个政策的转变对项羽来说立马就收到了良好的效果。一时间，"东至睢阳，闻之皆争下项王"。很快，项羽在不到十五天的时间就收复了陈留等被彭越占据的主要城池。

最后的对峙

正当项羽这边顺风顺水的时候，成皋前线却传来了不好的消息。战略重地成皋失陷了！这其中又经历了哪些变故呢？

原来，在项羽离开成皋的时候，刘邦就率军渡过黄河准备攻打成皋。起初，曹咎还遵循项羽给他的要求，不肯出战。但是刘邦怎么能够放弃这个千载难逢的机会？于是刘邦想到了一个方法来诱使曹咎出战。他是怎么做的呢？

刘邦知道曹咎是因为对项梁有恩才受到重用的。于是，刘邦就到处传播，说曹咎这种依靠着恩情升官的将领到底是不懂得兵法的，因此就会躲在城中不肯出战。曹咎原本就是文官，正所谓士可杀不可辱，曹咎最无法忍受的就是别人讥笑他不会带兵。虽然司马欣等人苦苦劝说曹咎不要出兵，但是曹咎执意要和刘邦决一死战。

一场预谋已久的伏击战即将上演。

不堪忍受辱骂的曹咎指挥着楚军出城迎战。汉军见诱敌出战的目的达到，于是按照原定的计划，刚与楚军交战就逃跑。而曹咎认为汉军不堪一击。于是挥师追击，一直追到汜水。当楚军渡河到一半的时候，刘邦就指挥埋伏在河边的汉军对楚军进行了猛烈攻击。

此时，成皋城中的司马欣得知曹咎中计的消息后，立即组织后备部队进行救援。等到司马欣等人竭尽全力救回曹咎的时候，刘邦指挥着另外全部的汉军截断了楚军回城的道路，并乘机占领了成皋。曹咎和司马欣眼见大势已去，痛恨自己没有遵从项羽的交代，觉得自己无颜面对项羽，于是曹咎、司马欣等人就在汜水边自刎谢罪。

这一仗，汉军大获全胜并且占据了成皋这个战略要地。除了战略上的意义外，这一战对提升汉军的士气也起到了不可替代的作用。长久以来，汉军在与楚军的争斗中，汉王往往扮演的是输的角色。这一次的胜利让汉军士兵在心理上战胜楚军有了优势。

刘邦顺势前行，包围了荥阳。此时驻守在荥阳的是楚军名将钟离昧。

身在睢阳的项羽在得知成皋失守的消息后，大吃一惊，连忙放弃在东部的军事行动，引兵西行，准备缓解荥阳的压力。刘邦在包围钟离昧后，发起了多次攻城的行动，但大都因楚军的防御工事极其坚固而作罢。在这个关键时刻，项羽也赶回到了荥阳。刘邦于是下令汉军退守到广武的险阻之地，而项羽见广武地势险要，也下令停止追击，双方在广武形成了对峙的局面。

此时已经到了公元前203年11月。

广武位于黄河的南岸，地处在荥阳和成皋之间，属于丘陵地带。在广武的西面，是秦王朝的重要谷仓——敖仓的所在地。也就是说，只要在广武高地屯兵，只要不随意出动，外有天险，内有粮仓，非常适合打持久战。

而项羽则不同，荥阳军团的粮食补给依然是依靠彭城，而彭越的游击队此时又到处活动。在作战上一向所向披靡的项羽此时开始真正为粮食苦恼了。项羽作为久经战阵的统帅，不会不明白粮食的重要性。他希望能够与刘邦早日决一死战。为了达到这样的目的，项羽想到了一条计策。他立刻下令把刘邦的家属从彭城里带过来。

在前面我们说过，项羽在彭城大败的时候，刘邦父亲刘太公以及妻子吕雉都成为了项羽的俘虏。然后，项羽在楚军的面前放置了一块高大的木板，将刘太公绑在上面，并且准备了大锅，准备烹杀刘太公。

刘邦在得知报告后，也立刻来到了阵地前线。项羽派人在汉军阵地前喊话："汉王听着，项王有令，如果不肯尽快决一死战，便烹杀你的父亲刘太公。"

事情十分突然，刘邦也没有想到项羽会这样做。而陈平、张良等人虽然知道这是一个阴谋，但是这事事关刘邦的骨肉亲情，只能由刘邦自己做主了。刘邦见状，只能是又急又气，他心里也明白，这件事如果不能得到很好的处理，就很可能会威胁到全军的安全。

就在众人都沉默的时候，刘邦心一横，大声回道："吾与项羽俱北面受命怀王，曰'约为兄弟'，吾翁即若翁，必欲烹而食，则幸分我一桮羹。"

刘邦的意思很明显，我与项羽当年同时受命于楚怀王，并共同约为兄弟。我的父亲就是你的父亲，如果想要烹杀父亲的话，那就请分一杯羹给我吧。

项羽原本想通过这种方式来威胁刘邦就范，万万没有想到刘邦竟然会如此回答。恼羞成怒的项羽准备下令烹杀刘太公。此时项伯站了出来，上前阻止项羽说道："天下的事情谁胜谁负都还没有明确，何况有志于争夺天下的人通常也是不会顾及亲人的。杀害他并不会给我们带来多少帮助，杀人父母反而会给我们带来祸患。"

项羽听从了项伯的劝阻。项伯的这番举动，虽然其中包含了报答刘邦的情分，但实际上总体还是为楚军着想的。首先，项羽试图用刘太公来要挟刘邦，这是人所共知的，刘邦也不会轻易上当的。既然杀掉刘太公并不能达到预期的目的，那杀掉刘太公也就失去了意义。此外，现阶段在楚军和汉军对峙的过程中，楚军占劣势。留着刘太公作为人质可以增强与汉军谈判的筹码。

面对如此"赖皮"的刘邦，恐吓威胁似乎没有多少效果，项羽只好想到了另外一种方式。他派使者到汉军的营中向刘邦下了战书："连续几年以来，天下动荡不安，并且百姓一直饥饿，其中的原因就是我们两个的争战。因此我建议我们两个人依照着古人的尚武精神，单挑以对决来定胜负，不要让天下为我们遭受颠沛流离的痛苦！"

刘邦对此回答说："我宁可斗智，也不会斗力！"

项羽不会相信刘邦真的会应战，他只是想借这个举动来嘲讽刘邦而已。汉军依然是每天高挂免战牌，不肯应战。而项羽则每天都派人挑战，当着双方将士的面来侮辱汉军。项羽这样做的目的就是激怒汉军与楚军决战。这和当初刘邦挑逗曹咎应战其实是同样的道理。

骂上一天两天汉军还能够忍受，但是时间一长，汉军将士就恼火了。汉军的将士们都为此愤愤不平，强烈要求出城与楚军作战。刘邦当然不会鲁莽行事，但眼见这样对汉军士气必然有所影响。于是刘邦特别派出了一名神射手，接连射死了几名前来骂战的楚军士兵。项羽大怒，亲自出阵叫骂，而神射手也正要拉弓搭箭射向项羽，但是项羽并不躲避，而是对神射手怒目而视，大声斥责他。项羽的声音如同虎啸狮吼，射手们无不闻风丧胆。而弓箭手也目不能直视，双手抖得连弓箭都控制不稳，只得退回到城中。

如此一来，楚军的叫骂又继续开始了。而刘邦此时也非常着急，这样长期闭门不出肯定会影响到汉军的士气。既然项羽都敢到一线来了，那作为统军主帅的刘邦自然也不能示弱。刘邦此时的表现可谓是英勇至极，他甚至连盔甲也没有穿戴，穿着便服就到阵前，与全副武装的项羽相对。

刘邦的行为不仅让汉军将士觉得不可思议，甚至对面的楚军也对刘邦表现出了极大的尊敬。而此时的刘邦不慌不忙地当着前方将士的面，历数了对方统帅项羽的十大罪状：

第一，违背怀王之约。刘邦先入关中，却做不成关中王，反而被流放到巴蜀之地。

第二，诛杀宋义。为了私人动机，诛杀了宋义，是以下犯上的罪状。

第三，奉命解除赵国的困境。在完成任务后不去回报怀王，反而私自强迫诸侯军队进入关中。

第四，火烧秦国宫室，挖掘始皇陵墓，私下没收秦财物，这不为天理所容。

第五，子婴在已经投降的情况下，却被杀害，这是不仁不义的举动。

第六，以欺骗的手段坑杀秦国二十万降卒，这是残暴无信的行为。

第七，分封的时候，把肥沃的土地分给亲近自己的人，并且放逐各国原来的主人，这是自私自利的表现。

第八，将义帝逐出彭城，后被流放到郴县，占据韩王的领地，这是不公正的。

第九，派人暗中谋害义帝，这更是天理不容的事情。

第十，主宰天下时，不公平又不讲信用，这是天下不能容忍的，其罪无可赦。

在列数完罪状后，刘邦又高声说道："如今我统帅着义军，号召诸侯来讨伐你这样一个奸贼，像英布这样的人来都可以公然征讨你，你哪有还有资格向我挑战呢？"

刘邦列举的项羽的种种罪状，句句属实，虽然是叫骂，但是更像是一篇酝酿很久的讨伐檄文。项羽对于自己的所作所为当然是心知肚明，但是没有人敢当面数落过项羽。现在刘邦当着两军众将士的面揭露出项羽的种种劣迹，项羽自然无比生气，恨不能将刘邦生吞活剥了。

趁着刘邦不注意的时候，项羽吩咐手下的弓弩手，准备射杀刘邦。

弩是一种大型的远射武器，由于刘邦的距离在普通弓箭的射程之外，所以项羽选择了弩。前一刻还慷慨激昂的刘邦万万没有想到项羽会偷袭他。当从楚军中飞来的弩击中刘邦的胸部时，刘邦应声倒地。

但是刘邦很快就意识到，自己已经受了重伤，但是这种伤绝对不能让双方的将士知晓。因为楚军希望刘邦就此一命呜呼，而对于汉军来说，刘邦重伤的消息传出后，对汉军的影响也将是致命的。

此时的刘邦顺势蹲下，摸了一下自己的脚趾头，用尽全部的力气大喊了一句："蛮小子射中了我的脚趾头。"而楚军看到刘邦倒地后又起来并大呼脚疼，对于真实的情况也半信半疑。而刘邦趁机也回到了营帐。

此时的汉军中并不安稳，因为刘邦中弩倒地的事实很多人都已经看到了。虽然刘邦表面说没有什么事，但汉军中还是流传着诸多的猜测。为了稳定汉军的情绪，刘邦接受张良的建议，准备到军营各处进行巡视。虽然从病情上说，刘邦已经不能到处活动了，但是为了汉军的士气，刘邦还是穿起了沉重的盔甲坐在了马上，一副没有大碍的样子并到汉地军营中走了一趟。而刘邦的举动也传到了项羽的耳朵里，项羽也就放弃了趁机进攻的计划。

但毕竟前线不是养伤的地方，张良等人于是以安排刘邦巡视为名，将刘邦送往到了成皋。正好这个时候，困扰项羽多年的齐国问题出现了，此时的项羽也没有心思管刘邦的伤势了，而是四处调兵前往齐国。

流水之威

到处灭火的项羽始终还是没有让齐地安稳下来，韩信的出现让刘邦有了足够的缓冲时间。从前面可知，刘邦在夺取了韩信的军队指挥权后也给予了韩信一部分的军队，让韩信平定齐国，从战略上对项羽形成全面的包围。

为了减少不必要的伤亡，刘邦的另外一个重要谋士郦食其自告奋勇准备说服齐王。经过郦食其的一番劝说，齐王田广决定与刘邦建立同盟关系。此时的郦食其更是万分高兴，因为凭借着自己的游说就为刘邦拉来了如此重要的一个盟友，这样的大功可以得到刘邦的重重封赏了。

郦食其没有想到的是，情况并不像他想的那样简单，身处齐地的郦食其没有意识到危险已经降临了。当郦食其正在洋洋自得的时候，韩信集结的东征军团已经到达了齐国西北部的平原县。当韩信正准备进入到齐境内的时候，有消息说郦食其已经说服了齐王与汉军结盟，并且前方的探子也报告齐国已经完全撤下了针对汉军的军事准备。

此时的韩信有点进退两难了，只好下令暂时停止对齐国的军事行动。但韩信手下有一名叫作蒯彻的游说之士提出了不同的意见。蒯彻敬佩韩信的军事才华才过来投奔韩信，成为了韩信帐下最重要的幕僚之一。蒯彻向韩信表示："将军接受汉王的诏令出兵讨伐齐国，虽然汉王又派出了使臣前去和谈，但是汉王也没有通知将军停止军事攻击啊。郦食其只不过是一个说客，凭借着三寸不烂之舌，居然瞬间获得了齐国的七十多座城池。想想将军以前率领着数万军队，费时数年才攻下了赵国的五十多城。相比较而言，将军的功劳却比不上一个老儒生，这对将军将来的位置是非常不利的呀。"

此时的韩信原本就对刘邦拿走兵符、调动自己训练的军队有所不满。如果再让郦食其抢夺自己的功劳，这对韩信来说无疑是一个重大打击。于是，韩信假装不知道有和谈这件事，下令全军渡过黄河。

齐国军队完全没有料想到汉军的到来，在没有任何迎敌的准备下，齐军节节败退。此时韩信的部队则很开攻击到了齐国的首都临淄，这让齐王万分生气，而最倒霉的莫过于郦食其了，齐王下令烹杀了郦食其。

面对来势汹汹的韩信军团，齐军撤出了临淄，试图与韩信打起游击战，并且派出了使者向项羽求救。在接到齐王的求救后，项羽派出了龙且率领大军前往救援。那为什么项羽会答应援救齐国呢？

原来，此时的项羽不断奔走在荥阳和梁地之间，根本没有精力去管齐国。但是从战略上来讲，齐国一旦被汉军控制，那项羽就完全处于被动状态了。既然齐国前来救援，项羽也很想以此来与齐国结盟，弥补战略上的不足。基于这样的考虑，虽然楚军的兵力并不富足，项羽仍然调拨出大量兵力北上，防止韩信占领齐国。

援救齐国的军队号称有 20 万，韩信的东征军团则不到 5 万人，而只属于韩信的军队则只有 2 万人，又是一场人数相差悬殊的战争。但韩信再次发动了一场弱者战胜强者的战役。

在龙且到达齐境的时候，就已经有谋士向龙且建议："汉军远道而来，必然会急于求战，因而士气比较高昂。此时不如采取坚壁清野的防守战术，由齐王派使者前去招抚失陷的地方。齐地的百姓如果听说齐王还在坚守，而楚国的援军也已经到来，必然纷纷向汉军反击。最重要的是，汉军长途数千里远征，粮食的补给势必会成为大问题。到时候，汉军的士气就会溃散，我们便可不战而取得胜利。"

应该说，这位谋士的谏言是说到韩信的痛处了。当初齐王没有选择拼命抵抗，而是与韩信打游击，其重要目的就是不断消耗韩信的兵力。只要把韩信在广阔的齐地拖上几个月，韩信将会面临着极大的麻烦。

但是一向高傲的龙且并没有接受这个策略。尽管从表现上来讲，韩信已经很优异了。但是龙且始终认为韩信不是一名战将。在龙且的心目中，韩信在楚营的时候只是项羽身边的侍卫，而且有着不好的名声。而龙且的悲剧也在于不听从劝告。

还有非常重要的一点就是，龙且此时的兵力是韩信的五倍以上，拥有这样巨大的优势却采用防守的策略，这对龙且来说不可接受的。此外，龙且虽然在项羽手下屡立战功，但很少有独自的机会来调动如此规模的军团。如果能够打败韩信，解除齐国的危机，那将来又能给自己增添不少分封的资本。

于是，龙且下令准备在潍水与汉军进行决战。

韩信对龙且的心理拿捏得很准，也非常清楚自己目前的状态。在这种危急的时刻，韩信只能出奇招了。

在双方决战的前夕，韩信在夜间派人趁着夜色的掩护，迅速赶到了潍水的上游，用数万个沙囊盛满沙土，截断了上流的水源。第二天决战的时候，韩信亲临前线，指挥着军队渡河，准备攻击楚军。

汉军在与楚军相持一阵以后，就准备往后退却。而此时的龙且立功心切，只想早点消灭韩信。当齐楚联军渡河之时，韩信火速派人在上游挖开了阻塞河水的沙袋。河水奔流而下，大量还没有过河的楚军被陷入水中，成为了汉军弓箭手的活靶子，而龙且也死于乱箭之中。原本楚军发现自己已经中计时就已经非常混乱了，主将的死亡让大量的楚军没有了统一的作战方向，于是楚军纷纷投降。

潍水之战中，损失最大的就是楚军。而齐军虽然没有多少损害，但是战斗的士气已经降到了冰点。韩信乘胜追击，很快就俘虏了齐王田广。在韩信和灌婴的不断追击下，齐境内原田氏的势力很快就被肃清，齐国的战事也就此结束。

第十章 ／ 霸王折戟

项羽的恐惧

史载："楚已亡龙且，项王恐，使盱眙人武涉往说齐王信。"一向高傲的项羽怎么会感到害怕并主动向韩信求和呢？

项羽很清楚龙且的失败对他有着什么样的打击。项羽不仅永远失去了齐地这个屏障，也丧失了龙且这样一名能打硬仗的高手，项羽心疼的是龙且带走的那数十万精锐的楚军。自起事以来，楚军南征北战，虽然收获颇丰，但兵员的补充始终是个大问题。没有足够的兵员，即使项羽天纵神力，也无法扭转自己如今被动的局面。

但武涉的游说并没有起到预期的效果。韩信侍奉过项羽，深知项羽的个性，所以韩信很坦然地对武涉表示："我当年侍奉项羽，官位不过是一个郎中，职务也不过是执戟的护卫，讲话也得不到重视，提出的建议也很难得到采纳，不得已之下，我才离开了楚王而投奔了汉王。相比之下，汉王授予我上将军的印绶，并且给予我数万的军队，让我有机会来发挥自己的才学，这种恩情我是不会忘记的。"

到了最后，韩信再三强调："背叛亲信自己的人，是非常不祥的行为，对于汉王的恩情，我是不会改变的，请为我辞谢大王的好意!"

韩信的态度十分坚决，武涉只好狼狈回到楚营复命。

武涉的游说失败了，但是却引发了韩信阵营中的另外一个重要谋士蒯彻的注意。蒯彻其人，史料中有时也称之为"蒯通"，他来自洛阳郊区一个叫作蒯町的地方。洛阳同时也是纵横家苏秦的故乡。而蒯彻也胸怀纵横之术，认为自己的智力和谋略同样可以名扬天下。

在蒯彻的心目中，他是非常看好韩信的，甚至认为在当时唯一能够与项羽相对抗的人就是韩信。在武涉离去后，蒯彻同样劝说韩信三分天下，自立为王，但是被韩信以同样的理由拒绝了。

公元前 203 年年末，楚汉相争的战场已经发生了根本性的转变。虽然从表面上看，楚汉双方在荥阳一带仍然是僵持的状态，实际上项羽早就腹背受敌了。并且一直困扰着项羽的粮食问题也没有得到有效解决，楚军将士们的情绪十分低落，开始出现了抱怨之声。在《史记·项羽本纪》中对此有这样的记载："是时，汉兵盛食多，项王兵罢食绝。"

然而，让项羽没有想到的是，就在这个节骨眼上，刘邦却对项羽提出了和谈的要求。历史上对刘邦主动和谈的原因归结为刘邦想要通过这种方式要回被项羽扣押的刘太公和妻子。事实上，此时的刘邦虽然在战场上已经掌握了绝对的主动权，但是对于完全消灭项羽还是缺乏一定的信心。更何况，此时无论是关中还是关东地区，基本上都已经是刘邦的势力范围了。一时的和解对项羽来说说不定就能够改变战场的局势，重新出现更好的转机。

鸿沟为界

　　但刘邦深知项羽的个性，想要和项羽和谈绝非一件容易的事情。为了这次和谈，刘邦先后派出了两名说客。这两人就是陆贾和侯生。

　　陆贾是楚国人，以能言善辩而著称。陆贾认为完全可以凭借自己的言语说服项羽，营救出刘太公和吕氏。陆贾分析了当时的局势，刘邦表示也很认同。对于双方的和谈，楚国的重臣们也都表示没有意见，唯独项羽除外。从理性上，项羽对自己面临的危机还是有着清楚的认识的，但是从内心的潜意识讲，他认为自己绝不应该输给刘邦。

　　项羽最后问陆贾一个问题："你认为汉王有资格和我平起平坐、共同治理天下了？"此时的陆贾既不敢说"是"又不能说"不是"，只好回答："汉王很有诚意。"

　　陆贾见此情形，自知说服无望，只好灰溜溜地回到汉营中复命。陆贾的失败并没有让刘邦死心，他又派出了另外一位宾客侯生前去和项羽谈判。侯生深知项羽的贵族性格，所以在谈判中绝口不提汉王，并提出了以鸿沟为界的分割方式。项羽一听非常满意，很快就答应和谈的条件，而楚汉双方也约定了撤军的日期和方法。

　　这已经是公元前 203 年 10 月了。

　　楚汉双方以鸿沟为界，鸿沟以西为汉，鸿沟以东为楚。这就是历史上非常有名的"楚河汉界"。这种分界的方式虽然有些粗糙，但是在当时的条件下也是一个简单可行的方式。当对峙多年的双方签订了撤军的条约后，双方的将士们都沉浸在欢喜之中。按照《史记·项羽本纪》中的记载就是当时的两军"皆呼万岁"。

然而，就在刘邦下令撤军的同时，有两个人却出来阻止刘邦的撤军行动。这两个人就是在楚汉相争中屡出奇招的张良和陈平。这二人力谏刘邦说道："目前我们已经拥有天下的大部分，诸侯也都站在了我们这一边上来。楚军久战而疲惫，粮食也即将耗尽，这正是上天要灭亡他们的时候，我们应该乘此机会攻击他们，否则便成了俗语中所说的'养虎而自遗患'了！"

在这两位谋士的劝说下，刘邦决定对项羽实施最后的一击。

十面埋伏

原本刘邦已经准备引兵西归了，听完张良和陈平的分析，刘邦也深感在自己拥有绝对优势的前提下，是应该和项羽做一个了断了。于是刘邦立即传令汉军越过鸿沟，从背后发起突然袭击。与此同时，刘邦还发布命令调集韩信、彭越、英布等多方面的力量对项羽进行猛烈攻击。而这距离楚汉双方签订合约还不到一个月。

虽然后人对刘邦的这一行为褒贬不一，但从客观效果来讲，这对于结束双方对峙局面、创造一个稳定的局势来说无疑是一个最简单和明确的方式。

按照楚汉协议的约定，项羽带着楚军准备从荥阳前线撤回到彭城进行休养。理论上说，最迅速的行军方案应该是从荥阳经过外黄到彭城，这是一条直线。而项羽的楚军已经是疲惫之师，为求能够顺利回到彭城，项羽选择了借道陈城的较为稳妥的行军路线。

但是当得知刘邦的军队从背后袭来的时候，项羽勃然大怒，立即率领军队调转马头，反击前来追击的汉军。汉军此时的战斗力还是不如楚军，虽然是背后袭击者，但汉军依然是被打得大败，最后汉军不得已退守在故陵。此时刘邦的希望就是韩信和彭越的救兵早日到来。

但是，无论此时的刘邦如何派人催促，韩信和彭越就是迟迟不肯发兵。如果此时的楚军不是面临粮食问题，刘邦估计早就不能在此坚守了；如果此时的项羽能够放弃对刘邦的围攻，顺势撤回到彭城进行休整，说不定还能有所缓解。但是刘邦的这次背信弃义彻底惹恼了项羽，项羽这次无论如何也要与刘邦进行决一死战。

但是韩信和彭越的援军不来，刘邦就只能坚守不出了。刘邦一筹莫展，向张良寻求解决的办法。张良是一个绝顶聪明的人，他很快就看清楚了韩信和彭越心中的想法。张良告诉刘邦，项羽是眼见就要失败的人，但是韩信和彭越并没有得到他们想要的封号和土地，所有不肯前来。对此，张良向刘邦建议："彭越目前几乎已经控制了梁地，在梁王死后，彭越一直希望能够成为梁王，但是陛下却始终没有正式任命他，所有他心里是不平衡的。如今，最好将睢阳以北到谷城一带梁国的疆土全部分封给彭越，而将陈以东的地方韩国原有的疆土分封给韩信，并且要求他们率领着各自的军队与项羽作战，楚军很快就会被击溃的。"

刘邦虽然对这样大度的分封有些舍不得，但是此时也只好接受张良的建议，派遣特使拿着封疆的地图和印绶，火速前往韩信和彭越的军营请求他们出兵。

果然，在接到刘邦的分封后，这两人都派遣出了全部的家底与项羽作战。韩信亲自率领大军南下开赴淮北，攻取了项羽的大本营彭城；彭越也尽遣主力，向东南方向挺进。这样一来，两军会合，从北面对楚军形成了完全的包围。

项羽在接到这些消息后，立刻意识到此时和刘邦硬拼已经胜利无望了，于是赶忙下令向南方撤军。毕竟来说，楚军在南方还是有着一定的基础，可以在局势稳定后图谋东山再起。

但是就在此时，项羽得知了一个让他几乎绝望的消息。这是什么消息呢？屯兵寿春的周殷叛变了。

周殷可以算得上是楚军中相当高级别的将领，此人担任楚国的大司马，和龙且、钟离昧等人声望相当。周殷在英布的诱降下，决定反楚归汉。这对楚军来说几乎是致命的打击，因为周殷叛楚以后很快就和英布的军队汇合，截断了项羽向南撤退的道路。

无奈之下，项羽下令撤军，只能退到一个名为垓下的地方。垓下位于今天安徽省淮水北岸，中间有多条河流经过这个地方，也形成了不少的沟渠，整体来说，这里还是比较适合构建防御工事的。

一向善于集团会战的项羽，这一次不得不选择依靠有利地形来进行防守，这也能够从一个侧面反映出项羽已经知道自己在劫难逃了。垓下这个地方虽然有少数的粮食，但是根本无法长久支撑下去，垓下的楚军成为了一支被重重包围的孤军。

公元前 202 年初，汉军主力和各路诸侯云集垓下。此时，楚军大约有十万人，而汉军整体有三十万，前线的总指挥就是韩信。韩信在这里依然展示出了他的谋略，在与项羽的首次交战也是最后一次交战中，他丝毫不落下风。

在人数占优的情况下，韩信精心布置了三道包围圈：前军是韩信率领的先头部队，蓼侯孔熙在左、费侯陈贺在右，刘邦也率主力部队紧随其后，周勃和柴将军则追随在刘邦之后。双方军队刚一接触，韩信就下令撤退。因为韩信知道这是楚军搏命的时刻，他不愿在这种情况下让汉军死伤太多。而项羽见韩信撤军后准备继续追赶，想凭借此役来提升楚军的士气。

如果事情是这样的简单，那韩信也就不能称为韩信了。汉军撤退时，韩信下令孔熙和陈贺军队从由两侧截断楚军退路，让楚军陷入前后夹击中。楚军腹背受敌，局势相当不利，紧接着，韩信又指挥着前军返身杀回。楚军陷入到了三面作战的境地，双方混战半日，由于楚军长期作战加上双方人数相差悬殊，项羽不得不下令退回到垓下闭门坚守。

楚歌

经过一天鏖战又缺少食物的楚军士兵现在只能依靠睡觉来恢复自己的体力了。但是昏昏沉沉的睡梦中，阵阵的楚歌由远及近，渐渐在周围响起了。这歌声就是楚地的歌谣，这歌声一下子就勾起了楚军将士的怀乡情节，想到自己或许可能死于战场，而家里还有父母妻儿，这一切都让楚军将士心生绝望。

这就是历史上著名的"四面楚歌"的故事。人们一般都认为，这一举动其实是张良的计谋，这样做的目的就是勾起楚军的思乡情绪，从心理上摧毁楚军的最后一道防线，彻底打垮垓下楚军的斗志。

睡梦中的项羽也被这歌声惊醒，吃惊地问道："难道楚地都被汉军占领了吗？怎么汉营中有这么多的楚人呢？"

这其实很好解释，无论是刘邦从沛地招募的骨干力量还是从项羽这里投奔到他手下的韩信、陈平等人其实都可以称得上是楚人。再加上已经有不少楚军已经投降，这样就给项羽造成了错觉。听到凄凉哀怨的楚歌，一向自信的项羽心中也泛起了绝望。

极度绝望之时，项羽和自己最宠爱的虞姬推杯换盏。面对已经陪伴自己多年、风雨中一路走过来的虞姬，又想到自己叱咤风云的一生和即将面临的后路，项羽不禁悲从心来，慷慨悲歌：

力拔山兮气盖世，

时不利兮骓不逝。

骓不逝兮可奈何，

虞兮虞兮奈若何。

史载，项羽"歌数阕，美人和之"。至于虞姬和的是什么，正史里并没有明确的记载。而《楚汉春秋》中记载了虞姬所和的诗：

汉兵已略地，四方楚歌声。

大王意气尽，贱妾何聊生！

项羽一曲悲歌，虞姬泪眼相和，英雄美人互相垂泪。这一幕让左右的侍从都感慨万千，"左右皆泣，莫能仰视"。于是，这成为了悲歌和泪水中最后的场景。《史记》和《汉书》都没有明确告知虞姬的最后下落，不过后人推测虞姬早已决定以死明志，不然以项羽的性格，绝对不会丢下心爱的女人不管。

项羽知道垓下已经不是久留之地，于是带领着骑兵八百人的敢死队，在夜色的掩护下从小路突围而出。能够从三十万人的包围中安然无恙地全身而退，项羽的军事才华可见一斑。项羽在突出重围后，身边只剩下了百余人。虽然跳出了刘邦的包围圈，但是一个不知名的农夫却成为了压倒项羽的最后一根稻草。

这是怎么回事呢？

《史记·项羽本纪》中记载，项羽率军突围后，逃到了阴陵，在这里迷失了道路，向一位农夫问路，农夫欺骗了他，叫他向左去，结果是"陷大泽中，以故汉追及之"。一个素不相识的农夫为什么要欺骗项羽呢？原因其实不难猜测，那就是项羽太不得人心了。项羽在阴陵被刘邦的骑兵追上，经过一番厮杀后，到了东城，身边只剩下二十八骑。而后面追击的部队则至少有数千人。虽然敌众我寡，但是项羽依然决定在此做最后的奋战。

他对此时依然追随他的这些人表示："我跟随叔父起兵抗秦以来已经有八年了，亲身参与以及指挥的战事也达到了七十多次，几乎是每次都能够打赢，也找不到不能被我击垮的敌人，这是我能够称霸天下的原因。如今陷入这种困境之中，这是上天有意来灭亡我，而不是我作战能力的问题。现在，我要展开最后的奋战，为你们杀开一条血路，我设定了三个目标：溃围（突破重围）、斩将（斩杀敌将）、刈旗（砍断旗帜），让你们看看到底是上天要我灭亡，还是我本人的能力不够！"

项羽随即将剩余的楚军二十八骑分为四队，向四个不同方向突围。当时的汉军已经将这二十多个人团团围住了。项羽遥指一个汉军的将领表示：

"我将亲自斩杀那位将领，各位可以看看我是否能够做得到！"于是，项羽率先冲向了那名汉军将领。包围在汉军将领中间的汉军在项羽的冲杀下，四散逃离，项羽很快就到达了这人的面前，将这个人砍杀在马下。这时，汉军的杨喜也在奉命追击项羽。当他策马来到项羽面前的时候，项羽怒目而视，大喝一声，杨喜从未见过这样的阵势，吓得带着人退出数里。

项羽和剩余的骑兵分成三处汇合，汉军无法判断项羽在哪个地方，只好兵分三处对项羽实施包围。项羽见汉军分散，便只身一人再度冲入汉军，当场又斩杀了一位汉军的都尉，杀死了数百名汉军。当项羽把骑兵再度聚集在一起的时候，发现只是损失了两个人。项羽此时对骑兵说："这次的战果怎么样？"剩下的二十多名楚军无不敬佩地说："真的如同大王先前所说的那样。"

此时的项羽已经和跟随着他的二十六名骑兵冲出了汉军的包围圈，一路撤退到乌江，如果能够顺利过河，项羽也就可以重新回到他的故乡会稽。

此时的乌江亭长从芦苇中撑出一艘小船想要运送项羽返回到会稽。乌江亭长更是劝说项羽："江东（指会稽）地方虽然比较小，但是尚且有数千里，人数也有十万，仍然可以坐拥一方成为诸侯王。希望大王急速渡江，这大江之上只有这一艘小船，汉军赶到后也无法渡江。"

面对着滚滚的长江水，项羽想起了八年前起兵反秦的壮烈场面。出人意料的是，项羽拒绝了乌江亭长的好意，对亭长说道："上天要我灭亡，我渡江逃难还有什么用呢？何况当年我和江东的八千子弟渡过乌江向西争霸天下，现在没有一个人生还。即便是江东的父老怜惜我，再度拥立我为诸侯王，我又有什么颜面接受他们的爱戴呢？就算他们不说什么，我难道就不感到惭愧吗？"

听到这样的话，随行的楚军和亭长也都有感叹而泣。此时的项羽反倒是十分冷静，他叮嘱亭长说道："我深知你是一位可敬的长者。这匹马我已经骑了五年了，曾经日行千里，所向无敌，是世间少见的名驹。我不忍心杀害它，现在就赠送给你吧，"

说完，项羽下令骑兵全部下马，持短兵器同汉军交战。以这种方式作战其实就已经表明项羽已经不想再突出重围了。此时的项羽无疑是一名孤胆英雄，追随他的楚军敢死队基本上都已经伤亡殆尽了，而项羽在斩杀了数百汉军之后也身受十多处创伤。

这时，项羽看到汉军骑司马的吕马童也在包围他的行列之中，于是大声喊道："我们应该见过面，你也认识我吧?"

吕马童于是向身边的汉将王翳表示："这个人就是项王啊!"此时的项羽又对着吕马童说："我听说汉王悬赏千金，封邑万户来要的我的首级，今天我就把这个人情送给你吧。"此言说罢，项羽便自刎而死。

距离最近的王翳首先割下了项羽的首级，而此时围观的汉营其他将领也不甘示弱，最后由郎中骑杨喜、骑司马吕马童、郎中吕胜、杨武各得身体的一部分，加上王翳所割下的首级，的确是项羽本人的尸首。

事后，刘邦也信守了承诺，刘邦封吕马童为中水侯，封王翳为杜衍侯，封杨喜为赤泉侯，封杨武为吴防侯，封吕胜为涅阳侯。

一代霸王最终惨遭分尸，长达四年的楚汉争霸也就此结束。

后人评说

项羽最后选择自刎的方式结束自己的性命，这也在后世引起了诸多的争论。很多人都惋惜项羽放弃了东山再起的机会。其实细细分析就可以得出这样的结论：项羽并非不肯渡江，而是不能渡江。对于这一点，北宋著名政治家王安石对此有着自己的见解，他在自己的诗篇《乌江亭》里写道：

百战疲劳壮士哀，中原一败势难回。

江东弟子今犹在，肯为君王卷土来。

王安石从一个政治家的角度出发，得出这样的结论是再正常不过的。

首先，项羽是不得民心的，即便是江东的子弟也不可能拥护他。虽然项羽是楚国的贵族后人，但是他的崛起是在反秦的旗帜下进行的。在秦朝灭亡后，项羽杀害了义帝，这在道义上就已经让楚地的人对项羽不再支持了。

再者，即便项羽听从亭长的话，乘小船渡过乌江回到会稽，刘邦也绝不会给项羽任何喘息的机会，更不会像夫差对勾践那样给他休养生息的时间，只会发动一切力量除掉项羽。

跌宕起伏、震撼人心的楚汉战争最终是刘邦取得了胜利。但是项羽以及他的楚国的事情还没有结束。

项羽在早年间被楚怀王封为鲁公，这是项羽的第一个封地。在项羽死后，楚国的各部落都向汉军投降了，只有鲁地（今山东曲阜）拒绝招抚。在这种情况下，汉营的将领们都打算集结重兵攻打曲阜，甚至以屠城相威胁。但是刘邦并不这么认为，他认为此时的天下已经平定了，而像鲁地这种坚守节义的行为是值得推崇的，因此特别派遣了使者手持项羽的首级，依照礼节到鲁地举行了祭祀。鲁地见此情形，于是开门投降。刘邦按照鲁公的礼仪埋葬了项羽，并亲自前往吊祭。

项羽死后，刘邦对项氏一族还是相当宽容的，赦免了项氏的长老，并保留了他们原来的地位。其中张良的至交，对刘邦屡有恩情的项伯被封为射阳侯，其余重要长老则分别封为桃侯、平皋侯、玄武侯，并赐以"刘姓"以表王室恩宠。

纵观项羽失败的原因，项羽本身的悲剧性格其实早已经注定了他的失败。在被刘邦追的走投无路之时，他仍然拒绝失败，用一种惨烈的方式结束自己的一生，这种行为不可谓不悲壮，让人唏嘘不已。也正因为如此，项羽才有了众多让后世不断谈论的资本。项羽的悲剧的最重要方面就是不健全的性格，他骨子里留有贵族的气派和性格，但是并没有接受过完整的贵族教育，最终这种不健全的性格让其丧失了诸多的机会。

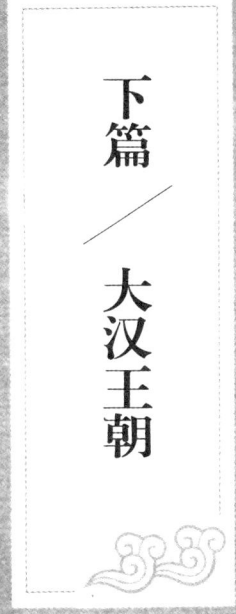

下篇／大汉王朝

第十一章 ／ 布衣天子

氾水之阳

自己最大的对手项羽虽然已经死亡，但是刘邦所要面临的问题远没有结束。如何处理六国贵族的实力，如何处理军权在握的诸侯王，如何尽早恢复社会的安宁？这一切的一切都困扰着已经过了知天命之年的刘邦。

此时的刘邦做的第一件事情就是剥夺了韩信对部下军队的指挥权。在韩信的一系列战斗中，很少有败绩，可以称得上是当时数一数二的军事奇才。如果此时手握重兵的韩信选择反叛，那刘邦所面临的压力将大于对项羽的压力。

更为重要的是，在楚汉相争的最关键时刻，韩信曾两次要挟刘邦谋求封号和封地。这对于刘邦来说无疑是一个非常危险的信号。所以在楚汉战争的硝烟还没有散去的时候，刘邦就决定收走韩信的兵权。应该说，这是非常正确的举动，即便韩信没有反汉之心，但是一旦形成尾大不掉的局面后，后果则是难以预料的。

韩信对剥夺自己兵权的事情虽然有一定的抵触，但是功成名就后的韩信也就服从了刘邦的安排。虽然剥夺了韩信对军队的指挥权，但是刘邦还是继续想办法对韩信进行削弱。此时的韩信在齐国还有大片的封地，并且齐国东临大海，很容易发展成地方割据势力。为了杜绝后患，刘邦又改立韩信为楚王，楚地本来便远大于齐，而且韩信又是楚人，所以韩信也很乐意地接受了。

除了削弱韩信以外，刘邦还在此期间拔掉了最后一颗钉子，那就是临江王共敖。在共敖死后，他的儿子共尉继续担任临江王，而共尉则死活不肯向刘邦投降。这时期的刘邦也很干脆，派出了卢绾和刘贾率兵攻打，共尉兵败被俘。这样一来，项羽当年在咸阳所分封的诸侯，除了灭亡，剩下的都归在了刘邦的麾下。

在这一切都被平定后，刘邦以汉王的名义在全国范围内发布了命令："天下连年战乱已经长达八年，广大百姓深受战争的苦难，如今天下大事已经平定，决定广泛赦免死罪以下的囚犯。"

刘邦的这一举动其实是有着双层意义的。

首先，从道义上，刘邦大赦天下，显示出了自己作为一个仁君的姿态，也让自己与项羽等残暴的形象区分开来。

其次，刘邦此时颁布大赦天下的命令，在很大程度上也是给诸侯王一个姿态，表明自己即将登基。

主要的诸侯王自然也都心知肚明，采取了联名上书的方式请求刘邦登基为皇帝。但是此时的刘邦虽然对皇帝之位早就垂涎三尺，但是为了维护自己的形象，依然表示皇帝之位应该由天下最贤能的人拥有，否则只是空言虚语，是得不到大家诚心支持，无法建立稳固政权的。

众人再次劝说："大王出身布衣平民，起义抵抗暴秦，最终平定四海，还能有谁比大王更加贤能呢？而且天下有功的人都承蒙大王的恩泽已经裂地称王，大王再用汉王的称号就与地位不相符合了。所以，请求大王称皇帝，然后再降旨分封功臣，打消人们心头的不安。"

刘邦依据古礼，"三让"之后接受了皇帝的称号。

公元前 202 年 2 月 28 日，刘邦在古老的汜水北岸设坛，正式登基为皇帝。王后吕氏改称皇后，太子改称皇太子，并追封已去世的母亲为昭灵夫人。

此时的刘邦已经是 55 岁的老翁了。遥想当年在咸阳观看秦始皇出游时的情景，刘邦自然感慨万分。刘邦在此即位，宣告了一个新王朝的开始，也标志着刘邦在楚汉战争中的完全胜利。

但是喜悦的心情是无法持久的，刘邦成为了这片广阔土地的主人，从穿上皇帝礼服的那一刻起，他的目光就已经如森林巡视员一般，巡视着自己的土地。项羽虽然死了，但是一些残余势力也由此转到了地下。这些人也许并不能从根本上对汉王朝产生威胁，但是在刚建国还不稳的时候，这些势力如同火星，随时都可能转化为熊熊燃烧的火苗。

不一样的结果

项羽死后，一些楚军的将领也逃匿了，其中最有名的当属季布了。

季布是楚军名将，他英勇善战，在楚汉之争中数次与刘邦在战场上相遇，并且屡次把刘邦逼到绝境。对于这个人，刘邦印象很深刻。登基之后，刘邦在全国范围内下令通缉季布，悬赏千金追缉之，并表示有敢藏匿季布者，罪诛三族。

季布隐姓埋名，辗转到濮阳的周家。周氏觉得自己家并不是安全之所，就告诉季布这里并不安全，希望他能够换一个地方。季布于是就剪掉了头发，打扮成奴仆的样子，自卖给了鲁国曲阜的朱家。朱家是一个游侠之家，这个游侠并不是无所事事的游侠，而是言必信、行必果，急人所难，不爱其躯的侠义之人。

朱家见多识广，很快就认出了季布的真实身份，但是并没有说破。作为游侠，他没有打算以此邀功，而是想办法帮助季布。为了掩人耳目，朱家特意将他分配到田野进行劳作。安排完这一切后，朱家驱车前往洛阳，要去寻找一个权贵人物。

这个人就是刘邦非常信任的夏侯婴。朱家和夏侯婴意气相投，早年就已经认识，只不过此时的夏侯婴已经被刘邦封为滕公。朱家问夏侯婴："季布究竟犯了什么罪，皇上要如此悬赏捉拿他呢？"深知刘邦性格的夏侯婴回答道："季布多次让皇上困窘，这惹恼了皇上，所以一定要抓住他。"

朱家听到这样的话很不以为然，他说："季布是没有任何过错的，当时他是项王的将领，只是在尽职尽责而已。现在皇上已经统一了天下，就不应该计较以往的恩怨。再者说，季布是难得的贤才，如果追捕得太急，他可能向北逃向匈奴，或者向南逃往南越，这难道不是将壮士赶去资助敌人的愚蠢行为吗？"

最后朱家还讲了伍子胥鞭尸楚平王的故事，并且希望夏侯婴凭借自己的身份向刘邦谏言赦免季布。

朱家没有找错人，夏侯婴听完朱家的这番话，已经知道季布被朱家藏匿了起来。在可能危及自己安全的情况下，夏侯婴没有逼迫或者劝说朱家交出季布，反而将朱家的意思转告给了刘邦。此时的刘邦从善如流，不仅赦免了季布，反而将季布"拜为郎中"。

随后的季布果然不负众望，对大汉王朝忠心耿耿，成为了一代名臣。尤其是刘邦死后，朝臣在后来对待匈奴的事情上，季布力排众议，为汉朝的恢复赢得了时间。

刘邦对待季布的态度感动了很多项羽的旧部，其中一个人更是十分激动，因为在他看来，自己可以向刘邦讨一个更加丰厚的赏赐，这个人是谁呢？原来是季布的舅舅，名字叫作丁固，他曾经也是项羽手下的一名大将。

丁固之所以认为自己能够获得更高的封赏的原因就是他与刘邦颇有渊源。在刘邦惨败彭城的时候，刘邦被项羽军团追得到处逃窜，正是丁固在后面追赶，眼见情况危急，刘邦派人向丁固求情并送了大量的礼物，而丁固则故意放走了刘邦。楚汉战争结束以后，丁固和季布一样同样是藏匿于民间。当看到刘邦对季布不仅赦免而且重用的消息后，丁固满心欢喜地到洛阳觐见刘邦，希望能够得到重赏。

然而，刘邦并没有给丁固所预期的赏赐，而是将他投入到监狱并将其斩首示众。丁固获得的罪名也是"丁公为项王臣不忠，使项王失天下者，丁公也。"就个人恩怨来说，刘邦理应重赏丁固，但为何要将其处斩呢？刘邦这样有悖常理的做法是对是错呢？

其实，刘邦的做法是完全正确的，并且显示了他作为一个帝王的素质。

首先，刘邦对这二人的处理完全是从维护汉王朝的根本利益出发的，其中并没有夹杂个人情感。先不论这两个人的能力是否有高下的差别，从维护传统道德的角度看，重用季布，杀掉对主人不忠的丁固都是符合情理的。

再者，此时天下的形势已经发生了变化。在群雄逐鹿的时候，为了能够壮大自己，尽可能削弱别人，必须想尽一切办法招降纳叛。但是在统一天下后，对臣子的要求则是对君主的绝对忠诚。客观环境不同了，对待人的态度也就不同了。

通过刘邦对这两个人的处理方式来看，此时的刘邦已经真正成熟了，考虑问题已经上升到了一个较高层面。

士为知己者死

　　除了对楚军旧将的追捕之外，刘邦还对残余的六国贵族进行了招降，这其中就包括了齐王田横。在前文中我们说过，韩信大破龙且，田横无法抵抗韩信大军，只能带领着少数部族到处躲避。在刘邦称帝以后，田横就率领着五百部属辗转入海，藏匿在东海上的一个小岛（如今的田横岛）上。

　　刘邦对田横还是有所顾忌的。因为田氏一族在齐地有着百年以上的根基，与齐地的百姓更是有着难以割舍的情感。如果不能收服他们，一旦中原大地出现什么意外，就可能产生意想不到的效果。

　　刘邦派出使者带着特赦田横的诏令希望田横能够来到洛阳。刘邦此举并没有多少恶意，只是希望田横能够远离齐地，以免将来发生祸患。但是田横拒绝了使者的要求，拒绝的理由是田横曾经烹杀了刘邦重要的谋臣郦食其，而现在郦食其的弟弟郦商是汉朝重臣，为了自身安全，希望能够留守岛上。

　　得知田横的顾虑后，刘邦马上给郦商下了一道命令，让他保证田横一行人的安全。如有违背，将满门抄斩。虽然郦商对田横杀死自己哥哥的行为一直念念不忘，但是在刘邦的命令下，他自然要服从。

　　刘邦再次派遣使者来到东海，将刘邦的命令告诉给了田横，并且是恩威并济："田横来，大者王，小者乃侯耳；不来，且举兵加诛焉。"此时的田横没有了拒绝的理由，带着两个门客准备前往洛阳。

　　在距离洛阳还有三十里的时候，田横以觐见皇帝要洗澡更衣为由，希望在驿馆停留片刻。此时刘邦的使臣也没有对此产生怀疑。在避开了汉使以后，田横对着自己的两个门客说道："当初我和汉王都是诸侯王，如今汉王已经成为了天子，我却要以臣子的身份侍奉他，这是我的耻辱。更何况，我曾经烹杀了郦商的哥哥郦食其，现在却要和郦商在同一大殿里称臣，即便他惧怕天子的命令不敢加害我，我内心也是有愧的。如今天子招纳我来洛阳，无非是想见我的容貌罢了。现在割下我的头颅，快马送到洛阳，天子还是可以看清楚我的模样的。"

说完，田横便拔剑自刎。

田横自杀以后，他的两位门客和与汉使秉承了田横的命令急速回到洛阳复命。刘邦闻听此事以后，深深为田横的举动敬佩。于是任命田横的两个门客为都尉，并且派出了两千名的士卒，以王者的规格为田横举行了厚葬。

任何人都没有料想到的是，田横的葬礼刚刚结束，那两个被刘邦任命为都尉的门客便在田横的墓穴旁挖了一个洞，自刎后倒在了洞里。这个消息传到东海上的小岛上的时候，留在海岛上的五百多人也都拔剑自刎。

这起集体的自刎事件无疑是中国历史上最壮烈的事情之一。历史上这样集体自刎的事件是极为少见的，这其实是当时英雄意识和侠义意识盛行的一种表现。田横曾经自立为王，田氏家族在灭秦的战争中也起到了不可替代的作用，如果兵败亡国，必须向刘邦称臣，这是高傲的田横所不能接受的，所以他选择了以死明志。而他的门客和五百壮士，则是在用鲜血来践行"士为知己者死"的气概。

田横的宁死不降让刘邦感动，也让刘邦后怕。虽然他已经即位成为了这块中国大地的新主人，但是依然有很多不愿意做他臣民的人，依然还有暗中的反对者。此时的刘邦又该如何抉择呢？

改变历史的小人物

史书记载，刘邦在汜水即位后，就率领着大队的人马前往洛阳，准备在洛阳营造自己的都城。

将都城选择在洛阳大多数人都没有异议，第一，洛阳是周朝的故都，有着很强的象征意义；第二，洛阳有比较完好的宫殿可以使用，节省建造成本；第三，洛阳的地理位置位于中原的腹地，位置比较优越；第四，无论是刘邦还是他手下的将领大多都是来自关东地区，定都洛阳，对他们来说距离家乡较近，情感上比较容易接受。

综合上述理由，定都洛阳其实已经成为了刘邦和大臣们都能够接受的事实。但是一个小小戍卒的出现，彻底改变了西汉帝国的命运。这个人就是日后出现在刘邦身边的重要谋士——娄敬。

娄敬原本是齐国人，这一年刚好奉命到陇西戍边。在经过洛阳的时候，他看到洛阳正在大兴土木，就打听这是在做什么。当得知是要把洛阳建为都城的时候，娄敬大吃一惊，连忙停下脚步，并找到了自己的同乡虞将军，要求觐见皇帝。

对于这个不合理的要求，虞将军也没有推脱，而是同意带着他去见刘邦。但是此时的虞将军提出了一个要求，那就是希望娄敬换一身衣服，这也是基本的礼仪。出人意料的是，娄敬竟然拒绝了这个要求。他告诉虞将军，如果我穿的是丝绸衣服，就会穿着丝绸衣服去觐见；如果我穿的是粗布麻衣，我就穿着粗布衣服去见，我不会随便更换衣服的。

虞将军只好把这话转告给了刘邦，刘邦一向不喜欢虚伪做作的人，因此觉得娄敬挺有意思，便召见了娄敬并且赐给了他一顿饭。娄敬吃完饭后就询问刘邦："听说陛下有意以洛阳为京城，想必是有追随周王朝兴盛的意思吧?"刘邦很坦荡地承认了这一点。

但是此时娄敬却说出了一番出乎刘邦意料之外的话，他认为汉王朝和周朝是不能简单被视作一样的。娄敬说道："陛下取得天下的方式和周王朝是有本质不同的。周王朝在建立以前，它的领袖积累恩德和力量长达十多世，到了文王、武王的时候力量已经非常雄厚。也正是因为这个原因，周才能乘着殷商混乱的时候，消灭了纣王成为天子。但是他们的京城仍然设在关中的镐京。一直到成王即位的时候，周公为宰相，才开始营建洛阳。这是因为洛阳位于天下的正中，诸侯四面八方纳贡距离差不多。"

娄敬停顿了一下，继续说道："以洛阳为都城风险是最大的，在得到支持的时候非常容易为王，而失去支持则很容易招致亡国。在周王朝强盛的时候，天下和睦，四海诸侯没有不服从王室的。等到周朝衰落后，天下的诸侯却没有人愿意朝见，周天子对此也没有办法。这并不是周天子没有德行，而是形势不允许。如今，陛下起于丰沛，还定三秦，并和项羽在荥阳和成皋之间鏖战，这期间大战七十，小战四十，天下百姓饱受苦难，人民在战争中所受到的伤害还远远没有结束。陛下却要在这种情况下模仿周朝的盛世而定都洛阳，这无疑是非常危险的。"

一席话让刘邦茅塞顿开，刘邦又问娄敬，既然洛阳不适合建都，那哪里比较适合呢？娄敬给出了自己的理想之地——关中。

娄敬说，秦故地关中地带一条险峻的山河作为屏障，堤地肥沃。急难之时可以在关中很快集结百万的雄兵。如果定都在关中，即便中原战乱再起，关中也能稳如泰山。为了说明问题，娄敬还打了一个比方。他说，与人打架的时候，最致命的是扼住他的咽喉，压住他的背部，这样一来对方就不能反抗了。如果陛下能够定都关中，无疑就是扼住了天下的咽喉，按住了天下的背。

刘邦认为娄敬说得很有道理，但迁都是国家极为重大的事情，牵涉到的人员众多，刘邦也不敢贸然做出决定，于是将这一事件放到了朝堂之上进行商议。绝大多数的群臣都持反对观点，虽然臣子们认定娄敬所说的都是事实，但是秦定都关中，二世而亡，所以并非吉祥的地区。此外，洛阳的地理位置也很险要，与关中相比并没有绝对的劣势。

问题开始困扰刘邦了，他一下子也拿不定主意了。这个时候，他想起了张良，张良笑着表示："洛阳虽然也有地利，但是以其为中心的腹地也不过数百里，而且生产力薄弱，很容易从四面包围，确实不是一个用武之地。而关中地区则不一样，关中左边有淆谷及函谷关，右边有陇中、蜀中，沃野千里，南面有生产丰富的巴中、蜀中，北可发展畜牧可以作贸易，三面均有阻挡，易守难攻，向东一面又可居高临下，可以很方便控制诸侯。综合种种的条件，娄敬说的是很有道理的。"

在重大问题上，刘邦一直听从张良的意见。既然张良同意娄敬的意见，那刘邦立即决定从洛阳迁都到关中。由于秦以前的宫室被项羽一把大火烧了个精光，所有刘邦只能暂时以关中的栎阳为都城。与此同时，刘邦开始委任萧何主持咸阳的重建，并且将新都城命名为长安。为了表彰娄敬在这次迁都中的功劳，刘邦特别赐他姓刘，任命他为郎中。

历史证明，迁都关中是汉王朝在建立之初所做的最正确的决策之一。无论是在建国初期削平诸侯王的战争中还是在七国之乱的皇族争斗中，关中地区作为汉帝国的政治首都和经济上的后盾，对保证战争的胜利都起到了不可替代的作用。

叔孙通的功绩

《汉书·高帝纪》中有这样的记载，"于是诸侯王及太尉长安侯臣绾等三百人，与博士稷嗣君叔孙通谨择良日二月甲午，上尊号。汉王即皇帝位于汜水之阳"。这其实是一个很容易让人忽视的细节。在劝皇帝登基的众人中，位高权重的诸侯王仅仅被一笔带过，在数百人的劝谏人名单里，只列出了两个人名，其中就有叔孙通这个有些陌生的名字，那这个人有究竟是什么来头，又对汉王朝做出了哪些贡献呢？

叔孙通是春秋时期鲁国权臣叔孙氏的后人，他原本只是一名普通儒生，因为通晓儒术被秦始皇招进了宫中，和一群博士在一起工作。所谓的博士，其实就是博学之士，也就是皇帝身边见多识广的侍从而已。叔孙通只是博士中的替补，并不是登记在册的官员。秦始皇素来对儒生没有好感，所以叔孙通在秦宫中待了多年，依然是博士的候补。

秦二世即位后，陈胜、吴广在大泽乡起义，前去打探消息的使者向秦二世报告陈胜反秦的状况。秦二世连忙召集儒生和博士，询问他们的看法。被召集的三十多个人几乎都异口同声地回答道："身为臣子，绝对不能起兵作乱，这些人犯的是死罪，希望陛下可以尽快发兵剿灭他们。"

话音未落，胡亥就显示出了很不高兴的脸色，"怒，作色"。一直在一边冷眼观看的叔孙通见此现状，立即上前说道："大家都说错了，秦始皇帝统一天下，原来的兵器都被销毁了，而且此时英明的皇帝在上，人人遵守法律，哪有什么人敢造反，陈胜不过是一群鸡鸣狗盗之徒罢了。地方的官员很快就会把这些人缉拿问罪的，陛下不必担心。"

这番话让秦二世非常开心，连声说好。然后，秦二世继续询问儒生，有的人说是造反，有的人说是盗贼。结果二世把说是造反的人全部都投进了监狱，而说是盗贼的儒生则幸免于难，并且赏赐叔孙通帛二十匹，衣一袭。叔孙通也由待诏博士晋升为了正式博士。

出宫以后，同行的儒生都开始责怪叔孙通："先生怎么能够用这样阿谀的方式来讨好皇上呢？"叔孙通惊魂未定地表示："你们不知道啊，我今天差点就在劫难逃了。"叔孙通对秦始皇粗暴对待儒生的态度早就不满了，看到秦二世也是这样子，毅然决定离开了。很快，叔孙通就离开了秦宫，逃到了自己的老家薛地（今山东滕州东南）。

当项梁率军到达薛地的时候，叔孙通立即投奔了项梁。后来项梁战死，楚怀王到达彭城后，叔孙通又改投到了楚怀王的门下。项羽入关后，放逐了义帝，叔孙通和义帝身边的诸多大臣一样，离开了义帝加入到了项羽集团之中。当刘邦率诸侯联军攻入到彭城时，叔孙通见刘邦大有平定天下之事，决定毅然叛楚降汉。后来刘邦在彭城大败，叔孙通竟然立场坚定地一直跟随刘邦。

叔孙通在投靠刘邦的时候，带来了一百多个弟子。这些人原本打算跟着叔孙通建功立业，所以希望叔孙通能够向刘邦举荐他们。但是在楚汉相争期间，叔孙通根本不理会弟子的要求，而是向刘邦推荐有能力的盗贼。面对弟子们的不满，叔孙通向弟子们解释说："现在正是楚汉相争的关键时刻，汉王需要的是攻城略地的将士，你们暂且忍耐下，你们会有展示才华的机会的。"

机会果然是留给有准备的人的。

刘邦出身于布衣，跟随他的人很多也是同乡。刘邦在战争期间所结交的将领大多也没有受过多少的礼仪教育。刘邦入关以后，废除了秦的那些繁文缛节，一切从简。那个时候的刘邦和下属之间基本上是没有等级之分的。

这种作风在战争时期对于凝聚人心无疑是非常有效的。但是天下统一后，外出作战的机会减少了，很多文武大臣在朝堂之上肆无忌惮地喝酒争功，喝醉后大呼小叫，甚至拔出自己随身携带的宝剑对着殿中的柱子猛烈击打。对于这种场面，刘邦自己也很难接受，常常对此很郁闷。

叔孙通此时知道展示自己的机会到了。他在这个时候向刘邦建议："儒生虽不能用来争夺天下，但是非常适合守天下。请陛下恩准我去征召鲁国的儒生，为朝廷制定礼仪。"刘邦对此也很有疑问，害怕礼仪太过繁复自己接受不了。

叔孙通的回答也很巧妙，他说不同朝代有不同的礼仪，礼仪是根据实际情况制定的。而自己将会综合前朝的礼仪规范制定出新的礼仪。刘邦点头说道："那就试试吧，不过要简单易行，估计我能做到就行了。"

说起礼仪这事，真可谓是源远流长。早在夏、商、周三代，就已经很重视礼仪了，也产生了一整套的礼仪规范。到了春秋战国时期，虽是"礼崩乐坏"的时代，但是新的礼仪规范也出现了。

叔孙通在得到刘邦的允许后，立即赶往鲁地征召熟悉古代礼仪的儒生。这其中的缘由很简单，鲁地是孔子的故乡，以诗书之地、礼仪之乡而闻名。叔孙通在这里很快就找到了三十多个熟悉古代礼仪的儒生。虽然也有食古不化的儒生认为叔孙通几次背离自己的主人，是没有资格制定礼仪的，但是叔孙通说了一句："若真鄙儒也，不知时变。"然后就不再搭理这些人了。

叔孙通带着从鲁地招来的三十多个儒生回到了京城，连同自己的弟子以及刘邦身边的其他几个儒生开始了新的礼仪的练习。叔孙通在郊外找了一个僻静的地方，拉起绳索圈定范围，用茅草象征人形，模拟训练了一个多月。叔孙通感觉时机已经成熟了，就邀请刘邦过来观看。刘邦在看完儒生们的演示后，轻松了一口气说道："这些我能够做到。"并且下令群臣学习这种朝礼。

公元前200年，也就是高祖七年，长乐宫重新装修完毕，诸侯群臣都来到这里进行朝贺。叔孙通制定的朝仪也就此正式启用。

这一天天亮之前，谒者也就是司仪在前面引领着众多的官员们依次进入到殿门之中。进入到殿门之后，只见殿中排列着庄严肃穆的骑兵、步兵、侍卫，官员手持各色的旗帜和兵器，样子十分威严。诸侯王、将军、军吏等官员按照秩序面向东站立；文官则从丞相以下，面向西而站立。司礼官在完成九种引领宾客的礼仪以后，刘邦才坐着专车从寝宫里出来。文武大臣依次向刘邦表示敬贺，敬贺完了以后，史书记载"复置法酒"。法酒就是专门用来在朝堂上行礼的酒。

此时的群臣都在殿下俯首，谁也不敢直视刘邦。侍从人员给大臣们斟满"法酒"，按照爵位的高低和官职的大小，群臣依次向刘邦敬酒。如此循环往复，一共实行了九轮，谒者便宣布"罢酒"，整个朝会就结束了。

在整个朝会的过程中，旁边都有御史在一旁监督，随时把那些不遵守礼仪行事的官员撵出殿外。史载"自诸侯王以下莫不震恐肃敬"。此时高坐在大殿之上的刘邦看到这种君臣有别、尊卑有序的场面，情不自禁地说了一句话："我今天才知道做皇帝的尊贵了！"

对于这句话，后世的很多人颇有微词，认为这不是一个明主应该流露出来的情感。但是千万不要忘了，当初刘邦见秦始皇巡游的时候，刘邦情不自禁地说了一句"大丈夫当如此。"正是刘邦这种心直口快、胸怀坦荡的态度才让他能够在惨烈的秦末诸侯之战中脱颖而出。

礼仪完毕后，叔孙通因制定礼仪有功，"赐金五百斤"，并将其任命为太常，也就是主管朝廷和宗庙礼仪的官员。乘此机会，叔孙通对刘邦说："我的弟子们跟随我多年，协助我制定了这些礼仪，希望陛下能够给他们封赏一些官职。"刘邦大手一挥，全部拜他们为郎。

《汉律》九章

"约法三章"可以算作是刘邦入关后所颁布的第一个"律法"，但是这实际上更像是一条行政命令。一旦统一了天下，"约法三章"是无法满足封建王朝统治的需要的。所以当刘邦面对"四夷未附，兵革未息"的状况时，便命令相国萧何"捃摭秦法，取其宜于时者，作律九章"。于是就诞生了《汉律》九章。

所谓的汉律九章，其实最开始依靠的是战国初年李悝为魏国所制定的

《法经》六篇，在此基础上增加了《户律》、《兴律》、《厩律》三章。那《法经》是一本什么书呢？

据史书记载，当时的李悝参考了当时各国的法律条文，撰写了《法经》六篇。李悝认为，当时的社会秩序遭到破坏，一般情况下主要是来自社会上的刺杀和偷盗活动，因而《盗法》和《贼法》就是《法经》的开篇。

《盗法》讲的是对盗的惩治，主要就是关于盗窃犯罪的法律条文。以此类推，此书后面的《贼法》、《囚法》、《捕法》等都是针对专门类别的法律，此外还有杂篇以及《具法》，意思是根据具体情况依法加重或者减轻刑罚的某些具体规定。

《法经》体例完备，主要讲的又是刑事犯罪的法典，因而就被保留了下来。商鞅变法的时候，李悝的法治思想被保留了下来。那萧何参考秦律，增加的三章又是什么内容呢？

首先来看《户律》，这是关于户籍、赋税和婚姻方面的法律条文。在当时，户口是征税和服役的最重要依据。《户律》的产生也就是一种必然了。

《兴律》是有关征发徭役和城防守备方面的法律条文。这也是萧何对秦律以及战国其他国家法律的继承和发展。

比较有意思的当属《厩律》，主要是关于牛马牲畜和驿站传递之间的法律条文。这在现代人看来是非常稀松平常的事情，至于制定专门的法律吗？实际上是有必要的，并且非常有必要。在当时，像牛马这样的大牲畜是很珍贵的，特别是马，可以说是一种战略物资，因为无论是骑兵作战还是快速的信息传递都需要马匹，所以出现专门的《厩律》也就不足为奇了。

由此可知，萧何制定的《汉律九章》是在前朝法律法规的基础上结合汉王朝的实际情况加以改进而完成的。这对汉代乃至此后中国封建时代的法制建设都有着积极的意义，可以算作是中国法制发展史上的一个里程碑。

汉代以后各代的法律，大致上都是以《汉律》九章作为蓝本的。比如"曹魏傍采汉律，定位魏法"；晋武帝"命贾充等定法令，就汉九章，增十一篇"；《明史·刑法志》也曾有说："历代之律，皆以汉九章为宗。"这些都说明了《汉律》在中国法制体系中不可替代的作用。

值得注意的是，秦律虽然严苛，但是废除那些苛法并不能一蹴而就，这其中也经历了一个较长的时间。比如直到汉惠帝四年，也就是公元前 191 年才废除了秦律中留存下来的《挟书令》。

总之，萧何的努力使得汉王朝有了较为完备的法律体系。

统一"法式"

俗话说，无规矩不成方圆，张仓在汉建立初期就扮演了一个制定规矩的人。那张仓是什么人呢？

张仓是阳武（今河南原阳县东南）人，喜好读书、音律、历法和算术。在秦王朝时期，张仓在朝廷中担任御史的职务，主管收录天下四方文书的工作，后来因为犯罪而逃回到了家乡。

刘邦西征的时候路过了阳武县，张仓以宾客的身份随从刘邦攻打南阳。但是不知出于何种原因，张仓再次触犯了法律。当他脱掉上衣趴在砧板上的时候，统兵将领王陵见他体型巨大，又肥又白，与其他人很有些不一样。于是王陵便劝说刘邦绕过他。刘邦听从了王陵的建议。刘邦入关的时候，张仓也随着一起达到了咸阳。后来，张仓被刘邦任命为常山郡郡守。在韩信伐赵中，张仓又跟随韩信攻击赵军，并且俘虏了陈余。赵地平定以后，刘邦任命张仓为赵王的相国，主要任务就是守备边境，防止敌寇的入侵。没过多久，赵王张耳死去，他的儿子张敖继任为赵王，而此时的张仓依然是赵帝的相国。后来，张仓又被中央政府改任为代国的相国。

汉高帝五年，也就是公元前202年，燕王臧荼反叛，刘邦率兵亲征，张仓以代国相国的身份攻击燕国，并且立有战功。汉高帝六年，刘邦封张仓为北平侯，食邑千二百户。

没过多久，张仓就从地方转到中央任职，升任为"计相"，也就是主管朝廷财政支出的官员，一个月后，他以列侯的身份任"主计"（由计相改名的临时官职）4年。这时，汉帝国的相国还是兢兢业业的萧何，张仓以前在秦朝担任过相关职务，对天下的图书典籍十分熟悉，此外又懂得算术、历法等多学科知识。

在了解完张仓的基本情况后，萧何给张仓的任务就变成了负责管理各郡县以及诸侯王国呈报给朝廷的财政收支统计、图表等。也就是在这期间，张仓在萧何的直接领导下，主持了西汉王朝制定章程的各项工作。所谓的章程，章指的"章数"，也就是历法、算数等；而程则是"法式"，也就是有关各种度量衡的统一法式，制作标准器。

论功行赏

在完成定都、制定礼仪规范等事项后，刘邦首先要面对的就是分封功臣。这些人跟随刘邦都试图得到丰厚的赏赐，而分封功臣无疑是一件非常庞大而又复杂的工作。

经过长时间的评估，众人期待已久的功臣分封终于到来了。出人意料的是，在众多的功臣中，获得第一名的竟然是从来没有带兵作战，只是负责经营关中地区的萧何。此时的萧何以相国之尊，封酂侯，食邑八千户，比樊哙、郦商、周勃、灌婴等军团将领都高。这样的结果让一些长期在外征战的诸将们心怀不满，认为萧何没有任何的军功。

但刘邦深知萧何在楚汉相争中所起到的不可替代的作用。对于那些只会舞刀弄枪的将领，刘邦做了一个形象而贴切的比喻："诸位将军都懂得打猎吧，我就用打猎来比喻吧，在打猎的时候，追逐野兽和兔子的是猎狗，但是指挥猎狗有效抓住猎物的却是猎人。如今各位将军的功劳就像不断抓住猎物的猎狗一样，但是萧何才是指挥你们的猎人呀。"

诸将们此时想到如果没有萧何从后方运来的粮食和兵员，现在哪里还轮得到自己论功邀赏呢，也就承认萧何的功劳最大。

曹参曾经协助韩信征讨齐地和赵地，而后刘邦能够顺利收缴韩信对军队的指挥大权，曹参功不可没，因此被封为了平阳侯，食邑万户。

张良作为韩国贵族，以客卿的身份屡屡在危难之中给出刘邦最中肯和实用的建议，与其说张良是刘邦的谋士，倒不如说他是刘邦的老师。于是，在封赏的时候，刘邦很客气地请张良从齐地中选择三万户作为自己的封邑。但是张良却谦虚地表示这是上天的安排，只愿能够晋封为留侯即可。刘邦自然不会亏待张良，封张良为留侯，食邑万户。

刘邦的另外一位重要谋臣陈平被封为户牖侯。

在分封完亲近的谋臣以后，对于武将的分封，刘邦是慎之又慎的。武将不同于文臣，他们是手握重兵的，如果分封的方式不恰当的话，那带来的后果将是难以想象的。除了有较为明显而具体的功劳的一二十个人以外，其他的人都认为自己的功劳较大而争执不下，刘邦不胜其烦。

一天，刘邦和张良在宫外散步闲谈，在复道（内宫和宫殿之间的高层走道）上看到有不少将领坐在沙地里相互比画着什么。刘邦就很好奇地问张良："你猜猜这些将领都在讨论什么呢？"此时的张良也有点半开玩笑地说道："陛下真的不知道吗？他们是在讨论谋反的事情啊！"

深知张良性格的刘邦听得出这是一句玩笑话，也接了一句："现在天下刚刚安定，他们干吗要谋反呢？"

张良解释说道："陛下是布衣出身，就是依靠着这些部属才最终夺得了天下！如今陛下贵为天子，而到目前为止，所有得到封赏的都是陛下亲密的部下和陛下喜爱的人，平生有仇怨的人也得到诛杀。如果真的依照这几年军史上的记功簿，天下的土地和财物是无法做到完全公平的。这些将领一方面害怕陛下无法全部给予封赏，更担心平日里的过失可能会成为自己被诛杀的借口，因此才相聚在一起商讨如何谋反呀！"

刘邦一听确实有些道理，张良是在用这种方式来提醒他，如果不能够将封赏的事情解决，将来的确可能是会出大事的。刘邦就问张良："那现在应该怎么办才好呢?"

张良并没有直接回答，而是问了刘邦一个问题："陛下平生最讨厌的，而且大家也都知道的，是哪一位呢?"

刘邦想了想说道："就是那个管理财政和钱粮的雍齿。这个人早年曾经背叛我，又经常侮辱我，惹我生气。好几次我都想杀掉他，只是看他能力较强，又和我是老相识，所以才一再原谅他，不忍心处罚他。"

张良此时笑着说："那就赶快封赏雍齿吧，这样一来部属便能够放心了。"

刘邦立刻就明白了张良的用意，很快就举办了酒宴，封雍齿为什方侯，并且在晋封的时候嘱咐宰相等人尽快评审每个人的功劳，以此作为晋封的依据。

在酒宴结束后，众人都非常高兴，互相表示："连雍齿这样的人都能够封侯了，我们还会有什么问题吗?"张良的这一建议很快就平息了众人的猜忌。

在萧何等人的加班加点的努力之下，分封工作基本完成了。

民间疾苦

刘邦得到了天下，但只是一个满目疮痍的天下，用哀鸿遍野来形容绝对是不过分的。从最直观的人口来说，一般来说，曾经富庶的大城市人口只剩下十分之二三。在秦统一六国的时候，当时全国的人口大约有两千万，而到了西汉建国的初期，人口只剩下了五六百万。举个简单的例子，一个名叫曲逆县的地方，汉初有五千户，被刘邦惊呼为"壮哉县"，要知道，在秦人口鼎盛的时候，这里可是有三万户的人家。

此时的帝国经济基本上是趋于崩溃的状态了，史书上曾经记载了这一时期的景象，在后来几乎让人瞠目结舌 "自天子不能具醇驷而将相或乘牛车"。这是一种什么样的景象呢？也就是说，贵为天子的刘邦，他御用的四匹马竟然配不齐同一种颜色，一些将相甚至连马车都没有，只好乘坐牛车。

皇帝和上层的统治阶级都是如此景象，那下层百姓的状况就可想而知了。

刘邦以及汉王朝的开国元勋们大多都来自社会的下层，对基层社会的生活是比较了解的。与此同时，他们又是农民领袖，对秦朝二世而亡的教训有着强烈的感触。

刘邦在汜水之阳登基为帝，但是眼前所面临的却是满目疮痍的情景。原本秦末对广大贫苦百姓的剥夺已经十分严重了，再加上连年的战争，整个中华大地基本上是呈现出一种满目疮痍的景象。

举个简单例子。从一直以富庶安全自称的关中地区在楚汉战争中所遭受到的损失就能够窥知当时全国的情形。

公元前206年，刘邦率军攻入关中地区，废除了秦制定的严刑峻法，与关中百姓约法三章，关中百姓以牛羊犒劳军士，刘邦辞而不受。在与项羽对峙的四年间，关中地区一直稳定地输送兵员和军粮。由于负担过重，关中地区甚至发生人相食的惨剧。这还是萧何全力经营的并没有多少战火波及的关中地区，而饱受战乱之苦的关东地区的情形就更加可想而知了。

田地荒芜，人民流亡，库府空虚，百姓家无余粮，牲畜早就成为了稀缺资源。在这种情况下，公元前202年二月，刘邦即位为皇帝。没过多久，刘邦向全国发布了著名的五月诏书。这份诏书是西汉王朝建国初期的一个纲领性文件，诏书原文如下："诸侯子在关中者，复之十二岁，其归者半之。民前或相聚保山泽，不书名数，今天下已定，令各归其县，复故爵田宅，吏以文法教训辨告，勿笞辱。民以饥饿自卖为人奴婢者，皆免为庶人。军吏卒会赦，其亡罪而亡爵及不满大夫者，皆赐爵为大夫。故大夫以上赐爵各一级。其七大夫以上，皆令食邑，非七大夫以下，皆复其身及户，勿事。"

又曰："七大夫、公乘以上，皆高爵也。诸侯子及从军归者，甚多高爵，吾数诏吏先与田宅，及所当求于吏者，亟与。爵或人君，上所尊礼，久立吏前，曾不为决，其亡谓也。异日秦民爵公大夫以上，令丞与亢礼。今吾于爵非轻也，吏独安取此！且法以有功劳行田宅，今小吏未尝从军者多满，而有功者顾不得，背公立私，守尉长吏教训甚不善。其令诸吏善遇高爵，称吾意。且廉问，有不如吾诏者，以重论之。"

这道诏书的有如下几个要点：

第一，对于原来山东六国的诸侯子弟出身的官兵，考虑到不同的安置地点给予了他们不同的免服徭役的优惠政策。具体说来就是凡是留在关中地区的，因远离家乡可以免除 12 年的徭役，回到自己家乡的，免除 6 年的徭役。

第二，对于那些逃亡山林的人给予优待，不准辱骂。自秦末以来，广大百姓不堪忍受暴政，很多人都选择了逃亡山林。刘邦起初的时候，也是因为犯了错误而在芒砀山逃亡了一段时间。楚汉战争期间，一些人为了躲避战争，也大量选择隐匿山林。这些人既是社会的不安定因素，也不利于国家的恢复和发展。为了调动起这部分人的生产积极性，刘邦在诏令中让这些人必须回到本县本乡，而汉政府给出的条件是恢复他们固有的田宅和爵位。这从很大程度上减少了社会上的不安定因素。

第三，对于那些因为饥饿而被迫成为奴仆的人，一律免为庶人。战争期间，很多人在饥馑之时不得已而卖儿卖女，现在是生产建设时期，这样的一纸诏令既能够解除那些因战争而给自己带来不幸的人的束缚，也能够增加一部分户籍人口，提供徭役和税收。

第四，对于跟随自己的汉军官兵大规模地赐予爵位。通过这种方式安抚汉军，让众多的汉军吃了一颗定心丸。因军功而授予相应的爵位，使得大批出于社会底层的官兵有了尊严和地位，对稳固基层的政权起到了不可替代的作用。

第五，诏令下达以后要考虑实际的执行效果。凡是不认真执行这个诏令的地方长官，要从严从重处理。

这份诏书之所以意义重大，其实就是解决了两个问题，一是扩大了汉王朝所管辖的人口数量，让社会秩序能够安定，税收和徭役也有了保障。另一方面就是因军功而形成了一批新兴的地主阶级，而这能够极大地从根本上维护帝国的安全。

马上得天下，但不可马上治之

汉王朝建立的初期，刘邦身边的一帮文臣武将中，除了像叔孙通这样个别在秦王朝里做过高级官吏的人之外，其他的人大多是底层官吏、平民甚至是盗贼。因为这些人在治理国家方面并没有多少经验。因此，在西汉初年，大多依然是延续着秦朝的旧制，但是又有所改进。

汉朝的开国文臣中，主要有萧何、曹参、张良、陈平等，当然也包括后来的郦食其和叔孙通，但是这些人大多都是依靠着自己的政治谋略和具体的实践活动来辅佐刘邦建立和巩固汉朝政权的。从另外一个角度说，这些人并没有自己的系统的政治理论。

汉王朝开创之初，唯一既有政治实践活动又有系统理论的政治人物就是陆贾。

后来的史学家都将其列为辩士的行列。确实，陆贾在很长一段时间里扮演的都是这个角色，并且能够很好地胜任。但是在天下初定、和平即将到来的时候，他希望刘邦能够多关注文化。但是陆贾也知道刘邦对那些咬文嚼字的腐儒是深恶痛绝的，所以陆贾知道自己需要抓住有利时机才能达到效果。

在与刘邦的交谈时，他故意偶尔不小心在刘邦面前谈论起了诗、书。刘邦见状自然是非常不高兴地斥责道："我们大家都是在马背上得到天下的，为什么要谈论那些无聊的诗、书呢？"

陆贾觉得此时的机会到了。他诚恳地向刘邦表示："天下是可以在马背上得到的，但是能够在马背上治理吗？商汤、周武确实是用武力取得了天下，但是却用一整套的典章制度来守护天下的啊！文武并用，这才是长久之计。"

陆贾又趁机说："以前的吴王夫差和秦始皇都是过度依仗武力而导致灭亡的。如果秦朝在统一后，能够效法先圣，实行仁义，陛下还能够有争夺天下的机会吗？"

刘邦听了以后，觉得很有道理，便表示："那就请试着为我讲一些秦之所以失去天下，而我之所以能够得到天下，以及古今成败的道理吧。"

于是陆贾就简单记载了其中的一些关键原因，一共有十二篇，每一篇整理完成后，便向刘邦启奏，刘邦都点头称赞，并将陆贾所整理的奏章称为《新语》。《新语》的核心内容就是通过对历代帝王的治乱兴衰做出了分析，阐述了仁政德治的重要意义，同时也强调帝王在道德教化中的榜样作用。从体系上说，陆贾等于是为刘邦提出了一套比较完整的统治思想。

《新语》的产生，是刘邦由马上得天下到以仁德治理天下的标志性事件，基本上奠定了刘邦政治思想的基础。

陆贾在世的时候，官位止于太中大夫，地位并不高。也可能是这样的原因，司马迁对陆贾的评价并不是很高。但是到了后世，人们开始逐渐意识到陆贾的价值。《史通·杂说上》就曾经这样写道："刘氏初兴，书唯陆贾而已。"

刘邦是一个实用主义者，这在很早就有所体现。刘邦在统一全国以后，在政治的宏观层面上采用的是道家无为而治、休养生息的方针。刘邦的这种政治形态的产生，是和陆贾的思想有着紧密关系的。刘邦在实行德治的同时，也没有丢掉法治，但是他的法治又不是秦时期的严刑峻法，而是对其加以改革和变通，建立了汉代的法制体系。

总之，刘邦在完成全国的统一以后，他完成了从军事领袖到政治领袖的转变。特别是经过陆贾的劝说以后，刘邦逐渐放弃了对儒学的鄙视态度和成见，也开始探讨和实行仁政德治，并由此奠定了儒学在汉初乃至后世政治思想中的基础作用。刘邦政治思想的形成，不仅促进了汉初政治和社会的稳定，甚至对后世的统治都有着极为深远的影响。

分封与郡县

刘邦非常注重从秦短命的王朝中吸取教训，但这种吸取有积极的作用，同时也产生了一些负面的后果。这其中最明显的就是郡县与分封的权衡。

在完成统一后，是选择郡县还是分封，这个问题至少在秦始皇时期就有了争论。公元前 221 年，秦统一了六国。当时的丞相王绾等大臣就向秦始皇提出建议说："众多的诸侯都是刚刚被消灭，像燕国、齐国、楚国等偏远地方，并不适宜设置诸侯王，也没有办法镇抚这些地区。请立皇子们为诸侯王。"

于是秦始皇就将这件事交给群臣在朝堂上进行讨论。绝大多数的人都认为分封诸侯王是有利于国家的行为，唯有廷尉李斯表示反对。他说："以前周文王和周武王分封了众多的同姓为王，然而这些人的后代逐渐疏远，相互之间不断攻击。诸侯之间相互攻伐，即便是天子也不能禁止。如今天下依赖着陛下的英明神武，全部实行郡县制。至于皇子和诸臣，用赋税重赏就行了，不必封为诸侯。"

秦始皇赞同了李斯的观点，并没有分封任何的诸侯王，而是"分天下以为三十六郡"。时隔八年之后，在一次酒宴上，博士淳于越又提出封立诸侯王的事，但是又一次被李斯和秦始皇否决了。

在一统天下后，刘邦认为秦没有分封诸侯王也是秦朝二世而亡的一个重要原因。所以在楚汉相争的时候，刘邦常常为异姓裂土封王，以此来调动将领们的战斗积极性，同时不吝封赏也是瓦解项羽集团的一个重要武器。到了立国之后，刘邦开始大肆分封同姓诸侯王，这样做其实就是希望通过血缘的关系来加强自己的统治。对于这些同姓的诸侯王，刘邦并不是放任自流的。

首先，他在每个诸侯国内设置了丞相，同时还规定王国和郡相等，均要受到中央派出的刺史的监察。此外，王国的丞相、太傅也都必须由中央进行委派。一般情况下都是比较得力的大臣担当这样的职责。对于中央政府最担心的军权，刘邦专门设有朝廷调动军队的虎符，诸侯王不得擅自调兵。

由此可见，刘邦分封了一些同姓诸侯王，但是这些诸侯王的权力是远远不如异姓诸侯王的，更不像春秋战国时期诸侯有割据一方的自由。刘邦采用封国制的主要目的仍然是将权力集中到中央，加强中央对地方的控制。

除了封国之外，汉初其他地方依然实行和秦相同的郡县制。郡有郡守和郡尉，郡守是一个郡的最高长官，而郡尉也有叫作都尉，则是负责协助郡守管理军事。每个郡下面设置有县，万户以上的县设县令、不足万户的则设县长，这都是一县最高的行政长官。

郡县与封国并行的行政设置在一定程度上满足了当时社会人们的心理预期，但是也留下了严重的祸患。大肆分封的结果就是诸侯的力量实在太大，全国一半以上的土地都不在中央政府的管辖之下。这样做的后果就是中央政府不得不在很长一段时间内为了削弱诸侯国的势力而付出了沉重的代价。

第十二章 / 看得见的隐忧

白登之围

汉高祖六年秋天，也就是公元前 201 年，冒顿单于率军重重包围了韩王信（韩王信与楚王韩信同姓名，实际上是两个人）。韩王信是跟随着刘邦入关的韩军将领，屡立战功，后被刘邦封为韩王。此时韩王的封地在颍川郡，治所在阳翟。

后刘邦考虑到颍川战略位置十分重要，而韩王信又曾经背叛过他，所以又诏令韩王迁徙到太原郡，治所在晋阳。这样做的目的一是为了防止韩信背叛，另外一方面也是希望他能够抵御匈奴的入侵。韩王信请求将马邑（今山西朔县）为治所，刘邦同意了他的请求。

但是韩王信刚到太原郡没多久，冒顿单于就率领大军将马邑包围了。冒顿的骑兵军团数量多，行军速度快，战斗凶悍，韩王信自知可能不及，因此只好派遣使者数次和冒顿谈判，寻求和解。

刘邦听说马邑被冒顿包围的消息后，立刻派军前往救援，同时也知道了韩王信准备和谈的消息。虽然无法判断韩王信的投降是真的准备投降还是拖延时间，但是刘邦仍旧以前线主将心存二心、对国家不忠为理由派出了使者指责韩王信。

韩王信害怕被刘邦诛杀，于是全军向冒顿投降，举兵叛变，双方共同约定进攻汉朝。韩王信于是率领马邑的兵马投降匈奴，进攻太原郡。与此同时，冒顿也率军南下，攻陷了太原并包围了晋阳。

此时，刘邦不得不集中力量对付韩王信以及匈奴了，不然这对汉王朝的稳固是十分不利的。既然天下大事已定，刘邦准备御驾亲征，以樊哙的军团为先锋，北上攻击韩王信的军队。刘邦亲自到前线进行指挥，汉军士气旺盛，大败韩军，主将王喜阵亡，而韩王信逃亡到了匈奴。

冒顿单于命人率领万余名骑兵，屯集在广武以南，并向晋阳附近攻击。樊哙率军对匈奴军队进行猛烈攻击，匈奴败走。冒顿重新集结兵力，樊哙下令向北追击，但是不料却遇到了极冷的天气，地冻天寒，士兵们甚至无法用手拿起武器，于是樊哙不得不下令休战，驻屯在晋阳。此时的刘邦也在晋阳坐镇，等天气回暖后再次发动北伐。

冒顿也不甘示弱，从后方赶到了前线，并且在一个叫作代谷的地方驻屯。

为了摸清楚冒顿的底细，刘邦派出了大量探马前去打探消息。冒顿对这些人当然是有所察觉，故意藏匿起了精壮的士兵和肥腴的牛马，只呈现出老弱残兵。初次汇报的时候，刘邦觉得可能其中有诈，于是又分数十次去打探，但是所得到的结果都和以前的一样。

此时的娄敬，这时候已经改叫刘敬了，长年在燕赵边境，自持对匈奴了解较多，于是便提议自己亲自出使冒顿营寨，探求匈奴的虚实。

　　不久，天气转暖，但是打听匈奴虚实的刘敬还没有回来。此时另外一个重要消息传来，那就是冒顿有撤军的迹象。刘邦立即召开了军事会议，在会议上，诸将都认为可以攻打匈奴，如果等刘敬回来后，很可能就丧失了作战的绝好时机。

　　于是刘邦亲自率领着32万大军北上，到达了北方的军事重镇句注（今山西代县北）。在这里，他遇到了从匈奴营地返回来的刘敬。刘敬向刘邦劝谏说道："两国相互交战的时候，按理说应该尽量展示自己的长处，掩饰自己的弱点。但是我到冒顿的军营里，看到的只是老弱残兵，这必然是匈奴有意暴露短处，然后再准备用伏兵来偷袭我们，所以，我判定现在并不是攻击匈奴的时候。"

　　但是此时的刘邦大军已经行至此处，将士士气高昂，此外刘邦认为自己久经沙场，这次人数也众多，在这种情况下，只好把刘敬以扰乱军心的罪名送到广武监禁了起来。

　　30万大军不是一个小数目，为了保证粮食的正常补给，必须分几条大道分别北上。刘邦则带领着主力骑兵部队先行出发了。由于汉军多是步兵，所以大队人马落后于刘邦的先锋部队。就在这时，冒顿下令数十万的精锐骑兵发动了突然袭击，将刘邦重重包围在白登（白登为山名，在今天山西大同城东），并且派遣其他部队切断了援军的道路。

　　幸好樊哙拼命死战进行防御，匈奴军队始终无法攻陷白登。没有想到的是，刘邦仓促行军的时候所携带的粮食也非常有限，很快刘邦就陷入到了绝境之中。反观匈奴的骑兵，四面的骑兵分乘四种不同颜色的战马，气势十分壮观。

此时的刘邦可以说是陷入到了绝境之中。此时解救刘邦的是陈平，他命令侍从画工画出数十幅的美人送给了冒顿单于的正妻阏氏（阏氏是匈奴君主正妻的称号，而非名字）。使者暗中告诉阏氏，在汉军中有许多这样的美人，现在皇帝被围困，情况危急，我们准备将美女献给单于。阏氏害怕将来有美女与她争宠，加上使者送给阏氏很多的财物，于是答应和汉军合作。

阏氏便向单于进言说道："两个国家的君主，不应当相互围困紧逼，如今即便是得到了汉朝的土地，也不适合我们居住。"

在开始的时候，冒顿和长期活动在边境的燕赵残余军队有约定，但是迟迟没有到来。此时的冒顿开始怀疑是不是对方与汉军之间存在着阴谋。于是下令将包围的白登山放开一个缺口，意图让汉军突围再后加以消灭，以免汉军与燕赵残余军队勾结对匈奴不利。

这时候天又遇到了大雾，陈平认为这是一个绝佳的机会，于是下令弓弩手向外发射弓箭，杀出一条血路，让刘邦突出重围。

突出重围后的刘邦很快与后续部队会合，双方形成了对峙的局面。冒顿判断，此时的刘邦也不是一个轻易可以拿下的对手，于是也就下令撤军了。安全返回后，刘邦所做的第一件事就是下令赦免了刘敬，并且封刘敬食邑两千户，为关内侯。此外，为了感激陈平让其脱险所做出的贡献，于是更封陈平为曲逆侯。

飓风起于萍末

既然匈奴已经撤军，刘邦也就准备班师回朝。在回朝的时候，路过了赵国。此时的赵王正是张耳的儿子张敖，张敖娶了刘邦的女儿鲁元公主。从君臣关系上讲，刘邦是君，张敖是臣，从家庭关系上讲，张敖是刘邦的女婿。所以，对于刘邦的到来，张敖一言一行都非常地恭敬。

刘邦北征匈奴没有取得多少实质性的进展，还差点因此丧命，所以一路上刘邦的心情并不好。来到自己女婿的地盘，刘邦也并不见外，态度也就随便了很多，举止也不怎么符合礼法。张敖因为熟知刘邦的个性，并没有觉得这有什么。但是赵国的宰相贯高以及大臣赵午等人则认为刘邦欺人太甚了。于是，这二人立刻建议张敖："天下豪杰并起，有能力的人自然可以成为领袖。如今君王以礼仪侍奉皇帝，皇帝却无礼对待，我们愿意替君上刺杀皇上，让君王成为天下的领袖！"

张敖一听大吃一惊，立刻咬破了自己的手指，以血指向天发誓："你们怎么可以讲这样的话呢？以前我的父亲张耳曾经失去了国家，投奔皇上，后幸亏有皇上的协助才让赵国得到了复兴。这种恩德，是子孙后代都应该牢牢记住的，我目前所拥有的一切都是皇上的恩赐。你们绝对不可以再随便讲话了！"

贯高和赵午在私下里就开始商量："这么讲就是我们的不对了，赵王是一位长者，不愿意背弃皇帝的恩德。但是我们和赵王有君臣之义，绝对不能够让君王白白地受侮辱。既然是这样，我们就有责任刺杀皇帝，就不要牵涉到君王了。如果刺杀成功了，这个成果当然要归给君王，但是如果失败的话，我们将独自承担责任，千万不要牵涉到君王。"

刘邦万万没有想到的是，他在赵国不经意间的叛乱，最终差点颠覆整个帝国。

公元前 199 年，刘邦率领军队在东垣（今河北石家庄市东部）攻击已经投降匈奴的韩王信。在将韩王信的力量彻底撤出中原后，刘邦再次班师。这一次，刘邦又路过赵国的境地。

刘邦的军队途经赵国的时候，这次没有再到赵国京城里去会见张敖，而是预定停留在赵国的柏人县（今河北隆尧县西）。不过刘邦夜宿柏人县的消息最终还是传到了贯高的耳中。于是贯高安排了数十名的敢死队，潜藏在柏人县行馆的厕所中，准备刺杀刘邦。

到了黄昏时刻，刘邦原本已经进入柏人县，但不知道什么原因，心里感到有些不安宁，便向周围的人询问："这个县叫作什么名字呀？"侍从回答说道："柏人"。刘邦感到一惊，多年的军旅经验加上一点直觉告诉他："柏人，这个地方是压迫人的地方，不吉利。"于是就下令回到了军队的行营。

和亲

几次的征战，刘邦有些疲惫了，匈奴总在春夏季节而来，等刘邦召集起兵马粮草时，匈奴就退回去了。再者，同样是骑兵，匈奴骑兵的战斗力远在汉军之上。来回几次后，刘邦开始召集诸侯王商议北方的防务。

这次的会议基本上聚集了大部分的诸侯，包括淮南王英布、梁王彭越、赵王张敖等。这些久经沙场的诸侯王们并没有人能够有效地对抗匈奴。

刘邦看着这些诸侯王也知道，自己的手下的确没有再像韩信这样善于军团作战的战争高手。但刘邦也知道不可能再度起用韩信掌管大军团了，否则虽然可能打败匈奴，但是刘邦的江山也很难稳固了。

无奈之下，刘邦想起了刘敬。他一直活动在边境，对匈奴很了解。召见了刘敬以后，刘敬建议不要对匈奴用兵，而是要采取和解的方式。他向刘邦表示："现在天下刚刚安定下来，士卒需要较长时期的休息，将领也需要培养，才能有足够的作战力对付匈奴，在这以前使用武力是很危险的。更何况，冒顿这个人是非常凶狠残忍的，连自己的父亲都杀害了，父亲的妃子也被他抢夺了过来。对于这种人只讲实力，如果向他说以仁义之道，无疑是对牛弹琴。"

看到刘邦有些失望，刘敬又紧接着说："有一条计策可以让他们的子孙长久称臣，只怕陛下是不愿意采用的。"

"只要能够使得他们称臣，有什么不能做的呢？究竟应该怎么办才好呢？"

刘敬回答说道："陛下如果舍得将皇后所生的长公主，嫁给冒顿为妻，再馈赠重礼为嫁妆，冒顿一定会非常高兴，并且会将其立为阏氏。这样生下来的孩子，便会成为冒顿的继承人。"

刘敬继续说道："稳定以后，日后经常送给匈奴一些名贵特产，这样冒顿就会放松警惕，然后再教他们以中原的文化礼仪，慢慢地，他们就愿意认同我们的文化了。这样一来，冒顿就成为了陛下的女婿，死了以后，陛下的外孙就能够成为单于。世间哪有外孙和祖父对抗的道理呢？这样一来，不用战争也可以使得匈奴臣服于我们。但是如果陛下舍不得长公主而用宫室女代替，冒顿会感觉不够尊贵，这样一来不亲近他，这样做的策略就无法成功了。"

刘邦听到刘敬的计策后，连声叫好，开始准备将大公主嫁给冒顿。

然而，吕后在听到这个消息后却日夜哭泣，她自然不愿意将自己的女儿嫁到遥远的塞外蛮夷之地，于是不停地向刘邦哭诉："妾只生下太子和这个女儿，为什么要把她嫁给匈奴呢？"

在刘邦的心里，他也不舍得一路颠沛流离的女儿嫁给冒顿，但是为了国家社稷，他不得不继续准备公主出嫁的事宜。吕后作为刘邦患难与共的妻子，在她的苦苦哀求下，刘邦最终没有让大公主前去匈奴，而是选择了一名相貌和气质与公主很像的宫女嫁给了单于，并且由刘敬亲自护送前往匈奴与冒顿进行和亲的谈判。

虽然送出的并不是长公主，但是刘敬还是很巧妙地骗过了冒顿，出色地完成这次的谈判。对于刘邦在汉初实行的和亲政策，很多人认为这是屈辱的外交政策，却很少有人去探讨这项政策的积极意义。

首先从现实状况来看，刚刚从一片废墟中建立起来的汉王朝，国力空虚，内外交困，根本没有足够的力量一举击溃匈奴。为了避免匈奴对北部边境的侵扰和掠夺，和亲是最为速效的解决方式。

此外，和亲政策并不是简单的嫁女儿这么简单，实际上还包含了开放边境贸易的策略，这对促进经济文化的交流起到的作用是不可估量的。

另外还有一点很少有人注意到的是，即便和匈奴采取了和亲政策，但并不意味着汉王朝放弃了抵抗，失去了对边境人民的保护；相反，刘邦并没有放弃对匈奴的戒备，反而采取的是积极防御的措施。

最后从实际的效果来看，和亲政策也确确实实起到了预期中的效果。这一政策实施以后，虽然匈奴并没有完全停止对汉朝边境的骚扰，但是双方之间再也没有了大规模的武装斗争，换来了七十多年相对安定和平的边境环境，这无论是对汉初社会经济的恢复和发展还是对匈奴社会的进步，都起到了积极的作用。

尤其值得一提的是，这种联姻的方式也为后世的统治者提供了很好的借鉴。对于这一点，应该予以充分的肯定和重视，而不能简单地将刘邦奉行的和亲政策看作是一种软弱的表现。

赵佗归汉

北方问题解决后，刘邦开始将目光转移到南方。这个南方，并不是人们印象中的楚地，而是比楚地更远的岭南地区。他派遣陆贾为使节，带上印玺和绶带拜南海尉赵伦为南越王。那这又是怎么一回事呢？

秦始皇在统一六国之后，就开始着手准备平定岭南。在公元前 219 年，秦始皇派屠睢为主将、赵伦为副将率领 50 万大军征伐岭南。屠睢是一名勇将，但是没有多少谋略，他在平定岭南的时候滥杀无辜，引起了当地居民的反抗，结果被当地人杀掉了，这一次的征讨也就失败了。没过多久，秦始皇又任命任嚣为主将，赵佗仍然作为副将对岭南地区进行第二次征讨。在这次征讨过程中，赵佗显示出了自己卓越的军事才能，一路指挥着部队英勇突击，成为了军中得力的干将，备受任嚣的器重。

经过四年的努力，在公元前 214 年，任嚣完成了平定岭南的大业。秦朝在岭南地区设立了南海郡、桂林郡、象郡三郡。任嚣被任命为南海郡尉。南海郡下设博罗、龙川、番禺和揭阳四县。其中，龙川的地理位置和军事价值都非常重要，赵佗也就被委任为龙川县令。

到了秦二世的时候，任嚣在即将去世的时刻召见了赵佗，并且与赵佗商议："秦国苛政无道，天下人都因此受苦。目前我听说一个叫陈胜的人起兵作乱，天下也不知道会发生什么样的事情。我们南海属于非常偏远的地方，我恐怕这种叛乱会影响到我们这里，所以我一直准备断绝与中原的联系，并观察之后的变化。但是不幸的是我如今病重，没能将这一计划付诸实施。"

"我们这里西方有山岭之险，东方又有南海的阻断，东西长又有数千里，必要的时候可以宣布独立，自成一国。郡中其他的官吏没有像你这样有胆识的，所以才找你商量。"

任嚣当即起草了文书，任命赵佗代行南海郡尉的权力。不久，任嚣病亡，赵佗实际掌管了南海郡，并且向岭南各个关口的军队下达了据险阻击中原起义军的命令。此外，正当中原一片混乱之时，赵佗在公元前 203 年出兵兼并了桂林郡和象郡，等于统一了岭南地区，自命为南越武王。

陆贾来到岭南后，凭借着自己的一张嘴，让赵佗接受了册封。赵佗以国家统一为重，表示愿意奉汉称臣，在岭南的少数民族地区建立了中国历史上第一个具有民族区域自治性质的政权。赵佗在政治、经济、文化等方面与中原保持了密切的联系，蛮荒的岭南地区的经济文化也得到了迅速发展。

刘邦去世后，吕后掌握了国家政权，与赵佗交恶。为了限制赵佗，吕后发布了一项命令，那就是在与南越交界的地区禁止向南越国出售铁器和其他物品。愤怒的赵佗宣布脱离汉朝，自称"南越武帝"，出兵攻打长沙国，并在打败了长沙国边境的几个县城后撤军。

对于这样的挑衅，吕后随即派遣军队前去攻打赵佗。但是这些来自中原地区的士兵并不适应南越一带炎热和潮湿的气候，很多人都得病了。无奈之下，这次远征最后以失败告终。但是此时的赵佗却不断通过各种方式扩大自己的地盘。赵佗也开始以皇帝的身份来发号施令，与汉王室进行对立。

吕后死后，文帝继位。他对赵佗采取的是一种安抚的政策，文帝派人重修了赵佗先人的墓地，并且给赵佗的堂兄们丰厚的赏赐。接着，汉文帝在丞相陈平的推荐下，任命高祖时期就曾多次出使南越的陆贾为太中大夫，再次说服赵佗归汉。

陆贾和赵佗以往的关系就很好，陆贾到了南越以后，向赵佗晓以利害，赵佗决定除掉帝号，以"南越王"的身份向汉朝称臣。

赵佗寿命很长，也曾经跨越了很多个时代。赵佗从公元前219年作为秦始皇平定南越的50万大军的副帅，一直到汉武帝刘彻建元四年，也就是公元前137年，一共治理岭南八十多年。在这期间，他一直奉行"和辑百越"的政策，促进了汉越民族的融合，并且把中原地区先进文化带到了南越之地，促进了南越地区的发展，也增加了汉民族的多样性。

第十三章 ／ 兔死狗烹

义士贯高

刘敬虽然已经出色完成了任务，但是刘邦也知道，将边境的安全完全寄托在嫁娶的政策上也有着极大的危险，所以很快他就到达了洛阳。他来到洛阳的目的很明显，那就是加强赵国边境对匈奴的抵抗能力。

贯高曾经是张耳的门客，后来辅佐张敖。他个性倔强，在赵国为相的时候曾经得罪过不少特权豪强。一些和他有仇的人就将他曾经在柏人县安排刺客的事情告发给了刘邦。由于证据确凿，于是刘邦下令逮捕赵王张敖以及所有参与叛乱的属臣。此时，赵午等十余名主要分子，都害怕受审，先后自杀。贯高听到这样的消息后，非常生气地表示："是谁要你们自杀的啊，我们的君王根本不知道这件事，如今他也被牵涉进来了，你们却都争先要赴死，那将来谁能够给君王证明清白呢？"

于是，贯高便坐着密封的囚车，与赵王一同来到了长安。刘邦下令对贯高和赵王进行严厉审讯。贯高表示这一切的责任都在于自己，他对审讯他的人说道："这只是我们几个人因为气愤而产生的想法，和我们的君王没有任何的关系。"狱吏不相信他的话语，在审讯的时候对他严刑逼供，对贯高进行毒打，直到浑身没有一处可以用刑的地方。然而，贯高仍然坚持自己才是刺杀刘邦的主谋，与赵王张敖没有任何关系。

负责审理此案的廷尉将审讯的真实情况告诉刘邦。刘邦听闻后赞叹了一声："真是壮士，不妨用熟悉的朋友，私下劝说他说出真相。"此时中大夫泄公说："贯高是我的同乡，我平时也了解他，他在赵国很讲道义，是不肯背弃诺言的人。"

泄公来到监狱，看到贯高遍体鳞伤，不能行走，只能躺在竹床上。泄公见到老朋友后，向贯高表示慰问并询问实情。他说道："我相信赵王从未参与阴谋，但你能否拿出有利的证据呢？"

贯高泪流满面，叹息着说："按照人之常情，难道有人不爱惜自己的父母和妻子吗？我自己承担主谋的职责，三族都会遭受诛杀，难道我会为了袒护君王而牺牲自己的家人吗？君王确实是不知情的，这的确是我们几个人私底下的阴谋。"

泄公于是就将贯高的话语转告给了刘邦。刘邦深为感动，决定赦免赵王张敖。但是仍然以纵容手下的罪名，将张敖由赵王废为宣平侯。

刘邦对贯高的举动非常敬佩，同时也宣布赦免贯高。于是再次命令泄公到监狱里，告诉贯高赵王已经被释放的消息。贯高听说赵王张敖已经被释放的消息后，非常高兴，立刻跪拜谢恩。泄公接着讲刘邦准备赦免他的消息，贯高叹息着说："我之所以忍受酷刑，一直到现在还不肯求死的原因，就是为了证明赵王并没有参与谋刺的阴谋。如今，赵王已经无罪了，我的责任也就完了，即便死了也不会有什么遗憾了。何况为人臣者有谋杀君主的罪名，还有什么脸面再侍奉皇上呢？纵然皇上不杀我，我难道不有愧吗？"

说完，他就仰头自裁而亡。贯高的名声也因此传遍了天下。

失算的陈豨

贯高行刺的事情结束以后，刘邦为了加强朝廷对诸侯的管理，特意将宰相萧何提升为相国。在张敖被贬斥后，赵国就被刘邦分封给自己最喜欢的小儿子如意。赵王如意当时年纪太小，刘邦又担心自己的岁数已经大了，可能无法一直照顾他为成人，加上吕后个性强悍，刘邦很担心将来自己不在的时候，吕后会做出对如意不利的事情，于是下令臣下寻求一个稳妥的解决办法。

有人便建议为赵王如意找一位强有力的宰相，以此来辅佐如意。于是，刘邦准备让御史大夫周昌出任赵国的宰相。但是刘邦还是不放心，害怕吕后依然会对如意不利，于是下令周昌保护如意到赵国履任。

在韩王信背叛刘邦后，刘邦便让樊哙负责边防的军政大权。但是樊哙毕竟是重臣，不可能长期在外领兵，于是刘邦改派阳夏侯陈豨出任赵国相国，兼领赵、代两地军政。

陈豨是当时著名的兵法家，本身就是文武全才，也是刘邦手下少数可以独当一面的大将。但是陈豨对韩信是非常敬重的，认为韩信是天下第一家军事奇才，经常和韩信探讨兵法。在被刘邦任命为驻守北方的大将后，陈豨特意来到韩信的家中，与韩信告别。韩信拉着陈豨的手，避开左右后来到庭院之中，两人在庭中散步。

韩信过了一会儿对陈豨说："有些话，不知道能不能对你讲？"陈豨自然很恭敬地说："愿意听从将军的指示。"韩信说："你现在所驻守的地方是天下的精兵聚集的地方，而您又是陛下所宠信的臣子，但是你有没有想过这种状况会维持多久呢？"

陈豨默然。韩信继续说："如果有人告诉陛下您拥兵反叛，第一次的话陛下必然不会相信；如果消息第二次传来的话，陛下就会有所怀疑了；到了第三次消息传来的时候，陛下必定会率军亲征，剥夺您的兵权。请记住必要的时候我可以在关中做策应，到时则可以图谋天下了。"陈豨点头表示同意韩信的说法。陈豨知道韩信谋略十分高超，便回答说："谨记将军的教诲。"

到了北疆以后，陈豨立刻模仿战国四公子的养士的作风。

根据史书的记载，陈豨请假由北疆返回到长安进行休息，跟随陈豨的宾客就有千乘。可以做一个简单的测算，就算每辆车上只有一名宾客，那么这些人就多达一千人，当然这还不包括那些还没有跟随陈豨出行的宾客。以这个数目来说，战国时期四公子养士的规模也不过如此。

此时的陈豨已经是镇守北国边疆的最高军事统帅了。他的这种做法引起了一个人的密切关注，这个人就是周昌。他将陈豨的一举一动都汇报给了刘邦。刘邦在年轻的时候，也非常向往那种养士的作风，也就没有将陈豨的行为太当作一回事。但他在心中还是有些隐忧，就悄悄派出了人前往调查。调查的结果让刘邦大吃一惊，陈豨由于门客众多，门客素质参差不齐，一些人就倚仗着是陈豨的门客做一些违法的事情。

这件事情已经说明了一个问题，那就是陈豨已经组织了一个庞大的属于自己的组织网络，这对刘邦来说是无法容忍的。刘邦派人调查自己的时候，陈豨很快就知道了。他想起了韩信曾经给他说的事情，心里非常害怕。

而在此时，已经投降匈奴的韩王信派出自己的部将王黄劝说陈豨造反。陈豨于是准备勾结韩王信，以图在合适的时节谋反。

汉高祖十年，刘太公去世了。刘邦为太上皇举行了隆重的葬礼，梁王彭越等人都来到关中地区参加葬礼。刘邦也要求陈豨回到关中，但是陈豨心中有愧，称自己有病不去参加。

这年九月，陈豨开始公然造反了。他在与韩王信等人勾结后，在汉朝绵长的北国边境大举出兵，一时间各种警报都来到了刘邦的眼前。此时的刘邦面临着大汉王朝自建立以来最严重的危机。

当时刘邦面临的形势是这样的：陈豨以及其他叛军已经渡过了黄河，马邑、东垣等重要军事重镇也受到了陈豨的包围。

得知了前线的消息后，刘邦大吃一惊。不过历经了这么多事情的刘邦早就不会再大惊小怪了，他率领着自己非常信任的周勃、樊哙等将领御驾亲征，兵分三路赶赴前线。为了能够确保成功，刘邦甚至还请出了张良，即便张良早就不理政事，一直在山中养病。与此同时，刘邦还下令各诸侯国赶紧出兵增援。

刘邦这样做可见此时的形势有多么严重。与项羽浴血奋战多年的刘邦，在打仗平叛上确实很有经验，因此他很快就平息了陈豨的叛乱。那刘邦是怎么做的呢？刘邦依然用自己最熟悉的方式。

首先就是收买人心，这是刘邦最擅长做的事情。在平叛的过程中，刘邦区别对待反叛者，甚至重用打了败仗的官员。陈豨在造反以后，用欺骗的手段拉拢了一些边疆的官民，参与到了反叛行列。但是，刘邦对于这些人发出了诏令，那就是对胁从犯一律赦免。很多人原本就是在被迫的情况下才做出了反叛中央政府的行为，看到刘邦的诏令后，很多人就主动回到了刘邦的阵营中来。

陈豨决心造反以后，迅速攻占了边境很多的城池。其中常山郡境内一共有二十五座城市，叛军占据了其中的二十座。此时的周昌建议对这些被占领城池的郡守等官员进行惩治。刘邦认为这些郡守并不是没有尽力，只是因为实力不够才弃城而逃，所以就赦免了他们，并且继续任用那些郡守和官员。这些人自然对刘邦感恩戴德，忠心耿耿。

其次就是利用身边的资源。陈豨反叛的时候，掌握的是当时北方最重要的军团，而全国各地的诸侯要赶到北部边疆还是需要很长时间的。此时刘邦做出了一个决定，那就是在赵国本地大量招兵。招兵的过程中，刘邦让周昌推荐一批能够带兵打仗的将领。周昌本人是个文官，对打仗的事情本身就不怎么精通。无奈之下，周昌只好推荐了几个资历较深的四个官员。

刘邦见到这四个人，实在是有些哭笑不得，便笑骂着说："就凭你们四个人，能够领军和陈豨相对抗吗？"这四个人自知无能，诚惶诚恐地跪在地上谢罪。但是令所有人没有想到的是，刘邦不仅没有责怪他们，还任命他们为统兵将领，食邑千户。

左右的幕僚都觉得很奇怪，以为刘邦在和众人开玩笑，于是联合阻止刘邦："很多将士都追随着陛下进入关中地区，诛暴秦，后来出发讨伐项羽，在历经了数百次战斗后，尚未受到封赏，但是那几个人并没有立下任何的功劳，凭借着什么受封呢？"

面对众人的诘问，刘邦耐心解释道："这你们就不懂了，陈豨造反以后，连续攻占了多地。一旦成功以后，还缺少这四千户吗？我发出号令让诸侯们出兵救援，到现在人都还没有来。看来，我们这次必须要依赖赵国本地的子弟兵了。所以，我一定要好好对赵国臣属表示抚慰之意，我现在是用四千户激励他们奋勇建功，有什么舍不得呢？"众人这时候才醒悟过来，全都称赞刘邦的高见。

最后一点就是对症下药，从内部瓦解。俗话说，知己知彼，百战不殆。刘邦得到了一个重要情报，那就是很多官员都是商人出身的。此时的刘邦立即想到用笼络这些将领的办法。商人的本质是追逐金钱的，刘邦下令用大量钱财引诱陈豨手底下的将领。果然，有不少人阵前倒戈了，双方的形势发生了很大的转变。

在这几项政策的作用下，汉军掌握了主动权，双方的态势开始向汉军转变。短短的几个月内，汉军接连打了几个胜仗，陈豨亡命逃窜，后来被樊哙斩杀于山西的灵丘。而陈豨的反叛，也导致了一个重要人物的死亡，这个人就是韩信。

淮阴侯

在前文里我们说过，在陈豨被任命为镇守北方边境的时候，韩信和陈豨有过一番谈话。那功勋卓著的韩信怎么会想到反叛呢？

韩信可以说是刘邦建国的最重要的功臣之一，但同时也是刘邦最需要提防的人。在韩信对 30 万大军的统治权被收编后，最初的封地齐地也被收回了，最终被改封为楚国。这虽然也是很大的分封，但是和当初约定的要共分天下还是有很大差异的。这件事在韩信的心中产生了相当的不愉快。

到了楚国以后，韩信的兵权进一步被削弱。对于一个常年带兵打仗的人来说，手上没有军队是非常不习惯的一件事。所以一到楚国，韩信就统合管辖了自己封地内的军权，在进出的时候都有部队相跟随，目的就是防止刘邦再次突然剥夺自己的军权。

韩信的举动很快就传到了长安的刘邦耳中，这对刘邦来说当然是无法容忍的。但是韩信的行为还不至于被诛杀，所以刘邦只能容忍。但是这个时候，一个人的出现将刘邦与韩信之间的矛盾推向了高潮，这个人就是钟离昧。

钟离昧是项羽手下的重要大将，曾经几次打败了刘邦，刘邦对他是非常痛恨的。但是钟离昧和韩信之间并没有多少矛盾，韩信反而对钟离昧的智谋和勇猛都非常欣赏。在刘邦的紧迫追逐下，钟离昧在暗中依附了韩信。没过多久，刘邦就知晓了这个消息，他下令韩信逮捕钟离昧，把钟离昧押送到京城审判，但是韩信对此置之不理。

一直负责追缉钟离昧的官员正式也向朝廷提出韩信庇护朝廷重犯，有造反的意图。面对这种情形，刘邦召开了军事会议，咨询军团将领们的意见。在会议上，所有的将领都主张采用强硬的态度，但是刘邦一直没有说话。

此时的陈平说话了："对韩信的控诉，韩信知道吗?"刘邦说："还不知道!"陈平继续询问："陛下的军队在作战能力上比得过韩信的军队吗?"刘邦承认不如。陈平接着说："在座的诸将在指挥作战的才气上，和韩信相比如何呢?"刘邦坦白承认韩信是能够和项羽相比的军事天才。陈平此时说道："陛下的军队作战能力不如韩信，陛下的将军指挥能力更是不如韩信，在这种条件下却出兵打仗，我很替陛下担心啊!"

刘邦开始犯愁了，那可怎么办呢?

陈平此时又给刘邦出了一个主意。刘邦此时说："自古以来就有天子到处巡游，会见诸侯的礼仪。如今陛下可以假装到云梦地区巡游，并且会见于诸侯在陈城（今河南淮阳县）。韩信得知天子怀着和平的愿望出巡，势必会安然无事而不会防备。陛下可以乘此机会将韩信拿下，而这只需要一个大力士就行了。"

说实话，刘邦以天子出巡的理由设计捉拿韩信是冒着很大危险的。万一计划失败，韩信很可能真的会造反，并且刘邦的性命可能不保了。但是此时的汉帝国面临着很大的危险，刘邦也不得不冒险了。

很快，刘邦下令通知附近所有的诸侯，到楚地进行巡狩，随行的将领也都率领着军团出发了。在刘邦将要到达楚国的时候，韩信半信半疑，觉得事情有些不妙。一方面，韩信想起兵反叛，但是又考虑到自己并没有做错什么事情；想要拜见刘邦，又担心自己会被捉拿。正在韩信犹豫不决的时候，有宾客向韩信提出建议："如果杀了钟离昧去朝见皇上，皇上一定会比较欢喜，那就不会有什么祸患了。"

韩信觉得这样有些道理，于是就找到钟离眛商量应该怎么办。钟离眛从韩信的言谈举止中明白了韩信的来意。这让钟离眛感到很意外也很气愤，钟离眛说道："汉王之所以不敢攻打楚国，是因为我在这里，如果捉拿我去讨好汉王，那么，我一旦死后，您也会紧随着亡命了。"说完以后，钟离眛自杀而亡。

韩信对钟离眛的死亡心中很不是滋味，但是韩信最终还是提着钟离眛的人头到陈城去拜见刘邦。刘邦也毫不客气，派人将韩信绑了起来，装在了后面的副车里。韩信被捉拿了以后，叹了一口气说道："果真是人们想的那样：'狡兔死，走狗烹，飞鸟尽，良弓藏，敌国破，谋臣亡。'天下已完全认定，我这个替皇上打天下的功臣必将遭烹杀啊！"

回到洛阳后，由于并没有查出韩信谋反的具体证据，刘邦最终赦免了韩信，并且将韩信由楚王又降为淮阴侯。不过这个公然逮捕韩信的举措，虽然暂时解决了危机，但是也让其他的诸侯心怀不满。

到了这个时候，韩信才知道刘邦畏惧和厌恶自己的才能，便常常借口身体有病不去上朝。很长时间以来，韩信总是居住在家中，感觉闷闷不乐，更是公开表示不愿意与周勃、灌婴等将军在同一行列。

刘邦手下的猛将樊哙与刘邦是生死之交，虽然他出身低微，但是在刘邦的身边屡立战功。他的个性开朗，非常注重狭义精神，对韩信的军事才华也一向比较推崇。一次，韩信路过樊哙的家门口，然后就顺便到樊哙家里拜访。樊哙非常兴奋，亲自用跪拜的礼节来接待韩信，并且以臣自称。韩信生平就是一个非常敏感的人，以为这是在嘲讽他。出了樊哙的家门口，韩信自言自语："我一生竟然与樊哙这样的人处于同样的地位。"

刘邦自己也深知自己对韩信有些不公平，但是为了汉王朝的安稳，牺牲韩信也是不得已而为之的事情。因此，他常常召见韩信，希望以私下的情谊来抚平韩信内心的不满。

有一天，刘邦和韩信闲谈，然后谈论到现在将领的作战能力。谈到高兴的时候，便开始询问韩信："你看我能带多少兵作战？"韩信回答："陛下统领军队，最好不要超过 10 万人。""那你能统领多少军队呢？""臣指挥军队没有限制，越多越好，多多益善。"刘邦听得是哈哈大笑："你既然多多益善，能力远高于我，为何反而被我擒获呢？"韩信的回答也很坦然："陛下不善于带兵，但是却善于指挥大将，这就是我为何我被陛下擒获的原因。何况，陛下的才能是上天所赐予的，不是人力所能做到的。"

韩信遇害

在陈豨反叛的时候，刘邦亲自带兵前去征讨，韩信称病不从。在暗地里，韩信派出亲信前去和陈豨联系，准备在京城里举兵作为内应。此时的韩信手里并没有任何的军队，那他还能依靠什么来起事呢？

韩信打算假传命令释放各个官府的徒奴，然后组织这些人去袭击留守的吕后和太子刘盈。当时，西汉的官府里有很多徒奴，这些人大多是反对汉王朝的政治犯和刑事犯。所以韩信将内应的主力部队设定为徒奴是可行的。

在一切都准备妥当后，韩信只等着陈豨的消息就行了。但是事情发展到现在有了意想不到的变化。韩信府中有一名门客，叫作乐说，他得罪了韩信。

韩信将他囚禁了起来，准备杀掉。乐说的弟弟为了救他，便将韩信的密谋告诉了吕后。

吕后在得知这一切后，心中又惊又喜，惊的是自己在浑然不觉中差点就命丧在韩信的手里，喜的是自己提前知道了这一信息，有一定的时间来解决。吕后原本打算立即召见韩信，然后加以处罚，但是又怕韩信识破自己，只好找来萧何商量一个解决办法。

萧何和韩信关系是最好的，他亲自来到韩信的府上，向韩信说刘邦在前线打了胜仗，陈豨已经战死了，此时要京城里大小的官员都进宫祝贺。韩信心中有些疑虑，称病不去。但是萧何不容他推辞，说："这个时候即便是有病也应该去。"韩信想了半天，还是相信了自己的老朋友萧何。但是一到长乐宫，吕后就下令将韩信逮捕，立即斩首并诛灭了三族。

后人曾对韩信的一生用了一副绝妙的对联来概括：成败一知己，生死两妇人。

知己不言而喻就是萧何，而两妇人则是给韩信食物的漂母和诛杀他的吕后。

还在北方征战的刘邦在得知这一消息后的表现是"喜且怜之"。喜是因为如果韩信真的选择谋反，那将是没有人可以阻挡的，韩信的死可以说是除掉了一个身边最危险的人；怜之的原因就是痛惜韩信的才华，也痛惜韩信为建立汉王朝所立下的功勋。

韩信最终被诛杀，萧何的功劳无疑是最大的。因此，刘邦在前线下令追加萧何五千户的食邑，并且组织了一个五百人的相国卫队。留守的朝臣都向萧何表示祝贺，但是只有一个名叫召平的人不这么认为。召平原来是秦国的东陵侯，秦灭亡后成为了平民，以在长安城种瓜为生。他培育出来的瓜特别甜，人称"东陵瓜"。

由此可见，召平是一个农业专家，萧何对这个人也非常敬重，经常到他的府上请教一些事情。召平告诉萧何，如今皇上在前线作战，而君相守护在京城，是您比较危险还是皇上比较危险呢？您在京城又没有多少危险，干吗要用五百人的卫队呢？召平指出了刘邦的真实意图："由于淮阴侯造反刚刚被平灭，皇上对您也不得不有防卫之心呀！很明显，这些卫队不是用来保护您的，而是监督您的啊！"

聪明的萧何立即醒悟了过来，便问道："那我应该怎么办呢？"召平随即表示："您应该尽快向皇上表示，目前国家正需要财源，您不但愿意捐出加封的五千户，并且打算变卖家产，用来资助军饷。希望皇上早日凯旋！"

萧何立即依照召平的建议行事，刘邦在前线知道这样的消息后，非常高兴，收回了对萧何的五千户封邑，也撤除了相国的卫队。

无辜的蒯彻

刘邦班师回朝后和吕后讨论起韩信的事情。刘邦问吕后："韩信临死之前，有什么遗言吗？"吕后说了一句："只说了悔恨没有用蒯彻的计谋。"刘邦说："蒯彻是齐国有名的辩士，显然是他教唆韩信造反的。"于是，刘邦下诏令在全国范围内缉拿蒯彻。

很快，蒯彻就被缉拿到了长安，刘邦见到蒯彻后，第一句话就问："是你教唆淮阴侯谋反的吗？"蒯彻也很坦然："是的，我是教过他，可那个小子不听我的计谋，所以自寻死路，落得今日的下场。如果他能够听从我的话，陛下怎么能杀得了他呢?"

刘邦听完异常生气,下令烹杀蒯彻,但蒯彻大呼冤枉。刘邦说:"你教唆韩信反叛,有什么可冤枉的?"

蒯彻回答说:"当年,秦王朝丧失政权,天下群雄一同追逐,有才能的人捷足先登。这就如同古时候跖之狗向帝尧猛吠,倒不是帝尧不仁,只是因为帝尧不是他的主人而已。那个时候,我是韩信的部属,只能对韩信效忠,并不知道有陛下呀。再者说,当时天下手拿兵器,想要取得天下的人很多,只是力量不足而已,难道这些人都有罪,都要被烹杀吗?"

刘邦觉得蒯彻说的很有道理,便赦免了蒯彻。

韩信的死引发了一系列的连锁反应,其中首先涉及的就是彭越。

彭越的年纪较大,又不修边幅,所以和刘邦性格很合得来。当年以游击战术对牵制项羽的粮食补给体系发挥了很大作用。当年为了彻底消灭项羽,刘邦曾经答应和韩信以及彭越三人共分天下。但是时过境迁,刘邦已经贵为天子,彭越也就不好意思再提这事了。但是彭越掌握的是中原地区的梁地,心里还算是平衡。

但是在韩信被废为淮阴侯、韩王信反叛投降匈奴后,刘邦对彭越也有了警惕之心。在陈豨造反的时候,刘邦曾经积极与各路诸侯王联系,但是除了自己的儿子齐王刘肥加上齐国的宰相曹参是自己的亲信,他们派出了大量的军队。其余的诸侯反应都比较冷淡,这让刘邦非常不满。

此时的彭越以年老多病为借口,只是派出了自己的将领率兵到邯郸。这个时候,刘邦最期望的是彭越能够在这个时候给予他支持。见此情形,刘邦非常生气,派遣使者到彭越的梁王府里埋怨了一番。

彭越担心刘邦怀疑他的忠心,准备亲自前往京城去请罪。但是他的部将扈辄却对此表示："君王刚开始既不派兵表示支持，如今被皇上指责了，你才勉强过去，势必会让皇上逮捕的，不如乘此机会举兵造反，如今皇上正在邯郸战场，也没有足够的兵力来对付我们。这样一来，或许我们还有成功的机会。"

彭越当然不愿意造反，但是也并没有因此带兵前往邯郸。但是梁国的太仆知道这个消息后，便逃亡到关中地区向刘邦告密了。此时的刘邦早就对诸侯王的反叛杯弓蛇影了，连忙回到洛阳，指挥逮捕彭越的工作。

由于扈辄是教唆造反，彭越知情不治罪，所以刘邦将这两个人都投进了监狱。在审判之后，刘邦下令判扈辄死罪，彭越知情不报，废为庶人，并流放到蜀国的青衣县。但是此时的吕后向刘邦说："彭越是一名壮士，能够从盗贼最终被封为诸侯王，其中必然有自己过人的能力。把他流放到蜀国，只会让他有报复的机会，不如诛杀了他，以绝后患！"

刘邦于是重新审判彭越，并暗中制造虚假证据，最终诛杀了彭越。彭越一死，刘邦将梁国一分为二，东北仍为梁国，由皇子刘恢出任梁王，西南为淮阳国，由皇子刘友出任淮阳王。

最后的钉子

没过多久，再次发生了一件震撼天下的大事，那就是现在仅存的唯一异姓诸侯王——淮南王英布也举兵造反了。

英布出身布衣，家境也比较贫寒。后来英布犯法，被判处到骊山服役。英布因为为人重义气，有点领导才能，被任命为管理犯人的小头目。后来，他组织了一部分刑徒辗转逃出关中，结伴到长江沿岸成为了盗贼，悄然走上了反抗秦统治的道路。

陈胜起义后，英布率领军队投靠了番阳（今江西波阳东）令的吴芮，吴芮对英布很欣赏，把自己的女儿嫁给了他。当得知项梁在会稽起兵的消息后，英布便渡过了淮河，投奔了项梁。从此以后，英布在整个反秦战争中都在项羽的麾下作战。

在巨鹿之战中，英布带领着军队冲锋陷阵，所向披靡，立下了赫赫战功。项羽入关后，英布在反秦战争中作战勇猛，又是项羽的得力助手，能够无条件地执行项羽的命令，最终被封为九江王。

刘邦兵败彭城后，遵从张良的建议，决定利用项羽与英布之间的矛盾，派人游说英布叛楚归汉。在随何的努力下，英布最终背叛了项羽。在楚汉相争的时候，英布数次坚守成皋，并且在最后诱降了楚国的大司马周殷。

楚汉战争结束后，刘邦论功行赏，英布得到了九江、庐江、衡山等多个地方的封地，大体是今天的安徽淮南、皖南以及江西省的大部分地域，比当初项羽封赏给英布的地域要大很多了。

建立汉朝后，刘邦与英布关系一直很好，史载"七年，朝陈。八年，朝洛阳。九年，朝长安"。

想当初，英布和韩信以及彭越三人同时受封，这三个人都以自己的军功而闻名，他们相互之间关系也不错。但是没过多久，韩信在未央宫被害，这对英布来说是一个重大的打击，从此以后便很少参加中央的庆典活动。

陈豨在反叛的时候，英布也只是派出了部属前往支援，但是刘邦认为他的封地距离前线较远，也就没有向对待彭越那样责怪他。

彭越的死对英布来说是一个巨大的刺激。韩信因造反被杀，但总算是留下了全部尸体。但是彭越就很悲惨了，除了被斩首示众后，他的身体在分尸后还被做成了肉干，分送给各地的诸侯食用，以此来震慑其他诸侯王。当彭越的尸体被送到淮南的时候，英布正在外面打猎，见到这种状况非常震惊也非常害怕，立即暗中命令人调兵遣将，在边境巡逻，以防不测。

但是恰在此时，发生了另外一件事，成为了英布对抗刘邦的导火索。

英布有一个非常宠爱的妃子。这个妃子有次生病了，中大夫贲赫想要通过这名妃子来讨好英布，因而用厚礼邀请妃子到家中宴饮。

英布接到这个消息后，开始怀疑贲赫引诱自己的妃子。贲赫一片好心被误解了，害怕英布诛杀他，只好称病请假。但是这样的举动却加重了英布的怀疑心，"王愈怒，欲捕赫"。贲赫事先得到了消息，于是逃离了淮南，乘坐马车快速到达了长安。

贲赫跑到长安以后，立即上书刘邦，说英布准备谋反，建议刘邦先发制人，趁着英布还没有发兵的时候，先行诛杀他。此时的刘邦正身患重病，在接到贲赫对英布的举报后，刘邦就找来萧何进行商议。那萧何是什么意见呢？

萧何分析道，英布"不宜有次"，造反的可能性不大，因此怀疑贲赫是公报私仇。萧何建议刘邦先将贲赫囚禁起来，然后派人到淮南秘密调查。刘邦也同意这样做。

刘邦派出了使者，使者来到淮南后，"颇有所验"，查到了英布谋反的一些蛛丝马迹。再说本来英布对贲赫的出逃就心存疑虑，此时又发现朝廷秘密派人前来侦查。英布心想既然如此了，索性一不做，二不休，将贲赫的家人全部抄斩，"发兵反"。

英布举兵的消息让所有的人大吃一惊，军情紧急。可是正在这个时候，刘邦的病情加重了。刘邦开始召开会议，征求诸将的意见。会议的结果是：英布有什么能耐？发兵征讨，坑杀这个小子算了。

刘邦在听到这样的回答后，简直是哭笑不得。

对于自己手底下的诸侯王，刘邦自信还是很了解的。韩信是最善于排兵布阵的，"连百万之军，战必胜，攻必取"；彭越是最狡猾的，他善于保存自己的实力；英布是最善战的，并且他手底下的淮南将士十分英勇，颇有当年项羽麾下江东儿郎的风范。

这个时候，太仆夏侯婴看出了刘邦的担忧，于是向刘邦推荐一个人，那就是楚的令尹薛公。薛公仔细分析了英布在军事行动中可能采取的策略。他对刘邦说，英布有上中下三个策略，如果用上策，函谷关以东的土地可能将不是大汉的了；如果能采用中策，胜败尚未可知；如果采用下计，陛下可以高枕无忧了。

在薛公的想象中，英布的上策是："东取吴，西取楚，并齐取鲁，传檄燕、赵，固守其所，山东非汉之有也。"中策是："东取吴，西取楚，并韩取魏，据敖庾之楼粟，塞成皋之口，胜败之数未可知也。"下策是："东取吴，西取下蔡，归重于越，身归长沙，陛下安枕而卧，汉无事矣。"

刘邦就问薛公，英布会使用哪一个策略？薛公非常肯定地说是下策。刘邦就很奇怪了，为什么会舍弃上策和中策，而偏偏选择下策呢？

薛公分析道："英布原本只是骊山的一个囚徒，只是在特殊的时期凭借着自己的能力而成为了一方诸侯。但是这个人鼠目寸光，只为保住眼前的富贵，从来不会顾及长远利益，更不会替百姓着想。反而会为了保住自己眼前的利益，不会采取冒险的策略。"

刘邦听闻后非常高兴，并且认同薛公的分析，立即封赏薛公为千户侯。

既然薛公断言英布会采用下策，刘邦就安心了许多，再加上自己此时的身体已经不好了，于是就打算让太子刘盈以皇太子的名义挂帅出征。但是这一举动遭到了吕后的强烈反对，无奈之下，刘邦只好亲自出马了。史载刘邦在这次亲征的时候，群臣"皆送之灞上"。自大汉开国以来，刘邦曾经几次亲征，但群臣皆送的场景在史书上就这一次的记载。

这是什么原因呢？其实很简单，此时的刘邦身体已经非常差了。而此时的英布依然骁勇善战，这二人之间必然会有一场恶战。至于结果怎么样，没有人能够确定，于是，也就有了文武大臣全体相送的场面。

此时的英布自从准备造反以后，一路顺风顺水，很快就攻占了荆楚的大部分区域。英布认为已经没有了后顾之忧，于是转兵向西，摆出了要问鼎中原的架势。但是英布对形势有了一个错误的判断，那就是刘邦不会亲征的。

自从决心反叛，英布就告诉自己的将领，说刘邦已经很老了，我看他不会亲征的。他手底下的将领，真正具有指挥能力的只有韩信和彭越，但是这两个人都死了，其他人是不用考虑的。

英布万万没有想到的是，刘邦亲征了。

公元前 196 年 11 月，刘邦率领汉军的主力与英布的军队在蕲县对峙。英布所率领的军队大多是楚国军队改编，布阵和旗帜像项羽早年的楚军体系。刘邦见此情形，心中自然不是很舒服。

两军对垒，刘邦在阵前询问英布："何苦要造反呢？我对你不薄，封你为王，你为什么还要造反呢？"英布嬉皮笑脸地说："欲为帝耳。"意思是说也想尝尝当皇帝的滋味。

刘邦没有想到英布会用如此轻蔑的态度回答，大骂英布忘恩负义，下令全军出击。英布的回答不仅激怒了刘邦，也激怒了汉军的将士。

汉军蜂拥而来，英布下令放箭射击。刘邦亲自到阵前冒死督战。汉军将士见皇帝都不顾死活，每个人都杀红了眼。英布的军队虽然善战，排兵布阵也没有多大问题，但是面对已经杀红了眼的汉军将士时，只能节节败退。

英布见此情形，只好带领着残兵败将向南撤退。奉命追剿的曹参一路追击，而跟随英布的士兵也越来越少了。没过多久，英布见大势已去，只能带着数百名疲惫的士兵，匆匆渡过了长江，逃向长沙。

为何逃亡的方向是长沙呢？

原来，此时的长沙王和英布是有亲戚关系的。此时的长沙王吴臣，英布是他的姐夫。但是他对这位出身盗贼的姐夫并没有多少好感，更不愿意因为包庇一个叛贼而与大汉中央政府为敌。吴臣为了避免与英布见面而让刘邦产生猜忌，在英布到达长沙前，吴臣便派人引诱他，说是一起逃往南越国。英布信以为真，行至鄱阳的时候，被长沙的伏兵杀死了。英布的造反也就此完全被平定了。

在班师回朝的途中，刘邦经过了沛县，特意召集沛县的故人，父老弟子举行酒宴，并且由沛县年轻子弟一百二十多人组成了歌舞团，表演楚国的歌舞，为刘邦最后的胜利大举庆祝。酒宴的气氛逐渐进入到了高潮，此时的刘邦亲自击鼓，并自为歌，慷慨高歌：

大风起兮云飞扬，

威加海内兮归故乡。

安得猛士兮守四方。

英布从造反到灭亡，只有短短四个月的时间。刚开始的时候，骁勇善战的英布也曾取得了一些胜利，但是在遇到刘邦亲率的汉军主力时，立即一败涂地。这其中的原因又是什么呢？英布最终失败的原因是多方面的，其中有两点是最主要的因素。

首先，此时的大汉帝国已经建立了一段时间，刘邦也采取了一系列安抚人民的政策，动乱和造反已经是不得人心的行为了，也不符合社会的发展趋势，注定要以悲剧收场。

其次，英布的造反缺少战略眼光。正如薛公当时给刘邦分析的那样：英布是出自草莽的英雄，因风云际会，成为了称霸一方的诸侯王。他的特殊经历也就决定了他性格的双重性。他勇敢善战，能打硬仗和恶仗，为推倒暴秦立下了汗马功劳。另外一方面，他既残忍又冷酷，杀人不眨眼。英布的双重性还表现在，他出身低微，因此想急于改善自己的社会地位，把裂地封王作为自己的理想。但是，一旦当上了诸侯王，他和项羽的矛盾就产生了。后来，他又依附了汉王。这一事实证明，英布并没有多少宏图大略。

在决定造反以后，英布在军事上也采取了"下策"，而刘邦利用英布的弱点，御驾亲征，最终取得了胜利。

意想不到的背叛

在刘邦分封的异姓诸侯王中，主要包括了两个部分，那就是大汉建国前和建国后。绝大多数的异姓诸侯王都是刘邦即位前分封的，一共有七位，他们分别是楚王韩信、韩王信、淮南王英布、梁王彭越、衡山王吴芮、赵王张敖和燕王臧荼，在建国后分封的诸侯王中，不是刘姓的只有卢绾。由此可见，卢绾在刘邦的心中的地位是非常重要的。

有意思的是，卢绾最终能够被封为诸侯王，主要原因并不是因为他立下了超出常人的功绩，而是在于他和刘邦有着非比寻常的关系。

卢绾也是沛县人，卢绾的父亲和刘邦的父亲关系很好，而卢绾和刘邦又是在同一天出生的。等到卢绾和刘邦长大以后，这二人又经常在一起读书，关系非常地好。刘邦在起事以后，卢绾便以宾客的身份随从。

刘邦入关中被封为汉王的时候，卢绾跟随着刘邦进入到汉中郡，卢绾也被任命为将军，经常陪伴在刘邦的左右。楚汉之争时，卢绾随着刘邦攻击项羽，以太尉的身份辅佐刘邦，甚至可以随便进出刘邦的卧室。刘邦给卢绾的赏赐也是超乎群臣的，哪怕是萧何、樊哙等人也是无法和卢绾相比较的。在首批受封的名单中，卢绾受封为长安侯。

汉高帝五年，刘邦命令卢绾率领着另外一支部队，和刘贾一起攻击临江王共尉，最终击败并且俘虏了共尉。没过多久，燕王臧荼反叛，刘邦亲率大军进行征讨，卢绾跟随前往，不离不弃。不久，臧荼也战败投降。此时，刘邦便向诸侯们发出了诏书，让群臣选择有功劳的人作为燕王。群臣都知道刘邦其实是想立卢绾为燕王，于是就顺从刘邦的意思说："太尉长安侯卢绾经常跟随皇上平定天下，功劳甚多，可以有资格封为燕王。"

刘邦当然就很高兴，于是就批准了这一建议。

陈豨举兵反叛的时候，卢绾也率领着燕国的军队攻击陈豨的东北部。当时，陈豨正派自己的部将王黄前去匈奴请求援兵。卢绾在得知这一消息后也派出了部下张胜出使匈奴。张胜此时的目的是促使匈奴不要发兵救援陈豨。张胜到达匈奴的时候，遇见燕王臧荼的儿子臧衍。臧衍见到张胜后，对张胜说："您在燕国之所以得到重用，是因为熟习匈奴事务的缘故。而燕国之所以存在，是因诸侯多次反叛，连年用兵而不能形成定局。如今，您要为燕王着想，想要尽快消灭陈豨等人。但是你有没有想过，一旦陈豨灭亡了，接下来便轮到燕国了。到那个时候，恐怕将军也将要成为汉朝大军的俘虏了。既然是这样，那您为什么不让燕王暂且放弃陈豨与匈奴的合作，给事情留有一定的余地，这样就可以长久占有燕国；如果遭遇紧急的征讨，也能够凭借着这一背景来安定国家。"

张胜听到这番言论后觉得非常有道理，于是就擅自放弃出使的任务，以便让匈奴出兵帮助陈豨来攻打燕国。燕王卢绾怀疑张胜与匈奴有所勾结，于是就向朝廷请示诛杀张胜留在燕国的家人。

没过多久，张胜从匈奴归来，把臧衍说的话重复了一遍给卢绾，详细说明了自己这样做的原因。卢绾有所领悟，就假装判处了另外的人，对外则声称张胜已经被处决，实际上就是想办法隐瞒刘邦，为张胜及其家人开脱。与此同时，卢绾又秘密派人来到陈豨的营地，想要叫他长期流亡，连年进行游击战，不与汉军主力交锋。

汉高帝十二年，刘邦抱病亲征英布。而陈豨又开始南下进行骚扰，但很快就被樊哙打败并杀死了。陈豨的副将投降了汉军，同时也说出了燕王卢绾曾派人到陈豨大营的事情。刘邦对此感到十分震惊，马上派出使者召唤卢绾，希望卢绾有个解释。卢绾自知理亏，便称病不愿前往。刘邦于是又派了审食其和御史大夫赵尧前往燕国的都城迎接燕王，并且乘此机会找燕王的近臣核实他与陈豨勾结的事情。

刘邦对于其他异姓诸侯王，别说是有真实的造反证据，哪怕只有一丝一毫的动静，刘邦就会大兵压境，毫不客气。但是为什么对卢绾这么谨慎呢？其中的原因其实很简单，那就是刘邦自始至终不相信卢绾会造反。

任何人都可能造反，但唯独卢绾不可以。因为他和卢绾相识的时间最长，关系也最为亲密，给予的封赏也最为丰厚。如果连这样的人都铤而走险，与叛军勾结的话，这对刘邦的打击无疑是致命的。卢绾造反的事实一旦确立，最应该受到责罚的不是卢绾，而是刘邦。这说明是刘邦的管理出了大问题。

当得知刘邦派人过来调查自己的时候，卢绾心中就越加害怕，甚至关门躲了起来。他对自己的心腹说："如今的诸侯王中不是刘姓的，只有我和长沙王了。去年春天，淮阴侯被灭族，夏天的时候彭越又遭惨死，这背后都是吕后的计谋。现在皇上病倒了，把大权交给了吕后。但是吕后是一个妇人，心胸狭小，专门做那些诛杀异姓诸侯王和大臣的事情。"

在这种判断之下，卢绾声称有病不肯应召，而他左右亲近的大臣也就逃亡藏了起来。卢绾对心腹所说的话不知道怎么又传到了审食其的耳朵里。审食其将这番话报告给了刘邦后，刘邦愈发愤怒了。这个时候，又有一些人从匈奴过来投降汉军。投降的人说卢绾的部下张胜其实并没有死，现在依然人在匈奴，为燕王卢绾充当使者。

事情到了这种程度，刘邦此时才下定论：卢绾果真反了。此后的刘邦便一言不发，对这件事表示沉默。

没过多久，樊哙奉命统帅大军进攻燕国，卢绾于是率领着全部的家属和数千名骑兵逃走，居住在长城脚下，等待时机。卢绾自知也对不起刘邦的信任，只是愿意等刘邦病体痊愈以后，亲自到长安向刘邦请罪。

但是很不幸的是，卢绾很快就得知刘邦死亡的消息。卢绾也就此打消了进京请罪的念头，率领着部属逃入到了匈奴的境内。匈奴封卢绾为东胡卢王。一年多以后，卢绾死于匈奴。

卢绾死后，他家人在匈奴的日子也并不好过，再加上气候、风俗等的不适应，思乡的情绪越来越深了。十多年以后，随卢绾入匈奴的妻子实现了卢绾的愿望，带领全家返回到汉朝，这已经是公元前180年了。

此时正值吕后当政，卢绾的妻子和吕后在沛县的时候关系就非常地好，像亲姐妹一样。当卢绾的妻子到达长安的时候，吕后正病得厉害，不能与之相会面。但是吕后把卢绾一家安置在一家旅店，并且给予了极高的待遇，并且传令告诉卢妻，吕后不日将会亲自看望他们的全家。

然而，卢绾的妻子没有能够等到吕后来看望她的那一天，没过多久吕后便也死了。卢妻也随即病死在长安。

吕后去世后，西汉的政局发生了重大变化。身处动荡之中的卢绾一家生怕遭遇不测，连忙离开了长安，回到了匈奴。一直到公元前144年，卢绾的孙子卢他之投降汉朝，举家回到汉朝。汉景帝封他为亚谷侯，这也算是卢氏和刘氏完全和解了。而此时距离刘邦和卢绾相继去世已经过去四十多年了。

第十四章 ／ 谢幕

地位不稳的太子

在刘邦的晚年，他心里最大的隐忧除了北方的匈奴和异姓诸侯叛变外，就是由谁来当继承人的问题了。吕后所生的嫡长子刘盈，理应是这个帝国的继承人，在刘邦还是汉王的时候便被立为太子。这就是人们常说的嫡长子继承制。

自周以来，随着宗法制度的强化，王侯基本上实行的是嫡长子继承制。立嫡长子的好处就是有利于最大限度上保持最高统治集团的稳定，最大限度上避免集团内部因争夺王位而骨肉相残。

但是，这种制度也存在着很多的弊端。为什么呢？不能保证最优秀人才的选拔。一些人虽然没有统治才能，但是因为是嫡长子而被迫站在了历史的舞台之上，上演着一幕幕悲剧。

刘盈生性仁慈，非常软弱，一点也没有乱世领导者的风范。虽然经历了不少磨难，但是没有一点领导者的风范。另外，他除了长相高大英俊外，刘盈和自己的父母没有多少相似的地方。此外，刘邦常年在外征战，对自己的这个儿子也没有多少情感可言。

刘盈是吕后所生的嫡长子，他被立为太子，合乎传统观念，大臣都没有异议。但是，刘邦对刘盈一直很有成见，执意要废黜太子重立，并且三番两次召开群臣商议此事。那么，是什么原因促使刘邦要这么做呢？

这其中就涉及了刘邦的一个妃子——戚夫人。

作为一个帝王，刘邦一生中所拥有的姬妾人数众多，他最宠幸的当属戚夫人。戚夫人是山东定陶人，刘邦结识戚夫人是在汉二年（公元前205年）四月彭城之战。戚夫人年轻美貌，非常善解人意，深得刘邦的喜爱。

没过多久，戚夫人为刘邦生下了一个孩子，取名叫作如意。如意是一个聪明可爱的孩子，很懂事。刘邦认为如意比较像自己，于是便有了废掉刘盈，改立如意为太子的念头。虽然戚夫人也集结了不少支持如意的臣子，但是多数的重臣都不同意这件事。所以刘邦几次商讨这件事，他总是少数派。

刘邦准备罢黜刘盈的理由，除了对戚夫人的喜爱之外，其实更多的考虑是大汉帝国的未来。在前面我们说过，刘盈性格软弱，既无文韬，又无武略。如果他出生于普通人家，很可能他是一个老实听话的好青年，但是如果肩挑皇帝的重任，无疑是不够的。更何况，此时的天下并不是完全稳定，一个软弱的帝王将很难驾驭手下的群臣。

众臣的努力

汉高帝十年，此时年仅 10 岁的刘如意就已经被立为了赵王。汉高帝又提出改立太子的要求，大臣都当面劝谏。但是刘邦并不愿意听从大臣的意见。此时，一个人的出现改变了这种情况。这个人就是周昌。

周昌也是沛县人，和刘邦是同乡。自从刘邦沛县起兵后，周昌就一直跟随着刘邦。在汉高帝六年，周昌与萧何、曹参等人一同受封赏，受封为汾阴侯。周昌是一个非常正直刚强的人，就这一点，萧何和曹参也不如他。有这样一个小故事，周昌曾在刘邦休息的时候入宫奏事，入宫的时候看到刘邦正搂抱着戚夫人。周昌见到这种情形转身就跑。刘邦从后面抓住了周昌，问周昌："你说说，我是什么样的君主？"

此时的周昌毫不畏惧，仰起头来说："陛下是桀纣一类的君主。"刘邦听到这样的话，哈哈一笑，把周昌放开了。

这一次，刘邦又要立如意为太子。群臣又一次反对，周昌也在其中。刘邦耐着性子问周昌为什么反对立如意为太子。周昌原本就有口吃的毛病，此时又在气头上，便开口说道："我不善于讲话，然而我期期知道不可如此，陛下虽然想要废掉太子，我期期不奉诏从命。""期"其实是"极"的意思。只是因为周昌本身口吃，又在气头上，所以才出现了重复拖沓的音节。刘邦见周昌这种憨直的样子，不由得欣然而笑，改立太子的事情也就暂时作罢了。

当时，吕后一直在大厅两旁的侧室中暗暗偷听。刘邦和大臣们的争执吕后都在后面听得一清二楚。在退朝以后，吕后见到周昌，欠身向周昌表示感谢："如果不是您，太子差点就被废掉了。"

然而，刘邦的退让只是一时的，但是他仍然时刻想着用办法来废黜太子。刘邦是一国之君，他执意要做的事情，有谁能够阻挡呢？性格坚毅的吕后也在日夜担心自己的安稳。

就在吕后万般无奈的时候，有人给吕后提出了一个建议："留侯张良多谋善断，皇上也非常信任他，不如去请教一下他，也许会有好办法。"

吕后非常高兴，决定让自己的亲哥哥，也就是建成侯吕释之去办这件事。但是，张良自跟随着刘邦迁都到长安后，因为身体不好就一直在家休息，对于政事也极少参与。吕释之应命去向张良寻求保护太子刘盈的对策。张良是个聪明人，对于涉及皇家内部的事情一概不闻不问。对于吕释之的询问，张良回答道："过去，皇上因用兵而处于困境时，我才得以献策，侥幸为皇上所采纳。如今是天下已定，皇上以情感而意图改立太子，这是骨肉之间的事情，哪怕有一百个张良也没有用。"

面对吕释之的百般恳求，张良万般无奈，只得为他出了一个主意。

张良说："这不是用口舌可以解决的问题。皇上此前下诏求贤，天下的英雄很多都前来效劳。但是有四大高人认为皇帝待人不讲礼貌，所以隐居起来，不愿意成为大汉的臣属。皇上以此觉得非常遗憾。如果您不吝啬钱财，让太子亲笔至书，由能说会道的使者去诚恳邀请他们，他们也许就会出山。如果他们能够来到长安，太子请他们做宾客，带着去朝见皇上。皇上见了以后，肯定会感到奇怪，一问，在得知这四个人都愿意辅佐太子的话，皇上也许会改变皇上的决心。"

那么，张良所说的四大高人是谁呢？

原来，这四位高人由于年纪很大，有着"商山四皓"之称，分别为东园公，姓唐字宣明，居园中，因以为号。夏黄公，姓崔名广，字少通，齐国人，隐居夏里修道，故号夏黄公。角里先生，河内轵人，吴太伯之后，姓周名术，字元道。另一名绮里季，背景不详。

刘邦是一个做事很执的人，那些跟随着刘邦南征北战的文武大臣都不能改变他的主意，那这四个老人能做到这一点吗？对于张良提出的建议，吕后心里也没有底气。但是此时又没有其他更好的办法，只能死马当活马医，吕后派了使者，按照张良的要求手捧太子的书信，驾着安车，用谦卑的言辞、丰厚的礼物去请这四位老人。

出人意料的是，这四个人答应了太子的请求，被暂时安置在长兄吕泽家中。

"商山四皓"来到长安后不久，此时正值英布造反。此时刘邦的身体已经开始恶化了，因此有意让太子刘盈领军南征平定英布。刘邦的举动其实在当时的大臣眼中是很难理解的。刘盈生性懦弱，能力有限，而他的对手英布久经沙场，勇猛善战，这样的举动无疑是鸡蛋碰石头。

实际上，刘邦此举也是有着自己的思考的。刘邦之所以要选择更换太子，最主要的原因就是刘邦认为刘盈能力有限，不足以驾驭将领和群臣。而此时刘邦病情加重，不宜远征，而英布虽然造反，但是选择了下策，不会有大作为的。以皇太子的名义出征，最重要的是借机查看一下刘盈的能力到底如何。

"商山四皓"得知这个消息后，马上告诉吕泽，说道："太子将兵，事危矣。"这是为什么呢？

他们分析了其中理由：如果太子率军东征，成功了对太子也没有什么帮助。如果失败了，必然遭到废弃。而刘盈本身又没有很大的能力，带兵出征很可能会无功而返。

按照四人的计策，吕后找到了刘邦，一把眼泪一把鼻涕地哭泣着说："英布是天下少有的猛将，以善于用兵闻名，而且现在的将领都是陛下的同辈，令太子统领他们，无异于使羊将狼，他们会老实听话吗？而一旦英布得知刘邦不能亲征的时候，更加无所顾忌地威胁关中了。陛下虽然身体有恙，但哪怕是躺在辎车里指挥作战，诸将也必然不敢不尽力。这样一来，虽然皇上辛苦一些，但是为了大汉以后的江山，请皇上勉力为之吧。"

这番话虽然有保护刘盈的动机，然而对战争的分析也是十分到位的。此时，英布起兵后，很快就杀死了荆王刘贾，吞并了荆国。随后，英布又率军渡过了淮河，进攻楚国，打败了楚王刘交。

战局很快发生了变化，刘邦决定自己亲自抱病出征，刘盈躲过了一次被废黜的厄运。刘邦决定东征英布的时候，留守的臣子都前来送行。此时，张良的病情已经十分严重了，无法随军前行，但是仍然勉强起身，送刘邦到了曲邮，并且向刘邦表示："臣本人应该是随着陛下东征的，但是这次的病情实在是比较严重，只好在此与陛下暂时告别了。但陛下此去，应该多加小心，楚人生性彪悍，希望陛下不要过分与他们争强斗胜，以免造成不必要的损失。"刘邦非常感慨，说道："谨记先生的话！"

为了以防不测，张良又建议说道："目前太子经验不足，威望也不够，所以只能劳累陛下亲征。不妨任命太子为将军，统帅关中兵马，用来建立自己的威望。"刘邦点头表示同意，并且任命张良为太子少傅。

高祖的决心

刘邦很快就平定了英布的叛乱，但是刘邦在这一过程中受了伤，加上以前的病情又有所恶化，刘邦也就此判断自己的时间不多了。此时的刘邦还是认为刘盈不足以继承帝国的皇位，依然在寻求机会完成更立太子的事项。

事情到了这个地步，身为太子少傅的张良也不得不出面进行干预。出乎意料的是，这一次刘邦拒绝了张良的劝谏。这在以前是从来没有发生过的事情，这在两人关系史上是很微妙的状况。遭到拒绝后的张良脸上有些挂不住了，马上称病回家了。

眼看着刘盈的太子地位面临危机了，吕后再次陷入到了惊恐之中。此时此刻，一位重要人物的出现改变了这一情形，这个人就是叔孙通。叔孙通在制定了礼仪规范后深受刘邦的赞许，后来也成了太子刘盈的老师。

叔孙通在刘邦准备执意废除刘盈的时候，在刘邦面前旁征博引，以死劝谏。为了能够让刘邦改变心意，他举出了两个例子来警告刘邦。第一个例子就是春秋战国时期的晋献公，他因为宠信骊姬，废太子申生，立奚齐，造成晋国混乱数十年，成为天下笑话。第二个例子就是秦始皇，他没有早立太子扶苏，结果让赵高钻了空子，胡亥最终成皇帝，这也导致了大秦帝国的灭亡。

在举完这两个例子后，叔孙通又说："如今太子仁孝，这是天下皆知的事情，更何况吕后与陛下同甘共苦，是患难夫妻，怎么能够轻易背弃呢？陛下如果一定要这样做的话，那就先杀了臣下吧。"

刘邦对叔孙通讲述的这些道理不是不知道的，他只是担心刘盈性格太软弱了，难以担当重任，所以才打算让性格和自己有些类似的刘如意继承皇位。在看到叔孙通以死力争的情形后，也不愿意将事情弄得很僵，只好搁置争议，太子刘盈又躲过了一劫。

随着刘邦自知来日无多，早点确立刘如意的心愿也就变得越来越强烈了。虽然大臣们对改立太子一直都不支持，但是在刘邦的心里还是想找机会再次提出易储的事情。

刘邦在战胜英布后，等于是拔掉了心头最后一个能够威胁刘家政权的异姓诸侯王，自然要庆祝一番，而此时太子刘盈也奉命陪侍。但是这一次，刘盈不是自己一个人来的，跟随他来的还有"商山四皓"。在宴饮的过程中，刘邦突然看见太子的宾客席中有四位看起来已经有八九十岁的老人，这些人须眉皓白，衣冠甚伟，刘邦心有所动，于是派人请教四位老者的姓名。

四位老者一一向前做了自我介绍。

刘邦听到他们的名字后大吃一惊，连忙恭敬地问："我曾经派人寻找你们几年，你们总是躲着我不肯见我，现在为什么却要追随我的儿子呢?"

四个老人回到道："陛下一向对读书人没有多少好感，时常进行谩骂。我等决意不愿受辱，所以才隐匿了起来。但是我们听说太子为人仁厚，恭敬有礼，爱士如子，天下的读书人没有不愿意为太子效力的，所以我们才愿意辅佐太子。"

刘邦听到这样的回答后，马上改变了原先准备在酒宴上再次改立太子的计划，并且很郑重地表示："还要麻烦几位替我好好调教太子啊!"这四个人向刘邦敬完酒后就离去了。

并非天命

　　宴会结束后，刘邦立刻召见了戚夫人，用手指着"商山四皓"离去的方向说："我原本想废掉天子，但是有这四位老人辅佐，太子的羽翼已经长成了，不容易变动了，吕后日后真的是你的主人了。"戚夫人闻听此言，知道刘如意已经不可能再成为新的太子了。想到一旦刘邦不在人世，他和赵如意的命运将在吕后的操控下，戚夫人悲从心来，泪如雨下。刘邦在心里其实也不是滋味，但是木已成舟，只能感叹地对着戚夫人说："你为我跳一支楚舞，我也为你唱一支楚歌吧。"伴随着戚夫人美妙的舞姿，刘邦用粗犷而苍凉的嗓音唱道：

　　鸿鹄高飞，一举千里。

　　羽翮已就，横绝四海。

　　横绝四海，当可奈何。

　　虽有矰缴，尚安所施。

　　戚夫人听到这样的歌声更加地悲痛，最后甚至舞步都有些混乱了。而刘邦则转身离去，结束了酒宴。至此，刘邦最终打消了废黜刘盈的念头。经历了几年的太子废立之争也有了定论，岌岌可危的刘盈最终也保住了太子的位置。

　　回过头来再看刘邦晚年执意改立太子的事情，应该说确实是有为大汉的江山考虑的。多年的识人治人的经验告诉刘邦：刘盈绝非一个能够担当皇帝重任的人。后来的史实也证明了刘邦的预测。刘盈在继承帝位后，自己的一切行动几乎都受制于吕后，基本上没有什么作为。到了最后，刘盈沉迷于酒色，戕害了自己，在二十多岁的时候就结束了自己的性命，他确确实实不是一个做皇帝的人。

那很多人就有疑问了，刘邦身为九五之尊，为什么最后不直接发布命令强行改立太子呢？这其中的原因很复杂，从表面看来是太子请来了"商山四皓"，羽翼已经丰满了，其实这是刘邦所做的一个妥协。事实上，刘邦最终改变主意，刘盈最后能够继承大统，主要出自三个方面的原因：

首先就是道德原因。在前面我们说过，嫡长子继承制作为宗法制的一个重要内容，刘邦是不可能不遵循的。这其实就是一种道德的力量，在当时，即便刘邦贵为天子，如果没有足够服人的理由，这种自周延续下来的习惯依然发挥着重大的作用。而这其中的典型代表就是叔孙通和"商山四皓"等传统力量。刘邦想要治理天下，让一切变得更加有秩序，自己首先不能乱了长幼嫡庶的规矩。

再者就是开国元勋们的态度。此时的大汉王朝刚刚建立，这些人不仅从礼法上支持刘盈，就是从个人情感上也是支持刘盈的。这话怎么说呢？其实早在刘邦起义之前，朝中的大臣，比如像萧何、曹参、周勃等人和吕后以及刘盈都已经很熟悉了。在这些人的眼中，吕后就是自己的嫂子，而刘盈就是自己的侄子。在将领之中，樊哙和刘邦是连襟关系，是刘盈的姨父，而像夏侯婴、王陵等将领也都在保全刘家时立有大功。这些人基本上囊括了汉初期王朝里高级文臣和武将的大部分。这些人从情感上也更愿意刘盈接手帝位。

反观戚夫人，她可以说基本上没有任何的势力，除了刘邦的宠爱之外，她没有任何其他的力量可以借助。也没有哪个王公大臣敢把赌注下在这样一个人身上。太子之争，从表面看来是皇帝的家事，实际上就是双方在大臣中的博弈。从这一点上来讲，戚夫人和吕后是不在一个等量级上的对手。

最后一点就是时间。刘邦起事的时候已经年岁不小了，连年的征战、繁忙的政事同样也加速了刘邦的衰老。刘邦在决定改立太子时已经是六十岁的高龄，这在人均寿命只有三四十岁的汉初，早就是一位高寿老人了。曾经叱咤风云的汉王此时也垂垂老矣，能够左右政局的时间也不多了。

刘邦也知道，他虽然在改立太子的事情上拥有最后的决定权，但是一旦刘邦撒手人寰，局面是刘邦不能想象的。刘邦心里比谁都清楚，刘盈仁慈软弱，很难驾驭群臣，而吕后又是一个野心勃勃的强权人物，将来的朝政大权很可能就会落入到吕后的手里。但是如果改立赵如意的话，那所产生的危害有可能更大。赵如意年龄很小，又没有众大臣的支持，再加上不愿善罢甘休的吕后，整个国家可能会面临着更大的灾难。

几经权衡后，刘邦只能放弃了易储的念头。

最后的嘱托

刘邦做皇帝 12 年的时间里，发出了数目繁多的诏书，但要说最重要的，一个是即位不久后在洛阳发布的五月诏书，那份诏书对稳定局势起到了极为重要的作用，这在前文中已经做出了阐释，另外一份就是刘邦在临终前在长安发出的诏书。诏书并不长，全文如下：

吾立为天子，帝有天下，十二年于今矣。与天下之豪士贤大夫共定天下，同安辑之。其有功者上致之王，次为列侯，下乃食邑。而重臣之亲，或为列侯，皆令自置吏，得赋敛，女子公主。为列侯食邑者，皆佩之印，赐大第室。吏二千石，徙之长安，受小第室。入蜀、汉定三秦者，皆世世复。吾于天下贤士功臣，可谓亡负矣。其有不义背天子擅起兵者，与天下共伐诛之。布告天下，使明知朕意。

刘邦在病危的情况下，他估计在他去世后可能还会有反叛的力量，通过这个诏书的发布可以说是在刘邦与他的核心层的军功大臣之间形成了一种政治契约：一方面，保证刘氏宗室的皇权以及那些分封同姓为王的特权，另外一方面保证了军功大臣阶层可以因功封侯，并且在政治中保持他的支柱地位。

在这份诏书里，刘邦回顾了建国以来的历史，声称自己对待功臣并不刻薄。事实上也确实如此，那些反叛的功臣最终叛变，很大原因并不是刘邦给予的待遇低，而是身边有小人教唆。刘邦通过这种方式赋予种种特权给那些功臣，而这些功臣大多也都成为了汉王朝的中流砥柱。与此同时，他还发出了"其有不义背天子擅起兵者，与天下共伐诛之"的呼吁。由此可见，即便在离世之前，刘邦最难以放心的依然是功臣们的反叛。

汉高帝十一年，英布反叛，此时的刘邦已经60岁了，但是依然带病出征。虽然很快剿灭了叛军，但是刘邦不幸被流矢击中。但刘邦对这次的箭伤并不在意，在东归的过程中，刘邦还特意回到了沛县。然而，在刘邦离开故乡准备回到长安的时候，一直没有得到休息的病体开始发作了。等回到长安以后，刘邦便病倒了，伤势也就变得越来越严重了。

吕后见刘邦病倒以后，心里非常地着急，特意找来了名医为刘邦诊治。医生进去以后，刘邦问自己的病情如何。医生回答说："陛下的病是可以治好的。"刘邦对自己的身体是非常清楚的，认为医生只是特意来安慰自己的。于是刘邦便喝道："我以平民的身份，手提三尺宝剑而取得了天下，这难道不是天命吗？人的命运是上天安排的，即便有扁鹊那样的名医，那又有什么用呢？"

于是，刘邦就不再接受治疗，赏赐了这位医生 50 斤的黄金，然后将其打发了。

这其实是历史中的一个细节，这让很多人都会想起秦始皇嬴政。晚年的秦始皇，始终不能接受自己会像普通人那样归于尘土的自然规律，到处寻找长生不老药，最后发展到掩耳盗铃、自欺欺人的地步了。而刘邦则是异常坦然地接受命运的安排，从这一点看，刘邦死得自然又洒脱。

妇人干政

见刘邦已经不再治疗了，吕后就知道刘邦来日无多了，于是就向刘邦询问他对国家大事的安排。吕后问道："陛下百年之后，萧相国恐怕时日也不多了，如果萧相国死了，谁能够替代他呢？"

"曹参可以继任"，刘邦回答道。

吕后又问曹参以后谁能够继任，刘邦回答说："王陵可以继任。不过王陵有些莽撞，陈平可以辅佐他。陈平智谋很好，但是难以独自担当大任。周勃稳重厚道，缺少文才，将来能够安定刘氏天下的人必定是他，可以让他担任太尉。"

吕后又问再以后的人事安排，刘邦说了一句："此后亦非尔所知也。"意思就是说那个时候的事情，你也不知道了。

这是刘邦留下的政治遗嘱，其中的主要内容就是对中枢机构，也就是相国的人事任命。那为什么单单重视相国呢？这其实与当时的政治机构是密切相关的。

西汉初年的政府机构设置大多还是沿袭秦的制度，此时的宰相是有着很大权力的，甚至可以说是中国历史上自宰相制度确立以来权力最大的时期。举个简单例子，李斯是秦时期的宰相，他在很多方面都可以干涉皇帝的决策。西汉的政治制度下，宰相的职责几乎是无所不包，几乎有权参与所有国家重大事务的决策，还掌握了选拔官吏、总领百官朝议和奏事，执行诛罚、主管郡国上计与考课，封驳与谏详等权，还有一定的立法、司法和军事权。

正是基于这样的权力机制，吕后才不断问相国的候选人。但无论如何，刘邦给予的这份政治遗嘱是有着相当远见的。从这份遗嘱中，我们可以清楚地看到刘邦知人用人的功力已经到了别人无法企及的高度。

萧何、曹参、王陵、陈平等人都是大汉王朝的开国功臣，已经追随了刘邦多年。刘邦对这些人自然是十分了解，知道他们的缺点和优点，更相信他们对刘氏的忠诚。所以在这个时刻，刘邦将这些人安排在最关键的位置之上，其实就是相信这些人能够在有生之年为大汉王朝的巩固和发展贡献一份自己的力量。

而在王陵之后的丞相并不再安排了，其实更是刘邦的过人之处。因为刘邦心里也清楚，十多年后，当这些功臣寿终正寝的时候，会有一批全新的人物登上历史的舞台，那是那个时代的人所要面临的选择，现在就指定人选，无疑是不明智的。

汉高帝十二年四月，也就是公元前195年6月，刘邦驾崩于长安的长乐宫，享年62岁。

刘邦在病重之时，吕后就已经独揽大权，并且想尽一切办法来阻拦属臣和刘邦见面。刘邦死亡的时候，吕后决定秘不发丧。此时的吕后正在想办法如何利用这个机会实现自己的野心。此时吕后最信任的幕僚就是从很早就开始侍奉他的审食其。吕后对审食其说："如今的将领原先和皇上一样，都是平民百姓，如今北面称臣，心里常常感到不愉快。太子继位后，他们又要侍奉年轻的皇帝，不把这些人除掉，天下是不会安定的。"

审食其对如何才能杀掉那些将领也没有办法，只好召集起亲近吕后的人互相研究。一向比较支持吕后的郦商很快就接到了刘邦去世、吕后有意整肃诸将的消息。听说这个消息后，郦商立即找到了审食其，并且表示："我知道皇上已经去世了，至今没有发丧，只是因为吕后有意诛杀那些有功的将领，如果这样做，那天下就危险了。"

"目前陈平和灌盈在荥阳有十万的守军，而周勃和樊哙所统领的二十万大军正在北方平叛。这些人如果得知皇帝驾崩，而自己性命不保的话，那必然会联合起来进攻关中，这个时候再有大臣从内部响应，那汉王朝立即就会走向分崩离析了。"

审食其将郦商的话告诉给了吕后，吕后大感不妙，当日就宣布了刘邦的死讯，并且大赦天下，刘邦死后的危机也就过去了。

刘邦死后，群臣以刘邦起于微细，拨乱世反之正，平定天下，功最高，而谥为汉太祖，尊号为高皇帝，世称之汉高祖。

第十五章 ／ 风云再起

预言成真

刘邦死后，刘盈顺利接任帝位，但是刘盈仁弱孝顺，国家的大权很快就落入到了吕后的手中。吕后对戚夫人和刘如意一直心怀不满，刘邦驾崩后，吕后就无所顾忌了。此时的刘如意还在赵国，身边还有周昌这个老臣保护，一时难以下手，于是就先将戚夫人囚禁了起来。

随后，吕后不断发出诏令，派出使者召刘如意进京。周昌是刘邦生前特意安排过去保护赵王的，他深知吕后的性格，便多次推脱赵王有病，不让使者带走赵王。但吕后始终认为刘如意的存在对她是一个威胁，于是采用了先调离周昌，随后召见赵王的方式。周昌无奈，只好回京述职。结果刚回京城就遭到软禁，赵王失去了保护他的人，也只好准备应召到长安。

此时的惠帝年仅十七岁，对母后狠毒的做法也一直心有余悸。他怕幼小的弟弟遭遇不测，亲自到长安郊外迎接赵王，并且安排赵王和自己住在一起。

惠帝和赵王两个人的起居饮食都在一起，吕后一时也很难下手。

但是没过多久，惠帝早起练习射箭，赵王年少贪睡并没有随行。吕后乘此机会让赵王饮下了毒酒。等惠帝回来的时候，赵王已经死去了。

处理完赵王如意后，吕后对戚夫人的迫害也升级了。她令人将戚夫人的手足砍断，挖掉双眼，并用药物将耳朵弄聋，嗓子变哑，然后将其放在厕所之中，称为"人彘"。过了几天，吕后召惠帝去观看人彘。惠帝是善良的人，见到这种惨不忍睹的情形时非常吃惊，立刻询问这人是谁，为何受到如此酷刑。当得知是戚夫人的时候，刘盈失声痛哭，并因此害病，以至于一年多都没有恢复过来。

惠帝受到的刺激是巨大的，他不知道自己的母亲还能做出什么让他无法忍受的事情。不久，惠帝派人向太后请示说："这样残忍的行为绝不是人可以做出来的，我作为太后的儿子，终归是不能治理天下的。"

从此以后，惠帝果真不理政事，终日饮酒淫乐，5年后便死去了。惠帝死后，吕后在灵堂里哭天抢地，但是却流不出一滴眼泪，一副心不在焉的样子。

这一细节被张良的儿子，当时年仅15岁的侍中张辟彊看出了其中的蹊跷。他建议王陵和陈平奏请吕后重用吕氏一族。从此以后，吕氏一族便广泛封侯，同时四处打压刘氏诸侯王。

惠帝在生前被迫与一个姓张的年幼的外甥女结婚，但二人并没有孩子。眼看惠帝的身体越来越差了，于是吕后采用了一个瞒天过海的计策，让张皇后装成怀孕的样子，暗地里将后宫一个美人生的孩子抱了过来，说是张皇后所生，齐名叫作刘恭，并立为太子。惠帝死后，吕后就开始行使皇帝的职权。人们把这种做法叫作"临朝称制"，吕后也就成为了中国历史上第一个事实上的女皇帝。

萧规曹随

刘邦死后，西汉的政治立即陷入到了动荡不安中。继任的惠帝年少软弱，吕后残忍夺权，新成立的汉王朝一片风雨飘摇的景象。这期间最为忙碌的就是萧何了。

萧何一方面要用尽各种方式阻止吕后对刘氏政权的过分伤害，避免吕氏势力的扩大。另外一方面又要疏导功臣们对吕后的不满，安抚元老们的情绪。由于萧何的地位和声望都很高，吕后不得不有所顾忌，这才没有让形势变得更糟。但是长时间的操劳让萧何的身体也有些吃不消，很快就病倒了。

萧何死后，按照刘邦的意见，曹参成为了汉王朝的第二任丞相。曹参和萧何不仅是同乡，也是多年的老搭档。在刘邦起事以后，萧何负责行政以及后勤工作，而曹参主要负责在前线带兵打仗。在封赏功臣的时候，刘邦封刘肥为齐王，同时也任命曹参为齐国相国。

曹参在出任相国以后，一切朝中的大事基本上仍然按照萧何原来的办法进行处理。萧何的具体做法是：从各个郡国的官吏中选择那些质朴但不善言辞的长者作为自己的助手，对于那些夸夸其谈的人都调离丞相府。

曹参自己在空闲的时候就唱歌、喝酒，对处理丞相府的事宜并不热心。汉惠帝对此很有意见，亲自责问曹参为什么终日饮酒。

曹参没有立即做出回答，而是问汉惠帝："陛下认为您的才能和先帝比起来如何?"

汉惠帝说:"在这方面我当然比不上先帝了。"

曹参又问:"那陛下认为臣和萧何谁的能力更强呢?"

汉惠帝想了想说道:"你好像比不上萧何。"

曹参此时说道:"陛下说得非常对,先帝和萧相国既然已经安定了天下,也制定了行之有效的法令,我们照着做就可以了。陛下只要无为而治,群臣坚守本职,保证没有大的过失,不就可以了吗?"

惠帝此时醒悟了过来,也明白了曹参为何终日饮酒,不理政事了。曹参在萧何去世后担任汉帝国的相国前后有三年的时间。他死后,百姓们将他的治国策略编成了一首歌谣:

萧何为法,讲若画一。

曹参代之,守而勿失。

载其清净,民以守一。

归政

随着年龄的增长,吕后的身体也一天不如一天了。虽然当时吕氏的势力已经很大了,但是她仍然害怕死后无法保住吕氏的富贵。于是她发出了新诏令:任命赵王吕禄为上将军,统率北部军队。吕嘉、吕产统率着南方军队。与此同时,她还任命吕产为相国,以吕禄的女儿嫁给少帝,立为皇后。此外,吕后还封了一大批吕氏的亲族，由他们掌握各个要害部门的职权。

最后，吕后特意叮嘱了吕产和吕禄："封吕氏子弟为王，已经违背了高祖皇帝的盟誓，大臣们心里已经很不服气了。我死了以后，你们一定要据兵守住皇宫，保护好小皇帝，千万不要葬送了吕家的大业。"

公元前 180 年，吕后病逝。而此时她已经掌管了西汉朝政长达 15 年。吕后死后，吕氏的子弟失去了最重要的靠山，每个人都感到惶恐不安。最终，他们决定利用手中的军权，诛杀掉残存的刘氏宗亲和那些元老旧臣，准备吕家人登基做皇帝。

阴谋正在进行的时候，吕禄的女儿得知了这一消息，她害怕自己的丈夫刘章会因此遭受牵连，于是偷偷向自己的丈夫告诉了诸吕的计划，并且建议刘章回到齐国去躲避风头。刘章并不愿意一个人逃命，而是连夜给自己的哥哥刘襄写了一封急信，表明事情的严重性。

刘襄是刘肥的长子，后继承为齐王。在接到来信后，刘襄准备出兵西征，但是受到了吕氏安插在齐国的丞相召平的反对（此召平并不是东陵侯召平，仅是同名同姓的人）。按照汉王朝的体制，诸侯王的丞相是由中央政府直接派遣的，并且统领这地方的军政大权。如果得到丞相的支持，诸侯王是很难正式集结军队进行发兵的。

在这个时刻，齐国的中尉魏勃向召平表示："齐王意图发兵，但是没有朝廷的兵符是不合法的，这是犯上作乱，我愿意帮您一起捉拿他。"召平不知魏勃的底细，把卫队的指挥权交给了魏勃，自己回到丞相府处理其他事情了。当召平刚回到相府，魏勃就杀了进来，夺取了召平手里的兵符。

齐王刘襄首先收复了济南郡，随即开始向长安方向挺进，齐军一路势如破竹，很快就打到荥阳。战报传到长安后，吕氏子孙有些慌乱了，因为他们基本上都没有打过仗。这种情况下，诸吕只好将抵挡齐军的重任交给了朝中的大将灌婴。

灌婴一直看不惯吕氏的那种姿态，所以他也没有打算与齐军为敌，所以决定反戈一击。此次楚王刘交也加入到反吕的联盟中。这时，各路大军都在荥阳地区集结，随时准备攻入到长安。

吕产听到这个消息后万分吃惊，连忙召见吕氏中的长老，商讨解决问题的办法。通过一系列的努力，吕产被诛杀，而周勃掌握了南军的指挥权。吕氏大大小小数百口都被押赴刑场斩首。至此，不可一世的吕氏势力被消灭殆尽。

陈平和周勃开始商量，小皇帝刘弘是吕后策立的，并且来路不明，理应给予废除。而代王刘恒宽仁敦厚，被众臣迎回来继承帝位，而他就是历史上很有名的汉文帝。

刘邦辛辛苦苦开创的西汉帝国事业，从此也进入到一个全新的时期。